新时代"两个健康"书系

# "万企帮万村"

## 为了共同富裕

吴志红 著

中华工商联合出版社

## 图书在版编目(CIP)数据

"万企帮万村"：为了共同富裕 / 吴志红著. —
北京：中华工商联合出版社，2021.12

ISBN 978-7-5158-3277-7

Ⅰ. ①万… Ⅱ. ①吴… Ⅲ. ①扶贫—研究—中国
Ⅳ. ①F126

中国版本图书馆 CIP 数据核字(2021)第 271951 号

## "万企帮万村"：为了共同富裕

作　　者：吴志红
出 品 人：李　梁
书稿统筹：王宝平
责任编辑：付德华　楼燕青
封面题图：尚新周
封面设计：周　源
责任审读：李　征
责任印制：迈致红
出版发行：中华工商联合出版社有限责任公司
印　　刷：北京毅峰迅捷印刷有限公司
版　　次：2022 年 1 月第 1 版
印　　次：2022 年 1 月第 1 次印刷
开　　本：787mm×1092mm　1/16
字　　数：250 千字
印　　张：16.25
书　　号：ISBN 978-7-5158-3277-7
定　　价：98.00 元

服务热线：010－58301130－0(前台)

销售热线：010－58301132(发行部)

010－58302977(网络部)

010－58302837(馆配部)

010－58302813(团购部)

地址邮编：北京市西城区西环广场 A 座

19－20 层，100044

Http://www.chgslcbs.cn

投稿热线：010－58302907（总编室）

投稿邮箱：1621239583@qq.com

工商联版图书

凡本社图书出现印装质量问
题，请与印务部联系。

联系电话：010－58302915

# 序言　先富帮后富的中国人权实践
## ——以"万企帮万村"精准扶贫行动为例

时代在发展，人权在进步。中国坚持把人权的普遍性原则和当代实际相结合，走符合国情的人权发展道路，奉行以人民为中心的人权理念，把生存权、发展权作为首要的基本人权，协调增进全体人民的经济、政治、社会、文化、环境权利，努力维护社会公平正义，促进人的全面发展。

——（2018 年 12 月习近平总书记致纪念《世界人权宣言》发表 70 周年座谈会的贺信）

民营经济是我国经济制度的内在要素，民营企业和民营企业家是我们自己人。民营经济是社会主义市场经济发展的重要成果，是推动社会主义市场经济发展的重要力量，是推进供给侧结构性改革、推动高质量发展、建设现代化经济体系的重要主体，也是我们党长期执政、团结带领全国人民实现"两个一百年"奋斗目标和中华民族伟大复兴中国梦的重要力量。

——（2018 年 11 月 1 日习近平总书记在民营企业座谈会上的讲话）

中国是国际人权事业坚定的实践者与有力推动者，把人民的生存权、发展权放在首位始终是中国政府的使命担当。自党的十一届三中全会以来，中国实施改革开放政策，不断出台并实施了一系列适合国情的扶贫政策，取得了举世瞩目的成就。改革开放 40 多年的实践证明，从在改革开放之初邓小平同志确立了"让一部分人先富起来，先富带动后富，最终实现共同富裕的发展目标"的理论，到以习近平同志为核心的党中央继承与发展了邓小平理论的这一思想，提出精准扶贫治国方略，都有力促进了贫困人口基本权利的实现，为世界提供了中国特色的减贫方案，是中国人权事业进步的最显著标志。

学界关于中国扶贫与人权发展之间的关系已取得了很多研究成果。早在2005年，时任联合国教科文组织社会和人文科学助理总干事的皮埃尔·萨内就指出，贫困是人权斗争的新领域，贫困与违背人权之间存在着内在联系。贫困总是违背社会权，一般情况下会违背经济权，并且经常践踏文化权，有时还会违背政治权甚至公民权；① 李云龙认为消除贫困是一项核心人权，并分析了政府主导的中国农村扶贫开发对国际人权发展做出的重大贡献；② 王平注意到中国的减贫事业在少数民族人权保障方面所发挥的积极作用；③ 黄爱教则分析了精准扶贫战略中人权诉求所面临的社会阻力及实现路径。④ 但是，既有的研究尚未注意到民营企业的扶贫工作在中国人权事业进步方面所发挥的独特作用。事实上，作为改革开放的参与者以及率先受益者的中国民企，它们是中国社会扶贫的中坚力量，它们采取的扶贫行动以市场的力量帮助贫困人群，尤其尊重贫困人群的生存权与发展权，实现共富目标，促进人权事业发展，是中国人权事业进步的重要组成部分。

本书以"万企帮万村"的扶贫实践为研究对象，考察中国特色的"先富帮后富，走向共同富裕"的人权之路。本文分为三个部分：第一部分勾勒世界减贫事业的中国方案；第二部分描述"万企帮万村"的扶贫实践；第三部分则将民企扶贫置于世界场景之中，在比较的视野下分析中国民企扶贫与人权保障的基本特征。

---

① 皮埃尔·萨内：《贫困：人权斗争的新领域》，《国际社会科学杂志》（中文版），2005年第2期，第85—89页。

② 李云龙：《消除贫困是一项核心人权——以广西和甘肃为例》，《人权》，2009年第6期，第12—14页；李云龙：《人权保障视野下的中国农村扶贫进程》，《东北财经大学学报》，2016年第4期，第3—12页；

③ 王平：《消除贫困与少数民族人权保障》，《人权》，2010年第5期，第29—31页。

④ 黄爱教：《精准扶贫的人权诉求、社会阻力及实现路径》，《西北农林科技大学学报》（社会科学版），2017年第2期，第18—23页。

## 一、中国方案对世界减贫事业的贡献

人权是什么？人权是人人自由、平等地生存和发展的权利。1948年，联合国通过的《世界人权宣言》对人权的基本内容进行了概括，其中19项涉及公民和政治权利，6项涉及经济、社会和文化权利。《世界人权宣言》作为所有国家和所有人民的共同成就，第一次规定了基本人权应得到普遍保护。[①]

但是，各国人权实现的途径是不同的。按照英国社会学家马歇尔（T. H. Marshall）的归纳，西方国家的人权实践基本上沿着政治权利、公民权利、社会权利的路径演进。[②] 在发展中国家，这一发展路径可能正好相反，首先是社会权利的实现，然后才是公民权利和政治权利的逐步实现。从这个意义上讲，作为社会权利之首的生存权和发展权是所有其他人权的基础；而贫困则是实现所有这些基本的权利最大的拦路虎。消除贫困，使每个人享有脱贫权，这是一项全球性的责任。[③] 2015年3月5日，在联合国人权理事会第28次会议高级别会议一般性辩论中，中国常驻联合国日内瓦办事处和瑞士其他国际组织副代表傅聪大使发言，再次强调了平等对待各类人权。特别是要尊重发展中国家人民的生存权与发展权，2015年后，发展议程应坚持以消除贫困和促进发展为核心。[④]《联合国千年宣言》宣布，将不遗余力地帮助10亿多男女老少同胞摆脱目前凄苦可怜和毫无尊严的极端贫穷状况。使每一个人实现发展权，并使全人类免于匮乏。[⑤]

---

[①]　《世界人权宣言》，联合国网站，http://www. un. org/zh/universal-declaration-human-rights/。

[②]　T. H. 马歇尔：《公民身份与社会阶级》，载郭忠华、刘训练编：《公民身份与社会阶级》，江苏人民出版社2007年版，第3—43页。

[③]　厄内斯特-玛丽·姆邦达：《贫困是对人权的侵犯：论脱贫的权利》，《国际社会科学杂志》（中文版）2005年第2期，第91—101页。

[④]　新华社：《中国代表对国际人权事业提出四点主张》，http://www. xinhuanet. com/world/2015-03/05/c_1114538706. htm。

[⑤]　《联合国千年宣言》，联合国官网，http://legal. un. org/ola/media/info_from_lc/A_55_2C. pdf。

中国共产党和中国政府从中国的基本国情出发，把人民的生存权、发展权放在首位，致力于减贫脱贫，努力保障和改善民生，发展各项社会事业，使发展成果更多更公平地惠及全体人民，保障人民平等参与、平等发展的权利。党的十八大以来，在全面建成小康社会、实现中华民族伟大复兴中国梦的伟大进程中，以习近平同志为核心的党中央，坚持以人民为中心的发展思想，实施精准扶贫、精准脱贫基本方略，中国的减贫行动更加扎实有效，为世界减贫事业作出了重大贡献，创造了世界人权发展的新奇迹。[①] 中国成为最早实现千年发展目标的发展中国家。据《2015年联合国千年发展目标》的数据，中国农村贫困人口所占比例，从1990年的60％以上下降到2014年的4.2％。中国对全球减贫的贡献率超过70％。[②] 改革开放以来，按照现行贫困标准计算，中国7.7亿农村贫困人口摆脱贫困；按照世界银行国际贫困标准，中国减贫人口占同期全球减贫人口70％以上。2021年4月6日，国务院新闻办公室发布《人类减贫的中国实践》白皮书。白皮书显示，在全球贫困状况依然严峻、一些国家贫富分化加剧的背景下，中国打赢脱贫攻坚战，提前10年实现《联合国2030年可持续发展议程》减贫目标，显著缩小了世界贫困人口的版图。[③]

消除贫困、改善民生、逐步实现共同富裕，是社会主义的本质要求。中国是世界上少有的、有组织、有计划开展大规模扶贫工作的国家。国际社会对中国的扶贫成效与经验给予了高度评价。2004年5月，世界银行的首次全球扶贫大会选择了在中国上海举办。讨论了来自与会国家的70个扶贫案例，其中，中国占了8个。[④] 世界银行对中国的扶贫问题的多份报告显示，世行对中国扶贫经验赞誉有加。世界银行原行长金墉表示，中国扶贫开发的经验对其他中等

---

① 《中国的减贫行动与人权进步》白皮书，http://www.xinhuanet.com/politics/2016-10/17/c_1119730413.htm。

② 《2015年联合国千年发展目标报告》，http://www.un.org/millenniumgoals/2015_MDG_Report/pdf/MDG%202015%20rev%20%28July%201%29.pdf。

③ 《人类减贫的中国实践》白皮书，国务院新闻办公室，http://www.scio.gov.cn/zfbps/32832/Document/1701632/1701632.htm。

④ 张萍：《全球扶贫大会看重中国经验（焦点）》，《环球时报》2004年05月28日第二版。

收入国家来说非常有借鉴意义。[①] 2018 年 5 月 23 日，北京举办 2018 中国扶贫国际论坛，国际农业发展基金中国及蒙古国代表马泰奥（Matteo Marchisio）表示，40 年前中国约 70％至 80％的人在农村地区生活就业，而当时多数农村人口生活贫困。中国经过一系列改革，促进人员以及资源流动，并为贫困人口提供更多就业机会。现在中国取得的减贫成绩可以作为成功范例，将减贫和消除贫困的经验和知识分享给其他国家。[②]

中国取得如此骄人的成绩，是因为中国走出了一条中国特色的扶贫开发道路。2016 年 10 月 17 日发布的《中国的减贫行动与人权进步》白皮书将中国经验总结为：中国发挥政治优势和制度优势，通过"党的领导、政府主导、社会参与"的工作机制，形成跨地区、跨部门、跨行业、全社会共同参与多元主体的社会扶贫体系。坚持加快发展经济，扎实推进减贫事业。坚持多种形式减贫，注重提高实际效果。坚持社会公平公正，努力实现成果共享和共同富裕。[③] 其中，以产业扶贫开发为主要特色的中国民企扶贫模式"光彩事业"是社会扶贫的重要组成部分。"光彩事业"不仅在中国扶贫事业中取得了很大的成绩，也赢得了国际社会的广泛关注和认同。1999 年 10 月 26 日，经国际小天体命名委员会批准，获国际永久编号的（7497 号）小行星被命名为"光彩事业星"；2000 年 10 月 8 日，联合国经社理事会正式会议授予中国光彩事业促进会（以下简称中国光彩会）特别咨商地位；2003 年 10 月 6 日，中国光彩会取得了联合国贸发大会特别观察员身份。[④] 在过去的 26 年中，光彩事业创造了很多行之有效的扶贫模式，其中，"万企帮万村"是近年来影响最大的民企扶贫行动。下面，我们就以"万企帮万村"为例，考察中国的民营企业是如何参与扶贫和促

---

① 江宇娟、郭一娜：《世行行长说中国扶贫经验值得借鉴》，新华社，http://www.xinhuanet.com/politics/2017-10/13/c_1121798308.htm。

② 阮煜琳：《中国 40 年 8 亿人脱贫多家国际组织盛赞中国减贫盛举》，中国新闻网，http://news.cnr.cn/native/gd/20180523/t20180523_524244476.shtml。

③ 《中国的减贫行动与人权进步》白皮书，新华社，http://www.xinhuanet.com/politics/2016-10/17/c_1119730413.htm。

④ 《光彩事业简介》，中国光彩会官网，http://www.cspgp.org.cn/publicfiles/business/htmlfiles/cspgp/zzgk/index.html。

进人权发展的。

## 二、"万企帮万村"的人权实践

中国减贫经验重视发展经济与减贫的关系，把发展经济作为消除贫困的必由之路。注重运用非公有制经济的力量推进减贫是中国的独创。从"光彩事业"到"万企帮万村"，中国非公有制经济扶贫力量不断增强，在参与保障贫困人群的生存权、发展权上颇有建树，甚至促进了人权的其他诉求实现，是中国特色社会扶贫的典型代表。

图 1　2018 年全国"万企帮万村"精准扶贫行动
先进民营企业表彰大会暨扶贫日论坛

### 1. 万企帮万村：光彩事业的升级版

改革开放 40 多年来，受益于改革开放政策的中国民企茁壮成长，已形成了一个近 9000 万人的非公有制经济人士群体。[①] 2018 年 11 月 1 日，习近平总

---

① 高云龙：《高云龙：凝聚人心汇聚力量以习近平新时代中国特色社会主义思想为指引开创工商联两个健康工作新局面》，中央统战部公众号《统战新语》，2018 年 6 月 19 日。2018 年 7 月 6 日查阅。

书记在北京人民大会堂主持召开民营企业座谈会并发表重要讲话。他指出：我国经济发展能够创造中国奇迹，民营经济功不可没！数字"56789"足以佐证：整个经济体系中，我国民营经济贡献了 50％以上的税收、60％以上的国内生产总值、70％以上的技术创新成果、80％以上的城镇劳动就业、90％以上的企业数量。在世界 500 强企业中，我国民营企业由 2010 年的 1 家增加到 2018 年的 28 家。[1]

在改革进程中，这个新兴的群体不仅向社会奉献公益慈善爱心，它们还发挥自身的独特优势，运用市场的手段在贫困地区发展经济，逐步形成了中国民企特有的扶贫开发模式。光彩事业是其中的典型。1994 年，刘永好等 10 位民营企业家发起光彩事业倡议，号召民营企业以消除贫困为宗旨，到老少边穷等贫困地区去，以项目投资为主要形式帮助贫困人口摆脱贫困。1995 年 10 月 25 日，中国光彩会成立。当时，他们计划到 20 世纪末为老少边穷地区培训 7000 名人才，办 700 个项目，开发 70 种资源。经过 20 多年的发展，据不完全统计，截至 2020 年底，中国光彩会共牵头举办光彩行 35 次，1.23 万人次民营企业参加，落地项目 1483 个，实际投资额 7959.07 亿元，公益捐赠 10.76 亿元，实施公益项目 873 个。[2]

党的十八大以来，中国脱贫事业进入攻坚阶段，光彩事业也随之升级换代。2015 年 10 月 17 日，全国工商联、国务院扶贫办、中国光彩会正式发起"万企帮万村"。该行动以民营企业为帮扶方，以建档立卡的贫困村、贫困户为帮扶对象，以签约结对、村企共建为主要形式，力争用 3 到 5 年时间，动员全国 1 万家以上民营企业参与，帮助 1 万个以上贫困村加快脱贫进程。其后，中国农业发展银行加入进来，形成四方合作机制。

### 2. "万企帮万村"的主要做法

"万企帮万村"形成了强大凝聚力和影响力，取得了显著的扶贫成效和巨大

---

①　新华网：《习近平连续力挺民营经济，政策信号越来越强！》，http://www.xin-huanet.com/politics/2018-11/03/c_1123656521.htm。

②　该数据由全国工商联提供。

的政治、经济、社会效益。我们可以从它的运营模式中观察到人权保障是如何实现的。"万企帮万村"的帮扶途径归纳起来有六大类：产业扶贫、商贸扶贫、就业扶贫、捐赠扶贫、智力扶贫、其他扶贫等。[①] 其中，重点聚焦在三个方面：重点发展一批特色产业，重点解决一批贫困户劳动力就业，重点落实一批公益捐赠项目。[②]

(1)产业扶贫。产业扶贫是"万企帮万村"最普遍、最具有代表性的重点帮扶路径，成效最为显著。产业扶贫直接帮助贫困群众脱贫、致富，有了经济基础，所有人权保障才有了源头活水。在秦巴山区集中连片扶贫核心区之一的四川省巴中市，四川七彩林业开发有限公司发展彩色苗木产业，采用了"龙头企业＋专业合作社＋专业大户＋贫困户"的合作机制。公司在巴中地区带动5区县、26乡镇、71个村发展彩色苗木产业基地2.94万亩，带动1696户建档立

图2　美团快驴进货平台在甘肃省定西市
采购土豆，当地贫困种植户正在进行分拣装车

---

① 《全国工商联国务院扶贫办中国光彩会关于印发〈"万企帮万村"精准扶贫行动方案〉的通知》，全国工商联官网，http://www.acfic.org.cn/wqbwc/zcwj/201509/t20150922_3114.html。

② 《全国工商联国务院扶贫办中国光彩会关于推进"万企帮万村"精准扶贫行动的实施意见》，全国工商联官网，http://www.acfic.org.cn/wqbwc/zcwj/201601/t20160119_3126.html。

卡贫困户 5598 人实现户均年增收 1.6 万元，人均年增收 4700 元。[①]

近年来，随着互联网电商平台的兴起，"互联网＋扶贫"模式帮助贫困县、村解决商业终端的销售难题。例如，从 2016 年第一季度至 2017 年第二季度，京东电商平台共扶持注册地来自 832 个国家级贫困县的商户 6003 家，帮助贫困县销售商品 153 亿元；农特产品的线上销售覆盖 136 个三级品类，在售商品种类达 283 万种。[②]

（2）就业扶贫。授人以鱼不如授人以渔，民营企业深刻地懂得这一道理，通过就业培训等机制为贫困群众提供了自我发展的机会。在脱贫的过程中，贫困群众可以学到新知识、掌握新的劳动技能，学习原本欠缺的市场技巧等。民企帮扶进一步激发他们自我发展的内生动力，提升了他们的生活能力、发展能力，为实现工作权、受教育权等其他人权创造了条件。

如意集团是全球知名的创新型技术纺织服装制造企业，企业开辟了扶贫生产线（车间），探索通过集中生产与家庭分散加

图 3　银川市月牙湖乡塘南村的
扶贫培训车间

工相结合的就业模式，支持贫困人口居家就业和灵活就业。针对一些家庭贫困的员工文化水平较低、学习能力弱的特点，公司开展专项技能培训，特地把这

---

[①]　2018 年 5 月初，笔者在巴中市南江县采访七彩林业总经理王明理以及南江县正直镇长滩村党支部书记张亮。

[②]　中国经济网：《京东发布电商精准扶贫年度报告》，http://finance.ce.cn/gsxw/201707/28/t20170728_24548572.shtml。

些员工集中安排在工序较为简单的生产线岗位上，简称"扶贫线"。2017年，笔者去企业的银川园区现场采访得知，该园区"扶贫线"有员工180人，当时预计人均年收入可达4.4万元。在银川市月牙湖乡、通贵乡等精准扶贫移民区，企业建设了扶贫车间3个，安排当地留守人员100余人按计件灵活工作，其中建档立卡贫困人口86人。[①]

（3）捐赠扶贫。"万企帮万村"动员的民企捐赠数额巨大，许多民企根据企业主要出资人的偏好选定捐赠方向。例如，上海均瑶集团设立1亿元人民币的光彩·均瑶扶贫济困专项基金；上海复星集团设立1350万元人民币的光彩·复星乡村医生精准扶贫专项基金，用于面向24个国家级贫困县的乡村医生精准扶贫项目。

### 3. 推动社会治理创新，保障贫困人口的社会权利和政治权利

如果说产业扶贫、就业扶贫和捐赠扶贫等方式有效地帮助贫困人口实现了生存权和发展权等社会经济权利，那么，民营企业在村企共建的过程中还产生了一个重要的溢出效应：将现代社会治理理念引入贫困乡村，激活了基层群众自治制度，推动乡村社会治理创新，从而保障了贫困人口参与村庄治理的权利。在这方面，浙江省安吉县鲁家村的"三变"改革是一个突出的例子。[②] 鲁家村曾是浙江东部一个破败的小山村。当年，在外经商的朱仁斌被大家选为村支部书记。他上任时，村里的账面上仅有6000元钱，负债达150万元。朱仁斌利用他多年在外经商的经验和视野，和乡亲们一起摸索出一套全新的村集体经济发展模式和村庄治理模式。一是充分发挥乡贤作用。在发展初期集体经济困难的情况下，朱仁斌依靠乡贤募集了300万元资金，为集体经济的发展奠定了基础。经济发展起来后，他又依靠乡贤，带动村民参与村庄治理。二是"三变"改革，将"田园变景区、资源变资本、村民变股东"。"三变"改革的第一个结果是农民的收入大幅度提高，生存权和发展权得到了保障。2014年，村里做好

---

① 2017年7月初，笔者在银川市采访如意集团宁夏园区的公司党委书记牛家珍以及贫困户员工。

② 2019年10月、2021年11月，笔者采访朱仁斌。

资产评估后将股权量化，给 2099 个村民，每人发了一本股权证。当时一股只值 375 元钱，至 2020 年每股 3.2 万元，股权增值了 85 倍。第二个结果是社会治理创新，通过党建引领，重视农民的主体作用，把选择权交给农民，确保农民知情权、参与权、表达权、监督权，真正让农民也成为改革的参与者和受益者。股份分红、土地流转租金、打工，在鲁家村，家家户户都有这三份收入。这样一套全体村民共同认可的利益分配机制和管理模式，一方面将现代企业管理理念引入乡村集体经济的发展和村庄管理，从而保证集体经济的持续发展，为保证贫困人口的生存权和发展权提供坚实的基础；另一方面又通过股份制方式将全体村民都变成集体经济的股东，村民不仅能参与集体经济的分红，而且能参与集体经济和村庄其他公共事务的管理，从而激活了基层群众自治制度，有效地保障了村民在村庄治理过程中广泛持续深入参与的权利。

"万企帮万村"在扶贫模式探索上迈出了重要步伐，丰富了民营企业扶贫的路径和方式，其因地制宜、共建共享的模式也在思路上为全国脱贫攻坚提供了有益借鉴。至 2020 年 12 月，据全国工商联的统计，习近平总书记 9 次在不同的场合提及"万企帮万村"并给予肯定。2021 年 2 月 25 日，习近平总书记在全国脱贫攻坚总结表彰大会上的讲话指出，民营企业、社会组织和公民个人热情参与，"万企帮万村"行动蓬勃开展。

## 三、比较视野中的民企扶贫与人权发展

中国民企放弃高利润，自愿到成本高、利润低的贫困地区去发展产业，为国际减贫事业贡献了中国版本。与西方国家的企业家扶贫相比，中国版本的民企扶贫至少在政治基础、文化底蕴、组织架构、模式创新等方面表现出自己鲜明的特色。

### 1. "先富帮后富，最终实现共同富裕"的理论，是中国民企参与扶贫的政治基础

1984 年 10 月，中共十二届三中全会通过《关于经济体制改革的决定》，首次把鼓励"一部分人先富起来"的政策写进党的文件，文件明确指出，"只有允

许和鼓励一部分地区、一部分企业和一部分人依靠勤奋劳动先富起来，才能对大多数人产生强烈的吸引和鼓舞作用，并带动越来越多的人一浪接一浪地走向富裕。"①

"先富"强调效率，"共富"强调公平。"先富"要让一切创造社会财富的源泉充分涌流，使市场在资源配置中发挥决定性作用，做大社会财富"蛋糕"；"共富"是要更好地发挥政府在完善分配调节机制方面的作用和先富群体的带动作用，推进人人都享有改革发展成果的权利，实现共同富裕。中国特色社会主义进入新时代，习近平指出，全面小康是全体中国人民的小康，不能出现有人掉队。② 以习近平同志为核心的党中央实施精准扶贫、精准脱贫基本方略是"共富"理论原则的进一步深化与发展。

中国民企认同社会主义的"共富"理论，民企自身的发展是先富，民企发展起来后参与扶贫是带领其他人走向共同富裕，这是光彩事业、"万企帮万村"的政治基础。从这个意义上讲，民企参与扶贫不仅仅是一项慈善事业，它更是社会主义实践，是中国改革和发展事业的有机组成部分。它与西方企业基于宗教发展起来的慈善观念捐资扶贫的行为形成了鲜明对比。

中国民企参与扶贫的步伐与国家改革发展的节奏同频共振：1994 年《国家八七扶贫攻坚计划》实施之时，光彩事业发起；2015 年国家精准扶贫战略实施之时，"万企帮万村"启动；2017 年 10 月，党的十九大报告首次提出实施乡村振兴战略，2018 年 6 月 19 日，在全国工商联的组织下，34 位知名民营企业家向全国民营企业家发起积极参与乡村振兴战略的倡议。可以说，在过去的 20 多年中，先富起来的民营企业家一直努力通过自己的行动践行"先富帮后富，最终实现共同富裕"的理想，将自身的发展和社会主义建设事业紧密结合起来，并最终推动世界人权事业向前发展。

**2. "义利兼顾、以义为先"的儒家传统是民企参与扶贫的文化底蕴**

中国民企的扶贫创举深受中国儒家文化的影响。孔子说："富与贵，是人

---

① 《中共中央关于经济体制改革的决定》，《人民日报》1984 年 10 月 21 日第一版。
② 习近平：《2015 减贫与发展论坛今日举行习近平发表主旨演讲（全文）》，人民网。http://politics.people.com.cn/n/2015/1016/c1001-27706189.html。

之所欲也；不以其道得之，不处也。贫与贱，是人之所恶也；不以其道得之，不去也。""君子喻于义，小人喻于利。"①"以义为先"，还是"以利为先"，这是区分君子和小人的标准。修身齐家治国平天下的儒家理论，千百年来深刻地影响着中国人，也深刻影响了中国的商业伦理。诚实守信、扶危济困、知感恩等构成中国儒商的基本底色。光彩事业既是一种经济行为，又是一种充满感情的道德行为。

2001 年 11 月，在中国光彩事业二届二次理事会上，"光彩精神"概括为"致富思源，富而思进，扶危济困，共同富裕，义利兼顾，德行并重，发展企业，回馈社会"。2015 年 10 月，中国光彩会第五次会员代表大会表决通过，将"光彩精神"进一步修订为"致富思源，富而思进，义利兼顾，以义为先，扶危济困，共同富裕"。这次修订更加凸显了中国民企扶贫的经济价值观与道德观，"义利兼顾，以义为先"成为光彩精神的核心理念。2021 年 1 月，中国光彩会第六次会员代表大会上，新时代光彩事业的基本宗旨被归纳为"先富带动后富、促进共同富裕"，把 20 多年光彩历程所凝聚的光彩精神修订为"义利兼顾、以义为先，自强不息、止于至善"。

相比较而言，西方企业家扶贫济困思想深受宗教文化的影响。上帝决定社会的贫富不均，人有优劣之分，处于社会上层的人是靠个人才能和努力取得财富，但获得财富之后，就有责任帮助"不幸"的穷人"兄弟"。1889 年，安德鲁·卡耐基在《北美评论》(*North American Review*) 6 月号发表《财富的福音》(*The Gospel of Wealth*)。他写道："我们的时代的问题在于如何适当地管理财富，俾使富人和穷人仍能在和谐的关系之中相处如兄弟。"根据他的思路，富人的成功已证明他们最优秀，有能力也有责任为穷人"兄弟"管理好这笔财富，富人要引导社会发展的方向。②卡耐基的这篇文章被认为是西方企业家扶贫动机与哲学理念的经典之作，也成为后世西方企业家扶贫思想的源泉。

---

①　出自《论语·里仁》。

②　资中筠：《财富的责任与资本主义的演变》，上海三联书店 2015 年版，第332 页。

尽管中西方扶贫动机以及理念不尽相同，但均根植于自身的文化传统，从中汲取动力，都达到了造福社会的效果。也正是根植于东方文化传统，民企扶贫在中国的土地上能够被理解和认同，展现出旺盛的生命力。

### 3. 完整的组织架构是中国民企参与扶贫取得成功的基础

民营企业到贫困地区扶贫，在全国已成燎原之势。形成这样的态势靠的是体制机制的优越性。具体而言，就是一套自上而下的组织网络。这套组织网络包括 4 个部分：(1)工商联系统；(2)政府的扶贫办系统；(3)光彩会的组织网络；(4)中国农业发展银行的银行网络。这四套体系共同构成了全国性的推进"万企帮万村"的立体大网。

这张立体大网在推进"万企帮万村"中发挥了重要的作用。首先，它发挥着"协调器"的作用。一方面，工商联是政协的组成单位，可以通过制度化渠道参政议政，从而在政策或制度设计层面得到党和政府的支持，促进"万企帮万村"的发展；另一方面，工商联的身份利于协助企业协调各方面关系，从而推动"万企帮万村"的落实。例如，协调企业与地方政府的关系，将企业的优势和地方的优势结合起来；协调企业与村民的关系，通过协商达成共识，形成合力。其次，它构建了一套学习机制，使制度创新的扩散不仅范围广，而且更有效率。几乎每一个省的省市县三级经常组织推进会、观摩会等交流活动，各省之间、特别是东西协作机制的对口省份更是交流频繁，这些做法促进了经济、政策信息的传播，成功经验的推广与借鉴，推动形成了正向的社会影响力。

相比较而言，西方国家由于体制机制等方面的原因，西方企业家在扶贫中很难形成这种自上而下的组织网络。西方企业家扶贫或者受到企业家资助开展扶贫工作 NGO 组织所覆盖的区域主要呈现点状分布特点。他们可以获得"点"上的经验或突破，但没有成套体制机制来保障制度创新的推广。由此，他们与政府在扶贫政策方面的博弈显得单薄，影响力不强或效果十分有限。

### 4. 扶贫模式的不断创新是民企参与扶贫取得成功的关键

无论是发达国家还是发展中国家，都有许多独具特色的扶贫模式。中国幅员辽阔，贫困类型比较多样化和复杂化，多方形成的合力给予民营企业创造、创新精准扶贫模式更多的探索空间。民企、行业商会和工商联因地制宜、因企制宜、因人制宜的扶贫经验都是对世界减贫事业的贡献。

产业扶贫、就业扶贫、重视发挥农村合作组织的作用，是国际扶贫的重要经验。"万企帮万村"的产业扶贫突出精准的宗旨，注重点面结合，既精准选择产业，又精准聚焦贫困村、贫困户，统筹兼顾脱贫以及后续的可持续发展问题，践行"人权保障没有最好，只有更好"。① 中国民企积极与农村基层合作社组织合作，甚至牵头帮助农村成立合作社组织，体现了它们尊重农村人权的特点。"万企帮万村"许多产业扶贫模式与国际流行的产业扶贫模式基本殊途同归，而来自中国民企的产业扶贫模式则更为丰富多彩，在微观层面得出的经验更为丰富。

## 四、讲好中国扶贫与人权发展的民企故事

中国民营企业大规模参与扶贫的行动，是中国人权事业进步的重要组成部分。截至 2020 年底，12.7 万家民营企业精准帮扶 13.91 万个村（其中建档立卡贫困村 7.32 万个），带动和惠及 1803.85 万建档立卡贫困人口。农发行作为发起方之一，共为 1902 家企业提供政策性金融支持，贷款余额 1672.72 亿元。已有近 299 家民营企业荣获全国"万企帮万村"精准扶贫行动表彰。②

中国民企的扶贫经验传递出来的是中国的道路自信、理论自信、制度自信、文化自信的声音，是中国推动和促进人权进步的声音。我们需要向世界发出中国民企扶贫与人权发展的好声音。

讲好扶贫与人权发展的民企故事，首先要旗帜鲜明地肯定非公有制经济是经济持续健康发展的重要力量③，要将民企扶贫与人权发展放在中国 40 多年改革开放的历史进程中来进行叙事，用历史的眼光来透视扶贫的过去、现在和

---

① 习近平：《习近平致"2015·北京人权论坛"的贺信》，新华网，http://www.xinhuanet.com/politics/2015-09/16/c_1116583281.htm。
② 该数据为全国工商联提供。
③ 习近平：《毫不动摇坚持我国基本经济制度推动各种所有制经济健康发展》，新华网，http://www.xinhuanet.com/politics/2016-03/09/c_1118271629.htm。

未来；其发展成果是改革开放的重要成果；选取典型的民企扶贫案例，从真实的扶贫故事、脱贫故事中总结民企扶贫的经验与贫困群众人权发展进程；摒弃落后的"仇富"观念，正确评价民企的扶贫成绩，营造创造价值光荣，扶贫光荣的社会氛围，激励更多的民企参与社会扶贫。

讲好这个故事，要有现实针对性。要将民企扶贫放在世界人权事业发展的背景中来加以观察，针对西方的舆论宣传，对全世界讲好中国民企扶贫与人权发展的故事。在过去的几十年中，中国的人权事业取得了长足的进步，但是，一些西方舆论常常对此视而不见，甚至以一己之私的偏见抹黑中国。我们有必要以民企扶贫与人权发展为切入点，向世界讲述真实的中国人权，讲述中国改革开放以来取得的人权成就。

讲好这个故事，更要有国际的视野。"构建人类命运共同体"的理念是中国对世界人权发展事业的重大贡献。多年来，"义利兼顾，以义为先"是许多中国民企在走出国门发展时自觉坚守的信条，它们与所在国人民共建共享，以实际行动践行习近平总书记提出的"人类命运共同体"的理念，不仅在中国帮助贫困人口脱贫，而且在海外帮助发展中国家的贫困人口实现其生存权和发展权。随着"一带一路"倡议被越来越多的国家认同，从贫困人口的人权保障角度讲好光彩事业、"万企帮万村"的故事，是传播"人类命运共同体"理念的极佳切入点之一。

# 目　录

# 第一章　大凉山："万企帮万村"瓦吉瓦

　　凉山彝区致贫原因复杂，深度贫困与恶劣自然条件、薄弱基础设施、落后思想观念、突出社会问题相互交织。"万企帮万村"响应习近平总书记的号召，接过光彩事业的旗帜，尽锐出战，开进高山峡谷，深入村村寨寨，勇当大凉山脱贫攻坚强大合力的"助攻手"。当年，红军长征途中刘伯承同彝族首领小叶丹"彝海结盟"，因"义"而盟；今天，"万企帮万村"同样以"义"为盟，积极践行"义利兼顾、以义为先"的光彩理念，贡献民营企业的家国情怀。

　　凉山彝区，"一步跨千年"，来到社会主义社会，那里的贫困问题，一直是党中央牵挂的心事。凉山彝区是"贫中之贫、困中之困、坚中之坚"，是名副其实的"硬骨头"，攻坚战的任务异常艰巨繁重。

　　党的十九大之后、2018年春节前夕，习近平总书记考察脱贫攻坚的第一站是在四川大凉山。

　　"万企帮万村"响应习近平总书记的号召，接过光彩事业的旗帜，在大凉山脱贫攻坚战中尽锐出战，开进高山峡谷，深入村村寨寨，勇当大凉山脱贫攻坚强大合力的"助攻手"。

　　当年，在红军长征途中，刘伯承同彝族首领小叶丹"彝海结盟"，因"义"而盟；今天，"万企帮万村"同样以"义"为盟，积极践行"义利兼顾、以义为先"的光彩理念，贡献民营企业的家国情怀。

图 1-1　西昌市的公路

# 第一节　接过光彩事业的接力棒

彝族是一个古老的民族，在新中国成立之前，可称为奴隶社会的"活化石"。新中国的新生活使凉山彝族同胞的生活发生了翻天覆地的变化。但由于历史、地理环境等原因，彝族先民长期与世隔绝，在高山深谷中迁徙繁衍，极端贫困在那里屡见不鲜。那里经济社会发展总体滞后，是全国"三区三州"地区之一。

四川省凉山彝族自治州是大凉山彝区的主要核心区。2013 年底，凉山州的贫困人口 88.1 万、贫困发生率 19.8%；2018 年底，贫困人口 31.7 万、贫困发生率 7.1%，仅从数字上看，这距离贫困县脱贫要达到贫困发生率降至 3%以下的要求还有一定的距离。由此可见，大凉山彝区脱贫攻坚任务异常艰巨繁重。

习近平总书记曾饱含深情地说过："如期打赢脱贫攻坚战，中华民族千百年来存在的绝对贫困问题，将在我们这一代人的手里历史性地得到解决。这是我们人生之大幸。"

对于民营企业家群体，这一份人生之大幸，有幸地也体现在了参与大凉山彝区的减贫事业中。而且，早在 20 多年前，民营企业家就与大凉山结下了深厚的缘分，也就是从那时起，先富起来的这群人把对国家的感恩融入光彩事业凉山扶贫中，为了实现共同富裕而付出努力。

历史清晰地记着当年的那一幕幕。

1994 年 4 月，为配合《国家八七扶贫攻坚计划》，在全国工商联七届二次常委会议闭幕会上，刘永好等 10 名民营企业家向全国非公有制经济人士发出《让我们投身到扶贫的光彩事业中来》的倡议。

倡议书的开头写道："我们的祖国、我们的民族是个水乳交融、血浓于水的和睦大家庭。改革开放以来，广大人民群众的生活水平有了显著提高。但是，老少边穷地区 8000 万人民的温饱和贫困问题始终牵动着我们的心。消灭绝对贫困是每一个中国人的责任，是时代赋予我们的光彩事业。"

这段饱含深情的话，真诚地表达了民营企业家们的初心与承诺：把个人富裕与全体人民的共同富裕结合起来，把遵循市场法则与发扬社会主义道德结合起来。

1994 年 8 月，中央统战部向各级统战部发出《关于大力推动光彩事业的意见》。同年 10 月，全国第一个光彩事业项目——刘永好投资的西昌希望饲料厂落地。1995 年 10 月，中国光彩事业促进会正式成立。

20 多年来，一波又一波民营企业来到凉山扶贫，作为当地党委、政府的好帮手，尽自己所长，做有益之功，久久为功。

这样一份功德事业一直延续到"万企帮万村"。截至 2020 年 8 月，已累计有 519 家民营企业和商协会参与凉山州"万企帮万村"精准扶贫行动，共帮扶贫困村 820 个，投入资金 5.02 亿元，实施项目 1954 个，惠及贫困群众 16 万余人。

### 1. 探秘第一个光彩事业项目

2020 年 9 月，我们来到西昌希望饲料厂。公司负责人告诉我们："这里，一切都没有变。"这个 26 年前的项目依然如老照片里的那样，厂区面积没有变，那些充当办公区和员工宿舍的小平房依然在，墙上青苔斑驳，墙角绿树成荫、花开娇艳。而当年工厂四周的荒地，已经立起了高楼大厦。窝在城市里的它，太不起眼，太普通了……

唯一改变的，就是生产设备、产品线变了，当年肩挑背扛饲料包的事，由人工交给了叉车，设备由过去生产单一品种，到现在能生产不同饲养阶段的精饲料了。

在厂办公室，我们看到了刘永好早年的照片。照片里留着刘海、穿着大垫肩西装的刘永好，很开心地笑着，好年轻。

1993 年，42 岁的新希望集团有限公司董事长刘永好到云南昆明谈项目，绿皮火车途经凉山，刘永好短暂停留。这次短暂的停留深深地刺痛了他。

图 1-2　西昌希望饲料公司早期照片

图 1-3　西昌希望饲料公司厂区

在那里，他看见许多长头发、一身黑的小男孩，他们赤着脚、光着上身，背着篓子捡煤渣。四周的村庄，人畜一室，猪、鸡满地乱拉乱走，村民有的席地而坐，也有的在地上裹毡而眠。

那里的贫穷竟然比刘永好老家更甚，彼时的刘永好刚刚从"苦孩子"创业成功，看到这些，他十分心酸。

1994年，刘永好等10位民营企业家发出《让我们投身到扶贫的光彩事业中来》的倡议，刘永好想有所行动之时，凉山的一幕掠过他的脑海。

"我能不能利用那里优良的环境，建立一个饲料厂，既能帮助当地百姓摆脱贫困，又能给公司开辟新的市场呢?"刘永好在后来的回忆中对大家说。

这就是第一个光彩事业项目落户凉山的由来。

"我们是在'光彩事业永放光彩'的大横幅下奠基的。中央统战部、全国工商联的领导来了，省、市领导来了，还有一些企业家也来了。这是我们发起倡议后的第一颗'种子'。"谈起往事，刘永好依然激动不已。

从1994年10月到1995年1月，历时63天建设，刘永好投资1500万元的

图 1-4　西昌希望饲料的库房

西昌希望饲料公司正式生产。到 2000 年，西昌希望饲料公司共培育出 500 户科技养殖示范户，1.5 万人通过发展养殖业脱贫，西昌希望饲料公司也在 6 年时间里创造了超过 3 亿元的收入。

时光荏苒，新希望集团已经是中国民企 500 强，西昌希望饲料公司依然窝在那里，以扶贫为宗旨服务凉山养殖业的初心一直没有变。

全国脱贫攻坚战打响后，西昌希望饲料公司更忙了。"有时都生产不过来了。我们一直维持平稳的价格销售，如果价格波动大，农户就受不了。这样做，是因为我们要扶贫。"一位公司负责人对我们说。

昭觉县特布洛乡谷莫村有贫困户 30 户 138 人，是一个建档立卡的贫困村。新希望集团扶贫项目覆盖到了那里，公司给村里贫困户提供鸡饲料，产品由公司负责销售。现在，特布洛乡谷莫村建立了特色核桃、绿色阉鸡、生态乌金猪、高山苦荞、有机蜂蜜等产业链。

20 多年来，这个项目为凉山州发展现代农业留住了许多人才。项目的好几位高管，是从毛头小伙子干起的，一干就是一二十年。

西昌会东人尹德斌，是他们的后继者。这位"90 后"大学毕业后当兽医、搞养殖培训，为公司的精准扶贫项目做技术指导。

2018 年，尹德斌决定结婚，刚定好婚期，就临时受命需要去给昭觉县特口甲谷村做培训，他毫不犹豫地就回到了工作岗位。

后来，这对小夫妻就在养殖场拍摄了自己的婚纱照。附近听他课的彝族农户听说后，还特意给他送了一套彝族青年的盛装过来。

虽处在经济欠发达地区，但这个项目还是吸引了一代又一代年轻人。因为，这个项目给了他们施展才华的舞台。留下项目，留住人才，光彩事业生生不息。

资本逐利，光彩事业的"义利兼顾，以义为先"理念，刘永好是如何理解的呢？

2014 年 5 月，我们在新希望集团的北京办公区采访过刘永好。那个时候的刘永好，还留着碎刘海，带着温和的笑容，与那年西昌老照片中的他一样。只是人不再年轻，皱纹爬上了眼角，脸上透着睿智，也透着疲劳。

图 1-5　尹德斌婚纱照　新希望集团提供

刘永好认为，利润是企业良好运营不可或缺的，然而，利润的获得有多种方式，其中很重要的一种是可以通过“义”的方式来获得。

“我们到贫困地区投资是商业行为，是商业行为就要有价值和回报，这就是‘利’。但是我们要有‘义’。‘义’大过‘利’，以‘义’为先，这是光彩事业的本质。”他说。

我们问，有的贫困地区道路不通，甚至电都没有，可以说市场并不理想。为什么民营企业要放弃高回报率的市场，把资金投入回报率很低的贫困地区呢？

刘永好这样解释，“有人说这是吃力不讨好。是的，我们是吃力的，但是，当你看到更多的农民朋友因为你的投入有了自信，有了收入，有了致富的本钱，我认为，这是值得的——这就是‘义’。我们一直都是按照这种方式去做的。”

对一个企业而言，舍易就难，放弃部分利益来承担更多的义务，看似波澜不惊的背后，需要的是更大的勇气和魄力。

至 2020 年，西昌希望饲料公司年销售额超过 7000 万元。85％的员工来自本地，每年带动 2.6 万余户农户增收超过 2 亿元，是凉山州发展现代农业、促

7

进当地群众增收和就业的重要力量之一。在新希望集团的整个事业版图中，西昌希望饲料公司的贡献其实不算多，但它的存在，已是新希望集团企业文化的一个象征，一个精神传承下去的所在。

### 2. 云上村的新希望

当年的西昌希望饲料公司是在荒地上建设起来的。现在，从地址上看，它已处在城市繁华的街区里，由此可见，西昌变化之大。城市早已发生了翻天覆地的变化，而在那遥远的彝乡，时间似乎是凝固的，变化并不尽如人意。全国脱贫攻坚战打响之后，刘永好又对大凉山有了新的动作。

在2017年的"光彩事业凉山行"大会上，新希望集团与凉山彝族自治州政府达成战略合作，在当地建立60万头生猪养殖项目，带动5000户建档立卡贫困户脱贫。企业在大凉山探索出精准扶贫的"喜德模式"和"昭觉模式"，被农业农村部作为农业产业化龙头企业扶贫榜样在全国推广。

2020年9月初，我们探访了新希望的"昭觉模式"。

大凉山的秋天来得早，一场秋雨一层寒。9月10日早上8点，我们从昭觉县城出发，在小雨中上路，目标是海拔3000米左右的小山村——特口甲谷村。在彝族语言中，特口甲谷村的意思是"云端上的村庄"。特口甲谷村有118户人家，其中贫困户62户共289人。由于自然条件恶劣、交通极为不便以及其他多重因素交织叠加，在脱贫攻坚之初，那里的贫困识别发生率高达54.8%。新希望集团的"昭觉模式"就落户在那里。

青山薄雾中的乡镇道路上，人

图1-6 特口甲谷村附近的乡村公路

图 1-7 特口甲谷村

不多,我们看到最多的是上学的孩子。三三两两,有的是大孩子领着小孩子走,有的大孩子还背着小娃娃,或打着伞、或就光着头在微雨中行走。

车辆爬高走低,海拔渐渐升高,拐弯常常有,我们被颠得"七荤八素"。司机告诉我们,"路是这两年才新修的。你们去的那个地方,以前都是泥巴路,下雨就更走不动。出村要好几个小时。"

虽然被颠得难受,但大家也有心旷神怡之时。行至一处山顶,司机放我们下来休息。雨正好停了,我们站在观景台深呼吸,雨后森林的气息很清新,有菊花的香气。有人放手一指远方:"那片山底下发白,最远端的,是邛海。再近一点,你猜是啥?"

大棚!大棚白花花一大片,晃眼一看还以为是湖泊。新希望六和股份有限公司扶贫办负责人李朝辉告诉大家,大凉山还是有比较独特的自然优势,这里的蔬菜瓜果可以打"稀缺牌"。要么别人种不了,我可以种;要么市场上已经没有了,我这里有晚熟的。

"这些年赶上了脱贫攻坚的好契机，交通条件改善，政策支持也多，大凉山开发了不少现代农业，今非昔比啦！"李朝辉感叹地说。

娃娃在上学，大山深处藏着成片的大棚。这是我们在路上最深刻的印象了。

天气时雨时晴，渐渐地，我们走在了一条崭新的马路上。雨后地面上的黄色、白色交通线如同新刷上的一样。新希望"昭觉模式"就从这条新马路开始。

特口甲谷村就在这条蜿蜒数千米的新马路边上。上午10点半左右，我们到达新希望六和特口甲谷村现代化养殖基地。

400多头大肥猪正在出栏装车，准备运往西昌，因为涉及防疫，我们只能在基地的后门远观。

李朝辉说，这个厂子的员工大部分是当地的，"我们已经培养出了当地骨干，他们干得不错"。

基地的对面，就是特口甲谷村。深深浅浅的云雾飘忽不定，高山草甸子上，天蓝色屋顶的房子错落有致地散落。穿行20分钟左右，我们到了新希望六和特口甲谷村现代化养殖基地员工汉呷里博的家。

汉呷里博，27岁，彝族。家里的客厅堆放着装荞子（荞麦）的大号粮桶、一小堆又黑又小的土豆，都是今年新下的粮食，火塘就在客厅里。瘦瘦高高的他已是两个孩子的爹。

汉呷里博只有小学文化，是基地饲养员。家虽然近，但他每周只有周末回家。"基地养猪不是我们原先那种随便养养，管理、消毒都很严格，我来回跑麻烦。"

2018年之前，汉呷里博在家务农，种荞麦、土豆，养鸡、养马、养当地的黑金猪，日子过得紧巴巴，是村子里的建档立卡贫困户。

他是第一批被招入企业的，月收入大约在3000元左右，每年还可以拿到3000元分红。

汉呷里博家的客厅有一个被描得五彩缤纷的木柜，是他结婚时打的柜子。柜子上描画了红五星、天安门、彝族传统花鸟，还有一幅画着有车流的跨江大桥。

"你去看过这种桥吗?"

"没有。希望以后能去。"汉呷里博笑着回答。

村里大部分人基本是文盲，都不太通汉语，走出山村去打工其实很困难。汉呷里博的足迹只到过县城，他的汉语还是来到企业之后慢慢练出来的。

图 1-8　新希望集团工作人员(左一)
在汉呷里博(右一)家

汉呷里博送我们出村，一路上，他聊到了今后的生活。"我准备送孩子去城里上幼儿园、学前班，让老婆租房子陪读。这笔钱，我现在能拿得出来了。"

"哦?"我们很好奇。

"以前我们这里的小孩读一两年书就回家放牛、养羊，没有读书习惯的。我是村里招的第一批企业员工，我的那点文化成了我的优势。现在，我要让孩子从

图 1-9　新希望集团特口甲谷村养猪场外景

小接受教育，学讲普通话，他们以后的生活就会比我更好。"汉呷里博说。

特口甲谷村的村委会主任叫土比阿地，50多岁，长得黑黑瘦瘦、皱皱巴巴。据说他算村里的首富，是村里最先富起来的人。

"我读到了初中，后来没眼光，留村里了。我的一个乡亲，上了民族高中，读了大学，是我们几个乡最早的大学生了。在县政协工作过。"土比阿地不无遗憾地与我们聊。

因为搞运输，土比阿地确实先富了起来。但是，特口甲谷村是一个弱资源、弱劳力的深度贫困村，想要带着大家一起富，村委会主任心有余而力不足。

新希望六和养猪基地落户后，土比阿地说："这是圆了我的梦想了，也是圆了大家的发财梦。"

当地传统养猪模式是靠天养，基本不管理。基地采用的养猪方式，例如人进猪场还得洗澡、消毒，这些在当地闻所未闻；还有，干了是否能兑现钱，当时许多村民很有顾虑。

土比阿地带头在猪场当了饲养员，还兼任合作社理事长，用自己的选择来触动村民参与这个项目。

"我们的村民都很朴实，能吃饱饭，有房子住，家里面有牛羊，就很满足了。"土比阿地说，村民一家人每月的生活开支大约是500元，这个项目有工资发，有现金分红，3000元的月工资或者上千元的分红，对他们而言已经是不小的收入了。

"这个项目瓦吉瓦（好得很）。"土比阿地的脸上笑开了花，对我们竖了竖大拇指表达他的想法。

这个"瓦吉瓦"的项目，开辟了新希望集团的"昭觉模式"。"昭觉模式"之所以选点那里，有几个关键要素，深度贫困村、产业扶贫、多方力量参与。新希望集团整合、运作好这些要素，形成了可以复制推广的新希望精准扶贫"昭觉模式"。

"昭觉模式"采取"政府＋扶贫单位＋龙头企业＋村集体＋N个贫困户"的方式，即"昭觉县政府＋中国人民银行成都分行＋新希望六和＋村集体＋特口甲谷村62户贫困农户"的方式。项目规划修建一个养猪场，年出栏生猪5000头，由新希望公司、村集体组织（由昭觉县政府补贴和中国人民银行成都分行扶助）、贫困户（主要依靠扶贫贷款）共同投资。

多方合力，是这个项目的重要特点。政府的作用自不必说，那条通往外界的新路，耗资千万元，由银行方面解决，为扶贫企业实施项目提供便利，也解了政府基础设施投入的难题。

2018年，"昭觉模式"正式在特口甲谷村实施。政府和银行为贫困户提供资金和贴息贷款；龙头企业提供猪苗、饲料、技术、销售等服务，承担疫情、市场等风险；贫困户分享股金分红，并可通过劳动获得工资收入。

新希望六和凉山新六养殖有限公司总经理谢杰告诉我们，自2017年基地落户后，2018年11月，第一批生猪出栏，特口甲谷村获得30多万元收益；2019年，村合作社第一次分红，给62户贫困户每户2500元，43户非贫困户每户500元。第二次分红是在2020年7月8日，贫困户每户3000元，非贫困户每户1500元。

该项目已成为村民持续稳定增收的一项重要来源，已帮助特口甲谷村整村脱贫，曾经的贫困户人均收入已达9000元。特口甲谷村村民住上了政府帮助修建的新居，用上了自来水，还用上了风力发的电，地里有牛羊，有荞麦燕麦，手里有了余钱，这样的生活"瓦吉瓦"。

截至2020年，新希望集团在贫困地区投入的产业扶贫项目100余个，覆盖四川、贵州、甘肃等16个省（直辖市），已帮助5667名建档立卡贫困人员增收脱贫，帮助2.65万名农民增收致富。

我们探访特口甲谷村高山上养猪项目，曾经与企业负责人有过交流，对于企业来说，项目投资巨大，掣肘的困难一个又一个，怎么评估这个项目的经济效益和社会效益？

答案依然是刘永好当年给出的答案。事隔多年，新希望集团不忘初心，用更生动的实践讲述着同一个故事，即"义利兼顾、以义为先"的中国民企故事。

## 第二节　凉山产业天地宽

精准施策，因地制宜发展优势特色产业，稳定增加群众就业收入，是长远之计。脱贫攻坚，住上好房子只是面子，发展产业增收致富才是里子。

凉山彝区致贫原因复杂，发展产业的基础也十分薄弱，但并非一无是处。历史悠久的彝药，就建立在凉山特有的中草药材上，对于中草药产业，一位民营企业家找到了带领贫困彝族群众发家致富的门道，还得到了习近平总书记的赞许。

### 1. "总书记叫我好好干"

2017年3月8日上午，习近平总书记来到十二届全国人大五次会议四川代表团参加审议，审议结束时，习近平总书记与参会代表一一握手道别。他与全国人大代表、好医生药业集团董事长耿福能握手，习总书记对耿福能说："中医药大有可为，好好干！"

图 1-10　布拖县火灯村鸟瞰　潘安摄

此次全国两会上，作为从大凉山走出来的全国人大代表，耿福能有幸向习总书记重点汇报企业参与"万企帮万村"精准扶贫行动的情况。耿福能说，希望透过企业的窗口，让习总书记了解民企产业扶贫的情况；也想请习总书记放心，凉山人民一定会与全国各族人民同步进入小康。

耿福能主要从事中医药事业，20世纪90年代，他发现，大凉山的自然环境十分适宜中药材种植。四川道地中药材附子生长期短，管理方式和土豆、荞麦相似，极易在高寒山区推广，每亩商品附子产量约800～1200斤，按市价每斤5元，每亩可收益5000元以上，是当地彝族老乡千百年来种植传统农作物的好几倍。

耿福能决定在平均海拔2400米的布拖县发展附子产业扶贫项目。

在当地党委、政府的大力支持下，好医生药业采取"企业＋支部＋协会＋农户"的组织模式，以"提供原种、技术培训、保底收购（每斤7元）"的方式帮扶困难群众种植附子。为了让种植户没有后顾之忧，公司在当地投资建设了国内最大的附子GMP饮片生产厂，形成了从种植、加工、产品和营销的完整附子产业链。

带领彝族老乡种附子，起先是一件难事。大凉山的附子虽好，但因为交通不便，商贩很少进山收购。老乡挖附子当中药材卖，收入不确定，没有人想过人工种植附子挣钱。

布拖县乐安乡火灯村的马查力尔种附子的故事非常典型。

2015年，企业在对口帮扶点乐安乡火灯村提出种植附子扶贫。好医生团队第一次来到火灯村，马查力尔是村里的"反对派"。

他说："我们一直都是种植洋芋、荞子、燕麦，突然种药材，我们没有那种技术，万一卖不了，洋芋还能自己吃，附子自己又吃不了，也不能喂牲口。"许多村民十分同意马查力尔的看法。

火灯村村支部书记马查阿俄这样解释："我们彝族人因为祖祖辈辈生活在山上，大多数人都很传统，过惯了苦日子，所以他们是害怕改变，不敢往前走一步。"

马查力尔有太多的担心，就是因为家里太穷了。马查力尔家里有七口人、耕地 11 亩，种洋芋、荞子、燕麦，每亩产值 400～500 元，收入非常有限，算起来，每个月，人均吃喝拉撒的费用不到 500 元。一家人也没有其他经济收入，是当时当地非常典型的贫困农户。

早年间，一家老小都住在破旧的土坯房里，一天只吃两顿饭，大多数时候就是烧几个洋芋充充饥。马查力尔的妈妈养了一头猪，这头猪是全家人的希望，因为到了年底杀猪吃肉，能改善一下家里的生活。所以，一家人平时把这头猪看得比人都珍贵。可是，因为没有钱另建猪圈，马查力尔家是人畜混居的，这使得他们家的卫生条件极为恶劣。

马查力尔兄弟姐妹四人，衣服都是老大穿了老二穿，老二穿了老三穿，直到穿烂为止。有时实在没办法，妈妈就在山上收集一些草藤，编织成衣服。

贫穷，成了印在马查力尔家的鲜明印记。

好医生集团的工作人员来做村民的思想工作，对马查力尔说："你不愿意种，我们帮你种。卖了的钱全归你，让你看看种附子是不是真的能赚钱。只种几分地，不影响种洋芋。"

马查力尔觉得并不亏，答应试试看。

2015 年，马查力尔用几分地种了些附子，企业派人传授种植技术，手把手地教。一年下来，马查力尔卖附子得了几千块钱，而且不用出村，就能在企业的收购点拿到现金。尝到了甜头，第二年，马查力尔主动拿出两亩地种附子。后来，他成了村里的附子种植大户。

2017 年，马查力尔种植附子的收入就达到了三万多元。马查力尔修了宽敞漂亮的独楼小院，买了电视机、智能手机。马查力尔还花一万多块钱，给妻子买了一件礼物，纯羊毛手工制造的"擦尔瓦"（披毡）。他家里的牲口也养得多了，修了牲口圈，养的有羊、牛、马等，年收入超过了 5 万元。

彝乡的消息被耿福能带到了十二届全国人大五次会议上。在会上，耿福能向习总书记转述了马查力尔想对总书记说的话："在电视上看到，习总书记说最牵挂的就是我们这些贫困群众。我们不脱贫，习总书记都睡不好觉，不努力都不好意思。我要努力把附子种好。"

2018 年，我们见到耿福能，是在甘肃兰州。10 月 22 日晚，耿福能从火灯

图 1-11　火灯村卖附子现场

村急急赶到兰州，参加全国"万企帮万村"产业扶贫现场推进会。

"每年这个时候要收鲜附子，我一定回一趟大凉山，亲眼看一看乡亲们舒心地拿到货款。"耿福能说。

2018 年的全国扶贫日，耿福能获得"全国脱贫攻坚奉献奖"。好医生集团交上了一份靓丽的扶贫成绩单：布拖县已有 6 个乡 28 个村种植附子 5000 亩，种植户累计收入 3000 多万元，户均年增收 5000 元以上，带动 4000 多农户摆脱了贫困。

这年的全国扶贫日期间，习近平总书记给"万企帮万村"获奖企业家回了信。对此，耿福能感受到了极大的鼓舞。

他说，他从不怀疑民营经济发展道路的正确性。改革开放的实践已经证明，发展民营经济是改革开放开辟出来的一条新道路。"总书记的回信就是最好的答案。"

"尽管近期关于'国有经济民营经济''国企民企'的争论或讨论很多，但我认为，从企业的本质上来讲，没有姓'国'和姓'民'之分，只有守法与不守法之别。拥有良好的企业价值观和愿景，为民谋福利，为社会创造价值，就是好企业。"耿福能说。

耿福能认为，一个优秀的企业带给社会的是优良的产品，而一个伟大的企业能使社会更加美好，一同改善整个社会的环境。民企应当深刻领悟习近平总书记回信的殷切希望，不断超越自我、修正自我，创造价值，勇担责任，不负重托。

耿福能把习近平总书记的嘱托牢牢地记在心里。2021年全国两会期间，耿福能提出，在脱贫摘帽地区大力发展中药材种植，建立完整产业链，助力乡村振兴。

图 1-12　耿福能（右一）在火灯村　潘安摄

好医生集团身体力行，认真开展巩固拓展脱贫攻坚成果同乡村振兴有效衔接工作，再次吹响了攻坚克难，勇担社会责任的进军号角。

好医生集团以凉山州深度贫困县为主战场，逐步扩大帮扶区域，增加中药材种植面积。好医生集团计划在5年内，在凉山州推广中药材的种植面积8万亩以上；在全国适宜地区发展中药材种植20万亩以上，产值6亿元以上，可带动10万多农户每年增收6000元以上；计划在全国建设30个共50万亩中药材GAP种植基地，助力跨地域经济发展和乡村振兴效能提升。

2021年，布拖县有6个村推广种植中药材川续断近5000亩，其中九都乡呷乌村种植500多亩，是种植面积最大的村。据介绍，企业严格培训，农户学得认真，川续断今年喜获大丰收。预计今年全村川续断收入可达50万元以上，药农户均收入3000元以上。

实施乡村振兴战略的一个重要内容就是要壮大集体经济，增强村集体的凝聚力和抗风险能力。从今年开始，好医生集团将逐步调整优化帮扶模式，把以前所有收购药材的资金全部支付给农户个人的方式，转变为按比例提取一部分归集体经济所有。同时，集团公司给予一定比例金额补助到村，让每个发展中药材的村集体，每年都能增加经济收入，壮大经济实力，在基本农田建设、公益事业和文化体育活动等方面有较多的资金投入，为打造美丽乡村奠定基础。

耿福能在建议中谈到中医药材产业链的问题，这也是乡村振兴阶段需要着力解决的大事。

中医药材大部分的原产地在中国，2017 年以来，农业农村部会同有关部门认定了三十多个中药材特色农产品优势区，支持建设吉林长白山人参等六个中药材产业集群、五十多个以中药材为主导产业的农业产业强镇，推进全产业链开发。

对于种类繁多的道地中药材，这还远远不够，需要形成更多的示范。农业农村部十分重视他的建议，并回复了他。

从回复中我们获悉，下一步，农业农村部将会同有关部门继续支持脱贫地区中药材产业链建设。一是引导有序发展，防止易种植品种市场饱和，防止非道地产区盲目种植。二是延长产业链条。在编制"十四五"医药工业发展规划中充分考虑中药材产业发展需求，促进医药工业与中药材种植有效衔接。制定印发《关于巩固拓展中医药扶贫成果同乡村振兴有效衔接的实施意见》，推动医药企业到脱贫地区建立"定制药园"。三是加大扶持力度。按照"中央统筹、省负总责、市县乡抓落实"的工作机制，将中央财政衔接推进乡村振兴补助资金和脱贫县整合的财政涉农资金项目审批权限下放到县级，支持各地结合实际，统筹支持包括中药材在内的产业发展。四是发挥好中药材供应保障公共服务平台等项目作用，完善中药生产服务体系。

对于耿福能提到的，要积极参与"万企兴万村"活动，打造示范样板村，农业农村部回应表示，在巩固拓展脱贫攻坚成果和推动乡村振兴有效衔接的新阶段，国家乡村振兴局将进一步加强对各类企业的引导支持力度，加强示范引领。一是开展"万企兴万村"行动；二是加大对乡村振兴重点帮扶县的支持力度；三是加大对民营企业参与乡村振兴的宣传力度。

图 1-13　耿福能(左二)与彝族群众在一起　潘安摄

### 2. 同心联动，合力攻坚

一个篱笆三个桩，一个好汉三个帮。刘永好、耿福能能够深入大凉山腹地开展扶贫事业，是多方共同合作、努力的结果。党委、政府的作用自不待言，在此其中，统战部门、工商联组织功不可没。

来到这样一个经济十分落后的地方投资，仅靠情怀留住企业是不够的，还需要在营商环境上给予企业更多的关爱。在这个方面，统战部门、工商联组织沟通政商两方面，发挥了穿针引线、跟踪落实的作用。

四川广安，是邓小平同志的老家。1992 年邓小平发表南方谈话，催生了大批民营企业，一批优秀的民营企业家也应运而生。尤其是四川籍的民营企业家，他们的内心对改革开放充满了感恩之情。统战部门、工商联十分理解他们的情感，运用多种多样的活动形式来凝聚民营企业家的力量，鼓励和引导他们投身到先富帮后富，携手共同富裕的扶贫事业当中。

长期以来，中央统战部、全国工商联及四川省委统战部、四川省工商联对凉山发展和脱贫攻坚工作特别关心。近几年，他们在凉山州组织开展了"中国光彩事业凉山行""万企帮万村·凉山行""沿着总书记足迹·重走凉山扶贫路"

等重要活动，为助推凉山脱贫攻坚注入了强劲动力，有力推动了许多光彩事业"凉山行"项目落地见效。

2016 年至 2018 年，四川省委统战部连续三年组织省内外民营企业家一千余人次赴凉山州参与"凉山行"活动，直接为凉山州公益捐款超过 5300 万元，分别用于"中央厨房""六件套""旅游示范村"等项目。

在工商联方面，按照四川省委、省政府决策部署，四川省工商联把大小凉山彝族地区 13 个贫困县作为精准扶贫工作重点区域。2016 年 1 月 22 日，四川省工商联与凉山州政府签订战略合作协议，通过实施"万企帮万村"，帮扶凉山实施精准脱贫工作。按照协议，四川省工商联将引导和推动更多民营企业家到凉山投资基础设施、资源开发、特色产业、生态建设和现代服务业等，加速凉山资源转化、市场开拓和要素集聚，加快贫困群众脱贫致富的速度。

同年 7 月 18 日至 19 日，"万企帮万村·光彩凉山行"活动在西昌举行，省内外企业家、贫困村代表 220 余人参加。会上，105 家重点民营企业和商（协）会与凉山州 153 个建档立卡贫困村建立结对帮扶关系；签约产业投资项目 12 个，总投资约 39.08 亿元；现场捐赠扶贫资金 538.5 万元，捐赠物资价值 1687 万元。例如，好医生药业带动农户种植特色中药材"附子"；阳光凯迪生物质能源综合项目既妥善处理了农作物废弃物，又发挥了农村富余劳动力的作用，增加了群众收入；域上和美集团与凉山州在文化产业上达成合作意向，计划为凉山州打造富有地域特色、民族特色的大型实景剧，在文化旅游上拉动区域经济增长。

2018 年，习近平总书记考察了凉山，这一年的 6 月 25 日至 26 日，四川省委统战部联合四川省工商联、省扶贫移民局、省投资促进局、省光彩会、农发行四川分行等单位和凉山州委、州政府共同举办了"沿着总书记足迹·重走凉山扶贫路"活动。四川省内外近两百名知名民营企业家参会。企业家们实地走访了昭觉县贫困户，并开展了"万企帮万村"的帮扶对接。

"沿着总书记足迹·重走凉山扶贫路"活动燃起了一把火，温暖着民营企业家们的心。他们牢记习近平总书记的嘱托，向凉山脱贫攻坚发起新的挑战。

四川蛟龙港集团 CEO、成都蛟龙港管理委员会主任黄玉蛟向四川省非公有制经济代表人士发出"牢记总书记嘱托 誓为脱贫作贡献"倡议，倡导全省广大非公有制经济代表人士：主动担当，做脱贫攻坚的积极参与者；结对帮扶，做脱贫攻坚的有力践行者；求真务实，做脱贫攻坚的坚定推动者，誓为四川全面建成小康社会和建设美丽繁荣和谐四川作出更大的贡献。

在活动现场，新希望集团、蓝光集团等 11 家省内重点民营企业与凉山州昭觉、甘洛等 11 个深度贫困县签署了对接帮扶协议；117 家省工商联联系的民营企业、商（协）会与凉山州 11 个深度贫困县的 167 个贫困村面对面地建起"万企帮万村"帮扶关系。

2019 年 10 月 21 日，中央统战部举办纪念光彩事业发起实施 25 周年座谈会，四川省作了典型发言。

会后，四川省工商联有关负责人对我们表示，促进光彩事业大发展，一方面要引导企业家参与，另一方面要靠组织工作机制的创新。

他强调，工商联要坚持把工作制度化、常态化、长效化作为推动光彩事业接续发展的工作重点，建立健全内外结合、上下联动、合力推进的工作机制。一是完善激励机制。把参与脱贫攻坚实践效果作为衡量非公经济人士综合素质的重要标准，把优秀的非公经济人士推荐到有关部门表彰奖励和做适当政治安排。二是建立对外对内衔接机制。三是建立调研指导机制。成立项目工作指导小组，建立工作台账，开展定向、定点、蹲点指导等。

# 第二章　民企 500 强的乡村扶贫实践

2011 年，全国工商联首次发布了中国民营企业 500 强榜单，当时的入围门槛是营业收入 50 亿元。这一次的榜单发布，首次将民营企业的实力展现在公众面前。至 2020 年，民营企业 500 强入围门槛突破 200 亿元。在民企扶贫的战场上，大型民营企业具备更好的条件和实力投入到履行社会责任之中。中国民营企业 500 强分析报告显示，2016 年，有 463 家参与了社会捐赠，占 92.60%；有 358 家企业参与了扶贫开发，占 71.6%。他们的扶贫实践，既有传统意义上的慈善、公益，更为重要的是，作为民营企业当中的领军者，他们探索的扶贫道路，为其他中国企业提供了有益的启示甚至是可复制的宝贵经验，也为国际消贫事业提供了中国方案和中国智慧。

1984 年，是一个骚动而热烈的年份。年初，邓小平视察广东深圳、珠海两个经济特区，两地涌动的民营经济力量第一次得到官方的肯定，"下海吧"慢慢从那里释放出涟漪，挠得各种不安于现状、想要挣钱的人心里痒痒的。1984 年被称为中国民营企业元年，联想、万科、四通、科龙等创建于 1984 年，随后，民营经济黄金时代扑面而来。

从 1984 年至 2011 年，20 多年后，中国民营企业已经涌现出了营业收入以亿元为单位的大型企业，全国工商联第一次推出"中国民营企业 500 强"榜单，当时的入围门槛超过 50 亿元。

在民企扶贫的战场上，大型民营企业具备更好的条件和实力投入到履行社会责任之中。全国工商联 2017 年民企 500 强分析报告显示，2016 年，有 463

图 2-1　毕节市织金县街道

家参与了社会捐赠，占 92.60％；有 358 家企业参与了扶贫开发，占 71.6％。广东的恒大集团、浙江的吉利集团、江西的正邦集团、福建的福耀集团、陕西的荣民控股集团等一大批民企 500 强企业参与脱贫攻坚，呈现出企业出资人追求共同富裕的精神风貌，也在运用市场经济手段上展现出中国特色。

## 第一节　恒大集团的毕节情缘

2021 年 2 月 25 日，在庄严的北京人民大会堂，恒大集团被党中央、国务院授予"全国脱贫攻坚先进集体"荣誉称号。自 2015 年中央扶贫开发工作会议吹响脱贫攻坚战号角以来，恒大集团共捐款 178.7 亿元，先后派驻 2856 人的专职扶贫团队，援建 891 个、总建筑面积 2391 万平方米的重点项目，助力贵州、广东、河南、陕西、新疆、甘肃、云南、江西、青海 9 省区 75 个县打赢脱贫攻坚战。

就是在这五年的脱贫攻坚战中，贵州毕节与恒大结下了深厚的情缘。

　　毕节，贵州省下辖地级市，位于贵州西北部，贵州金三角之一，乌蒙山腹地，川、滇、黔之锁钥，扼滇楚之咽喉，控巴蜀之门户，长江珠江之屏障，西邻云南，北接四川，总面积 2.69 万平方千米。乌蒙山区是我国贫困面最广、贫困程度最深的集中连片特困地区之一，贵州省毕节市是乌蒙山区的贫中之贫、困中之困。

　　熟悉历史的人会知道，毕节是古夜郎国之地，也是三省"红都"，那里是长江以南最后一块革命根据地。

　　可叹的是，在和平的年代里，因为喀斯特地貌恶劣的自然条件，一直到脱贫攻坚战打响之前，生态恶化、生产落后、生存艰难，都是那里挥之不去的标签。2016 年底的一组数据统计显示，全国每 50 个贫困人口中就有 1 个来自毕节，贵州每 4 个贫困人口中有一个来自毕节。大山，阻隔了人们走向外面世界、了解外面世界的脚步；贫困的代际传递，阻隔了人民对美好生活的向往。

　　唤醒这块千年沉寂的土地，要绝地突围，拔掉穷根。

　　从 2015 年 12 月开始，在全国政协的鼓励支持下，恒大集团结对帮扶毕节市，无偿投入 110 亿元，派出 2108 人的扶贫团队常驻乌蒙山区扶贫。这是迄今为止中国民营企业在脱贫攻坚战中资金投入最多、影响最大的扶贫案例，这个案例用事实回答了中国如何动员社会力量扶贫的问题。

　　2019 年 10 月，恒大助力毕节市脱贫案例荣获"全球减贫案例征集活动"最佳减贫案例，同时被收录进南南合作减贫知识分享网站——中外减贫案例库及在线分享平台，在全球范围进行分享交流；2020 年 10 月，恒大集团企业扶贫案例作为联合国中国扶贫经典案例在联合国网站展示，并成为联合国对发展中国家扶贫开发的课程。

### 1. 一段爱国统一战线的扶贫佳话

　　2015 年，"十二五"收官之年，在我国扶贫开发历史上注定是不平凡的一年。这一年，党中央、国务院空前重视扶贫开发工作，纳入"五位一体"和"四个全面"战略布局安排部署，全力推进脱贫攻坚。2015 年 11 月 23 日，中共中央政治局审议通过《关于打赢脱贫攻坚战的决定》。

　　时令上的冬天悄然降临，万物蛰伏，而脱贫攻坚的战鼓则如春雷，动地而来，轰轰烈烈。湿冷的黔西北毕节市大方县也被这股脱贫的声浪撼动了。

2015年12月18日，全国政协经济委员会副主任项宗西和全国政协常委、恒大集团董事局主席许家印一行如期来到大方县。19日，恒大集团与大方县签订3年帮扶大方县的协议，无偿捐助30亿元，帮助大方县18万贫困人口稳定脱贫。

这笔巨额资金捐助，在当时十分轰动。许家印为什么愿意这样做？

2017年5月14日，在恒大集团帮扶乌蒙山区扶贫干部出征壮行大会上，许家印首度披露了自己童年的贫寒以及个人成长的经历，正面回应了人们对巨额善款的好奇。

他这样剖析自己的思想："没有国家的恢复高考政策，我还在农村；没有国家的14块助学金，我也读不完大学；没有国家的改革开放政策，恒大也没有今天""恒大的一切，都是党给的，国家给的，社会给的，我们应该去承担社会责任，我们应该回报社会，我们必须回报社会"。

许家印的扶贫初心，其实也是许多中国民营企业家的扶贫初心。中国的第一代民营企业家，早年家境贫寒者占相当大的比例。例如，我们熟知的华为任正非，早年家里连张像样的床都没有，兄弟姐妹几人，没有合身的衣服，大夏天穿着厚外套，要不然就要光着身子去上学；"包机飞天"民企第一人上海均瑶集团董事长王均瑶，兄弟三人辍学，打小就走南闯北做生意……

2015年10月，在全国政协常委季度例会上，会议对即将召开的中央扶贫开发工作会议进行过讨论。在讨论中，许家印对扶贫相关政策和问题有了较为清晰的了解和认知，比如"哪些地方最贫困""中国扶贫难在何处"等。在12月1日召开的全国政协常委会会议上，许家印正式向全国政协领导和常委们提出了恒大集团的扶贫计划：恒大希望对接一个相对贫困的县级单位，帮助整县脱贫。

把帮扶点定在毕节，有统一战线社会服务的渊源。自毕节试验区建立以来，在党中央的高度重视下，由中央统战部牵头并参与帮扶，各民主党派中央、全国工商联、毕节试验区专家顾问组等充分发挥优势，坚持不懈、全面参与毕节试验区政治经济社会各项事业建设，创建了统一战线社会服务新载体，建立和完善了统一战线服务改革发展的新机制，形成了统一战线扶贫开发新模式，形成了统一战线社会服务的新经验。恒大的整县帮扶模式，是统一战线社会服务的第一次尝试。

2015 年，恒大集团无偿捐助大方县 30 亿元后，2017 年 5 月，恒大集团决定扩大帮扶范围，无偿追加 80 亿元助力毕节市整市脱贫。5 年 110 亿元，要投得进去，既要产生社会效果，也要收到经济效益。把钱花得对、花得好，是个技术活儿。

1900 多个日日夜夜，恒大扶贫 2000 多铁军队伍与毕节市干部群众一道，在乌蒙山区书写了脱贫攻坚的壮丽篇章。

恒大版的精准扶贫帮扶方案，总体设计基本遵照习近平总书记提出的"五个一批"。总的来说，包括产业扶贫、搬迁扶贫、就业扶贫、教育扶贫和保障扶贫一揽子综合措施。

第一条帮扶措施是产业扶贫，发展蔬菜、肉牛、中药材和经果林等产业。恒大采取"龙头企业＋合作社＋贫困户＋基地"的市场化运作模式，实现供产销一体化经营，解决了贫困户"生产什么、怎么生产、生产多少、卖给谁"的根本性问题。

发展生产，农业基础设施不可少。尤其要发展高附加值农业，农业基础设施的投入就更大。5 年时间，恒大集团无偿投入 44 亿元，捐建并投入使用 60980 栋蔬菜大棚、36.7 万亩蔬菜大田基地、28.8 万平方米育苗中心、68 处储存及初加工基地、13.9 万亩中药材及食用菌基地、36.7 万亩经果林基地，并完善节水灌溉等基础设施；捐建并投入使用 9 万头饲养规模的养殖基地，还建设了疫病防控中心、牛肉制品厂等设施。

恒大投入的这些农业基础设施，后来成为帮扶内生力量以及外来帮扶力量的"神助攻"。

在织金县，"80 后"贵州省织金豪扬农业发展有限公司董事长张宏的返乡创业，得益于恒大集团援建的大棚。

20 世纪 90 年代，因为家贫，16 岁的张宏到云南打工。机缘巧合之下，他在西双版纳创立了蔬菜公司。当年，张宏从贫困的家乡外出谋生；今天，得益于脱贫攻坚，张宏应当地政府邀请，带着技术、人才、资金返乡创业。

织金豪扬农业发展有限公司经营了 4200 个蔬菜大棚，这些大棚实际上是恒大集团援建给织金县贫困户的农业基础设施。恒大的付出，一定程度上缓解了张宏的投资压力。豪扬农业负责统一经营、管理大棚，一个大棚精准覆盖一个贫困户，每个棚每年给贫困户固定分红 1500 至 1800 元。固定分红的扶贫新型模式每年可为贫困户带来 730 万元分红收入。

在织金县大陌村坝区，我们见到了恒大集团捐建的蔬菜大棚。大陌村群山环绕、小河流水蜿蜒而过，坝区有山有水有田，农业条件还是比较好的。可是，村里人告诉我们，盖大棚之前，村民守着上千亩良田没能脱贫致富，最多不过是糊个口而已。

究其原因，是资金、技术、人才等诸多市场要素奇缺，造成了农民对接市场难度太大，"种什么都赶不上趟，种什么弄不好就会亏。"张宏说。

大陌村的过去，其实也是织金县许多乡村的过去。蔬菜大棚在大陌村坝区拔地而起，乡亲们在那里不仅学到了种植技术，而且再也不用操心市场行情的问题。张宏带领大家共同构建蔬菜产业链，共同分享了产业链里的利益。

截至 2020 年 9 月我们在织金县拜访张宏的时候，豪扬农业直接帮扶 4329 户贫困户，间接带动 5000 多户农户参与产业发展。除了贫困户的固定分红，以 2019 年为例，张宏发放农民工工资 1350 余万元。

张宏的故事是恒大集团引得"凤还巢"的小故事，一子活，全盘活。恒大集团还有"凤栖梧"的大招：一链活，全盘活。

恒大集团利用自身资源，从外面引进了中禾恒瑞集团等 79 家上下游龙头企业，构建更多的"产、供、销"一体的完整产业链。

当地政府负责指导村里成立专业合作社，组织带动当地贫困群众参与产业发展，增收致富，从而形成"龙头企业＋合作社＋贫困户＋基地"的发展模式。5 年来，恒大集团通过打造产业链条，帮助 20 万户、70 万贫困人口发展蔬菜、肉牛以及中药材、食用菌和经果林等特色产业，为贫困农户规避市场风险、实现增收奠定坚实基础。如今，在恒大集团的帮扶下，毕节蔬菜种植面积突破 400 万亩，规模居贵州第一。毕节成为全国最大种群的安格斯牛养殖基地，肉牛存栏规模跃居贵州第一。

恒大集团的第二条帮扶措施是易地搬迁。恒大是中国最好的地产商之一，在易地搬迁方面，企业发挥了专业优势。恒大建设县城移民搬迁社区和新农村，把住在深山老林里面基本丧失生产生活条件的贫困群众全部搬出大山。同时，就近配建适宜贫困户务工的产业，配套教育、商业等设施，确保贫困群众"搬得出、稳得住、能脱贫、能致富"。

恒大援建了奢香古镇移民搬迁社区，加上 50 个新农村社区，目前已全部搬迁入住，共搬迁 5290 户 2.09 万贫困群众。

2017 年 7 月，古镇"古彝人家"超市的小老板陈国勇，从大方县理化乡金鸡村安坝组搬迁到奢香古镇。在老家，陈国勇家的土墙房年久失修，每逢连连下雨天，陈国勇一家就不得不找老丈人家"借宿"。搬到奢香古镇后，陈国勇既有新家也有了新业。

当地政府和恒大集团帮助陈国勇申请了 5 万元"特惠贷"和 15 万元商业贷款，解决了他家缺少发展资金的困难。同年 10 月，"古彝人家"超市正式开业。生意越来越好，陈国勇把相邻的门面也租了下来。一年能收租金 3 万元，陈国勇笑得合不拢嘴。

第三条帮扶措施是就业扶贫。恒大为贫困群众搭建了就业培训平台。恒大组织贫困群众开展了系统性职业技能培训，之后把他们推荐给引进的上下游企业、恒大下属企业和战略合作伙伴企业就业。

之后是教育扶贫和特殊困难群体生活保障扶贫。通过"建学校、强师资、设基金"，捐建并投入使用 43 所学校，解决了 2.1 万名学生的"上学难"问题。通过捐建并投入使用 1 所医院、1 所敬老院、1 所儿童福利院，为贫困家庭就医、孤寡老人养老和困境儿童生活提供帮助，并号召恒大集团所有中层员工开展"一助一"帮扶，共帮扶留守儿童、困境儿童和孤儿 4993 人。

好的措施，关键是在落实。还需要特别一提的是政企合作。恒大集团有关负责人对我们说，政企良性合作是恒大帮扶毕节脱贫攻坚取得决定性胜利的关键。

国际上任何一个大型的扶贫项目，都离不开与政府、社会的沟通。许多国际性的扶贫项目得以顺利推进，得益于政、企、社的良性沟通。相反，由于政治风险因素、政府管理部门的效率因素，良性沟通无法实现，从而使得项目事倍功半或者失败的案例也很常见。

在中国，体制机制优势体现在政府与社会力量良性互动的高效率上。我们从毕节当地党委、政府与恒大集团的团结协作中找到答案。

在上述恒大集团有关负责人看来，毕节市各级党委、政府发挥政治优势和组织优势，负责群众组织、项目审批、土地协调、基础配套、数据统计等，确保帮扶资源精准对接建档立卡贫困户；企业管理团队发挥市场优势和高效执行的优势，负责项目建设、经营主体引进、协助运营管理等。

恒大从全集团系统选拔了 2108 人组成专职扶贫队伍，打出"扶贫铁军"旗帜，常驻乌蒙山区与当地干部群众并肩作战。政企之间各司其职、相互协作，形成强大合力，确保脱贫攻坚工作按计划保质保量推进实施。

据了解，贵州省大力支持恒大集团帮扶工作。贵州省委要求抓好落实"地企合作"，把"好事办好、实事办实"。毕节市主要负责同志几乎每个月都到恒大集团援建项目考察调研、现场办公。大方县前后 10 次发布有关恒大扶贫措施的公告，并成立了恒大帮扶大方作战指挥部。举个例子，当时，市里得知恒大集团亟须熟悉当地环境的干部配合，在三天时间里，从毕节市和大方县两级政府调集了 100 名干部驰援恒大集团。

曾经，联合国有关专家考察毕节喀斯特地貌后有一句评价：此地不适宜人居！今天，那里的群众搬出大山，搬进城镇，宜室宜家，有业有盼头。昔日的"去不得"，变成了如今的"了不得"。敢教日月换新天！中国的脱贫攻坚，创造了世界减贫奇迹……

## 第二节 "吉时雨"及时雨

始建于 1986 年的浙江吉利控股集团有限公司（以下简称"吉利集团"）是在 1997 年进入汽车行业，公司创始人李书福被业内称为"汽车疯子"。怀揣"造老百姓买得起的好车"的梦想，李书福创办了我国第一家民营汽车企业。2001 年，我国加入世界贸易组织，吉利拿到了"准生证"，获准生产轿车。至今，吉

图 2-2　吉时雨贵阳技能培训中心　企业提供

利已连续九年入围世界 500 强。

30 多年来，吉利集团的每一步发展都离不开改革开放，离不开各级党委、政府的支持帮助。当脱贫攻坚战打响，吉利集团将参与脱贫攻坚视为党赋予的重要政治任务，义无反顾地参与进来，在 2016 年 3 月正式启动"吉时雨"精准扶贫项目。当时，"吉时雨"项目计划在"十三五"期间投入 6 亿元，精准帮扶至少两万个家庭脱贫。

作为社会扶贫参与者，吉利集团希望这个精准扶贫计划能够成为政府扶贫的有益补充，而对于需要帮助的贫困村、贫困户，是一场给予干渴的人水源与信心的"及时雨"。

经过近五年的实践，"吉时雨"精准扶贫项目已投入 5.5 亿元，覆盖 10 省 20 个地区，惠及建档立卡贫困户近 3 万人次。

### 1. 润物细无声的及时雨

2017 年全国扶贫日前夕，我们第一次探访"吉时雨"精准扶贫项目。这一年，吉利集团受到了"万企帮万村"精准扶贫行动领导小组的表扬。

在四川省雅安市芦山县，我们遇到了张艳。张艳是"吉时雨"项目的受益者，因为"吉时雨"，30 多岁的张艳才有了人生的第一份工作，生命里有了爽朗的笑声和自信的步伐。

图 2-3  "吉时雨"残疾人居家灵活就业培训项目的佛珠成品

张艳参与的是吉利集团支持雅安大地震之后的灾后重建项目。这个项目以就业为主，选择帮助残疾人、贫困户居家就业。

"我因为参加了这个项目，第一次去了北京。现在的我比以前开朗多了。"张艳大约1.3米左右的个头，双腿变形残疾，说话细声细气。我们还没攀谈几句，她就自己笑了起来。

张艳是四川省雅安市芦山县龙门乡青龙场村的建档立卡贫困户。自小患病的张艳直到17岁才能自己站起来走路。成家之后，家里老人有病，孩子要上学，只能靠丈夫打工勉强度日。而张艳因为身体的原因成了村里的留守妇女，她甚至很少走出家门，更别说与邻居交流了。

2016年，张艳加入了"吉时雨"计划中的残疾人居家灵活就业技能培训项目，项目主要内容是加工木制佛珠，张艳靠加工木制佛珠每月能有2000元左右的收入。张艳第一次靠自己的劳动挣到了钱。同行的项目组同志还告诉我们，张艳已经可以参与一些项目管理的工作，与外界交往多了，张艳的笑声也多了许多。

吉利集团旗下子公司所在的地级市中，由于自然、历史、文化、交通等因素，到2016年仍有19个国家级贫困县。多年来，吉利集团生产基地建设到哪里，公司就把精准扶贫工作开展到哪里。2016年3月，为响应"万企帮万村"精准扶贫行动的号召，时任全国政协委员、吉利控股集团董事长李书福挂帅上阵，启动了吉利控股集团"吉时雨"精准扶贫计划。该计划确定由集团党委领导，企业社会责任部具体实施，同时，企业迅速建立起"集团牵头，基地主办，伙伴协同，全员参与"的扶贫工作机制。

完整的"吉时雨"计划主要涵盖了教育扶贫、就业扶贫、产业扶贫领域。企业给予这些领域更多的关注，主要是依托企业优势，并结合了帮扶地的需求、困难群众的需求，不搞大包大揽，突出"精准"二字。

扶贫先扶智。斩断贫困代际传递，教育扶贫是最有效的措施。充分利用吉利教育产业的优势资源，围绕职业教育、硬件设施建设、师资培养、建档立卡户贫困生补助等方面，吉利控股集团制定了教育扶贫的完整体系。

开设"吉利班"，是吉利集团教育扶贫的重要举措。除了吉利旗下的5所院校，吉利集团还与全国100多所贫困地区职业技术学院开展校企合作，开办260个"吉利成才班"，招收贫困学子3000多人。学生通过"吉时学"平台共享"院校老师＋吉利工程师"的吉利双师课程教育，就读期间每年可获得4000～6000元的励志奖学金，毕业后根据本人意愿可优先进入吉利集团就业。

就业扶贫是激发困难群众内生动力的有效措施。公司在安置就业上采取了一些因地制宜的措施。

吉利集团建有或正在建设整车及零部件制造工厂，吉利集团有硬性规定，要求下属企业新进生产一线员工总数的10%必须招聘建档立卡贫困户，目前已累计为5000余名建档立卡贫困青年提供了就业岗位。同时，吉利集团在全国新建5个"吉时雨"职业技能培训中心，为建档立卡贫困户提供技能培训，学成后可进入吉利集团就业。

四川省雅安市荥经县建设村的胡林，曾因家庭一连串的变故打算放弃高考。2016年，胡林父亲全身瘫痪丧失了劳动能力，第二年，弟弟和奶奶又因车祸去世。在了解到相关情况后，"吉时雨"项目组人员先后三次慰问了胡林家，除了资助10万元之外，公司还帮助胡林免费就读湖南吉利汽车职业技术学院，让他重拾起生活和学习的信心。2020年6月，胡林已顺利入职吉利成都BMA工厂，翻开了人生的新篇章。

因地制宜的产业扶贫，是实现永久脱贫的基础。2018年4月，吉利集团开始帮扶贵州省雷山县茶产业，项目落户雷山县望丰乡三角田村。吉利集团先后投入2000万元，流转茶园2000多亩，新建茶叶精深加工厂房及配套设备，派出人员长期驻点项目，引入现代化企业管理理念，逐步引导农户向专业化、标准化、规范化、现代化方向发展，不断发展壮大当地茶叶产业。

"我家原有茶园15亩，但往年因为外出打工，缺少打理，卖茶叶收入很少。自从吉利向我们村定向采购茶青后，我就在家按照规定管理茶园、采摘茶青，收入达到3万元，比在外打工好多了。我又增加了2亩茶苗。"望丰乡望丰村贫困户杨志远欣喜地讲述这几年的变化，"特别是夏秋茶，以前没人收，只能扔在茶园当肥料，去年我卖夏秋茶茶青就赚了3000多元。"

吉利集团将产业扶贫与消费扶贫有机结合，除了每年定点采购雷山茶外，还注册了"雷山云"品牌，并与故宫文创、中国扶贫基金会"善品公社"、网易严选等优质电商平台合作，助推雷山茶品牌的提升。

雷山茶项目惠及当地 17 个村 1700 多户贫困户，真正实现帮扶一个村，推动一个乡，富裕一个地区。目前，雷山县已实现农民人均 1.5 亩茶，年茶青收入 4.5 亿元，带动建档立卡贫困户 2684 户 11738 人持续增收、稳定脱贫。

像雷山茶这样的扶贫项目，吉利集团在全国共建了 31 个。探索一种模式、带动一个产业、振兴一方经济、富裕一片百姓，从产业扶贫到全产业链扶持，吉利不断结合自身产业及优势，不仅在资金上投入，而且还配合管理、技术、市场等各方面的支持，不仅给贫困地区"输血"，更从源头上帮助贫困地区再"造血"，走出了一条产业扶贫的创新道路。

### 2. 购买社会组织服务新尝试

在四川省芦山县双石镇石凤村的村部小楼一层，有一间挂着"保管室"铭牌的屋子，铭牌旁边还挂了一块"中国 5A 级社会组织——成都市锦江区大爱武术文化传播中心"的铭牌。室内的墙上挂着"吉时雨"计划的横幅，小黑板上写的是"培训流程"，七八个村民在忙碌地操作机器打磨手工佛珠。这是 2017 年 9 月下旬我们看到的"吉时雨"计划场景。

当时的石凤村尚未脱贫，吉利公司的这个手工佛珠项目，已培训建档立卡贫困户和残疾人 40 人，帮助村民成立了合作社，在成都天府广场附近的珠宝商城里开设了一个残疾人手工佛珠专柜。9 月，合作社接到了第一笔价值 5000 元的订单。

这个小小的扶贫车间有三类组织者：村委会、社会组织、企业。形成这样的组织格局，是吉利集团在社会扶贫上迈出的新步子。这一尝试，或许可以成为拓宽中国民企精准扶贫模式的新渠道。

公司企业社会责任部负责人叶万芳介绍，公司在探索"让更专业的人干专业的事。由吉利出资购买社会组织的扶贫服务，参与到社区、乡村管理之中"。

这样的尝试如何运作起来？叶万芳用"3＋3"的企业扶贫工作创新机制来概述。

构建"政府搭台＋企业出资＋社会组织执行"的社会扶贫工作格局。2016

图 2-4　芦山县双石镇石凤村的"吉时雨"项目

年，吉利集团主动联系上了雅安市群团组织社会服务中心（以下简称"雅安群团中心"）。

诞生于"4·20"芦山地震期间的雅安群团中心经过灾后重建的洗礼，已经是协同社会力量参与救灾重建、脱贫攻坚和社会治理的重要平台。经过与雅安群团中心反复沟通、协商，公司确定了帮扶思路：从产业扶贫入手，同时辅以教育扶贫，由吉利出资，雅安群团中心负责扶贫项目的设计和落地协调，社会组织来具体实施。

以"吉时雨"残疾人居家灵活就业培训项目为例，吉利集团投入 198 万元作为项目资金，雅安群团中心代表政府，负责项目的设计、发起和相关工作协调，并通过招标形式确定了四川光华、成都大爱武术、雅安绿风三家公益机构作为项目的执行方。分别在雅安市雨城区上里镇、名山区中峰乡和芦山县双石镇三地，为残疾人开设手工艺（磨制手串、工笔画）技能培训、网络销售培训等课程，项目集技能培训、合作社的建立及品牌打造、线上线下的销售为一体，帮助 180 名因残致贫和因残返贫的家庭实现脱贫。

坚持"一线督导＋群众评议＋第三方评估"的社会扶贫考评机制。吉利公司在雅安开展的企业扶贫是一个多方参与、多环联动的过程。为加强过程管控，确保扶贫成效，吉利与雅安群团中心建立起社会扶贫考评机制，多角度、多层面对项目开展评估。

当时的雅安群团中心副主任饶熹介绍，雅安群团中心组建由项目所在县区、乡镇组成的项目督导小组，定期到实地了解、调研项目推进情况，一方面帮助解决实际困难，另一方面加强对项目进度的督促指导，吉利公司也先后四次深入项目地现场调研走访，掌握一手资料；重视群众评议，通过实地走访、电话沟通等方式，请参与群众为项目实施情况"打分"，增强参与群众的主人翁意识；重视验收评估，聘请专业的第三方评估机构开展评估，评估结果作为拨付社会组织项目款的重要依据。

一年之后，"吉时雨"残疾人居家灵活就业项目的三个项目点都取得了一定的成果。在雅安市名山区建山乡贫困村飞水村，经过雅安群团中心的牵线搭桥，吉利公司联合中国扶贫基金会旗下的善品公社，一同帮扶村合作社也取得了新进展。

2017 年 9 月，我们探访飞水村时，猕猴桃刚好到了收获的季节。林子里，累累硕果挂满枝头；选果车间里，大嫂子、大妈忙着在简易的选果传送带上挑

图 2-5　"吉时雨"项目支持飞水村发展猕猴桃产业　企业供图

选大小均等的鲜果。

飞水村五组村民卢树魁这样介绍村里的情况："我们这里以前种一亩地的毛收入大约是 1000 元。村里人主要是外出打工赚钱。"

他告诉我们，家里的 5 亩地加上租别人家的地一共 20 亩都种上了猕猴桃。虽然种下的猕猴桃还没有全部达到挂果期或丰果期，但仅猕猴桃一项，卢树魁保守估计，每年的纯收入也有 7 万元。

村里的老支书李时忠是猕猴桃合作社的理事长，老人高兴地告诉我们："吉利的这个单子大啊，大家高兴得不得了。这个扶贫帮我们解决了卖果子难的问题，扶到点子上啦！"

在这个项目中，善品公社负责组织村民组建合作社规范种植猕猴桃，并管控品质。吉利公司则采用认种基地、认领果树、认购果子的方式，增强农户种植信心。那年，吉利公司采购了飞水村 172515 斤红心猕猴桃，总金额超过 175 万元。

叶万芳表示，在社会资源参与扶贫工作中，总存在"最后一公里"之内缺乏有效的专业组织和人力资源，从而影响扶贫资源的使用效果。而吉利集团在雅安探索形成的"3＋3"的企业扶贫工作创新机制，有效地解决了"最后一公里"的落地实施。这种政府、企业和社会组织的合作，充分发挥了各自优势，有力促进了优势互补、共同发力的良好扶贫工作格局的形成。

## 第三节　守护村医，守住农村医疗"网底"

20 世纪 70 年代，有一部名为《春苗》的电影，记录了一段时代的历史。当时，中国农村缺医少药，出现了一个亦农亦医的群体——赤脚医生，《春苗》讲述的就是赤脚医生春苗的成长故事。如今，我国农村医疗卫生条件已经得到极大改善，但当年的赤脚医生其实并未退出历史舞台。"春苗"，依然是紧贴着农村大地生长的芳草。现在，他们被称为"村医"，他们依然守护着农村。

国家卫健委公布数据显示，截至 2020 年底，全国村卫生室工作人员达144.2 万人，其中执业（助理）医师为 46.5 万人，分布在全国 3.7 万个乡镇卫生院和 65 万个乡卫生室，担负我国大约 6.7 亿农村居民的基本公共卫生服务和基本医疗服务。

由于乡村医疗体系建设滞后于经济发展的速度，乡村医生群体亦农亦医的状态，普遍面临"进不去，用不了，留不住"的困境。"进不去"是指很少有年轻人愿意进入这个行业，"用不了"是指大部分乡村医生的专业水平落后于需求，"留不住"是指乡村医生的待遇、工作条件及社会保障水平难以留住有能力的乡村医生。

复星国际董事长、复星基金会创始人郭广昌关注了这一问题。2017 年底，复星基金会联合中国人口福利基金会、中国光彩事业基金会共同发起乡村医生项目，围绕守护、赋能、激励三大方向，确立了"五个一"工程，即一个村医保障工程(赠送意外保险、重大疾病保险)、一个村医能力提升工程(线上线下＋大班小班培训)、一批大病患者救助、一批优秀乡村医生推选、一批智慧卫生室建设，并在基础上推出了中医馆修建计划和"龙门梦想计划"等，为乡村医生

图 2-6　村医到农户家　复星基金会提供

摆脱现实困境持续加大投入力度。按规划，项目计划至少持续 10 年。

### 1. 守护生命的人，从来都值得尊重

"村医在农村里都是随叫随到的，24 小时在线。"2019 年 4 月，全国工商联在江西抚州召开"三区三州"深度贫困地区"智慧村医"健康扶贫工作研讨会，我们遇到了复星总裁高级助理祝文魁，他对我们说，村医比不得城市里的大夫，但农村真的不能缺少。

在江西抚州广昌县头陂镇山下村，祝文魁向我们介绍了村医李彦。2019 年 2 月，健康报社、复星基金会、中国人口福利基金会和中国光彩事业基金会联合主办"2018 十大暖心乡村医生及乡镇卫生院院长"，李彦是受到表彰的村医。

一只衣袖空荡荡的李彦五十出头，面色黝黑却看着温文尔雅。李彦出身乡村中医世家，因为被毒蛇咬，被迫断臂求生。

独臂医生能打针？答案是，能。

为了学会打针，李彦练起"三指禅"。他坚持用三个手指练习做俯卧撑的高难度动作，手指皮破了结出老茧，老茧破了又结出一层老茧。后来，他不仅可以一口气做十几个俯卧撑，还能够用三个手指倒立，这打针必备的三个指头被练得灵活有力；为了掌握打针的手法和力度，他就用针扎自己脚上的血管，体验怎样扎针痛感小；为了掌握针灸扎针的手法，他经常拿自己的大腿做扎针实验，把大腿扎得血淋淋的。

凭着过人的毅力，李彦与他的父辈一样，成了守护一方乡村的村医。

村民对我们说，李彦行医二十多年，一叫就到。旧时村里道路烂得很，出诊路上，他曾经摔断过手腕和肋骨，摔碎了 11 颗牙齿，甚至在泥沟里昏迷超过 6 小时。

"好人呐！"村民说。

祝文魁说，2018 年，这项工作正式启动，来自复星旗下 21 家企业的 38 名扶贫队员被派到 37 个贫困县驻点帮扶。刚驻村一年，每一个复星扶贫队员都有一肚子村医的故事，每一个村医的故事无一例外都击中了大家的泪点。

村医的那些与生命打交道的故事，即便看似平常，却饱含着对生命尊重的

深情。

村医杨天奎的故事——

四川省阿坝藏族羌族自治州壤塘县在青藏高原东部，60个村，131个村民小组，95％都是藏族同胞。杨天奎是上杜柯乡卫生院院长。

为了配合藏族群众的生活习惯，杨天奎每天睡不了一个囫囵觉，有病人半夜赶来看病，杨院长一定会出诊。有一回，杨医生去半山腰为一位藏族妇女接生，骑马下山时，坠马摔下了山，所幸没有摔成重伤，休养了近一个月的时间。杨天奎曾因工作出色被上级上调，但村民们联名请愿，又将他"要"了回来。

杨天奎荣获了"2018十大暖心乡村医生及乡镇卫生院院长"的表彰。

安徽金寨县水坪村村医葛德福的故事——

在水坪村，当地看病被称为"鸡叫走路"。早年间，乡亲们如果需要看病，就要从夜里出发，徒步二十多里山路赶到卫生室，如果选择白天再去，天黑前就无法回来，因此叫"鸡叫走路"。

看病难，曾经困扰着这个大别山深处的乡村长达几十年。水坪村村医葛德福已经干了快四十年。2019年夏天，复星乡村医生健康扶贫项目的驻点扶贫队员胡浩到村里看望葛德福。葛德福穿着厚厚的衣服，端坐在干净整洁的就诊台前。

如果不是不合时宜的穿着，没人会想到葛德福也是个病人。2012年，葛德福就患上了慢性淋巴系统白血病和冠状动脉硬化心脏病，但他还是拖着病体为村民出诊。

葛德福说，以前他出诊全靠走路，现在他可以骑摩托出诊。"'鸡叫走路'的事情已经成历史了。"

"我有一分光，就发一分热。"葛德福对胡浩说。

2020年，新冠肺炎疫情暴发，我们用微信的方式回访了老葛。

"今天下雨，我跟您讲实话，穿上雨衣，上午去南边六公里处随访三人，中午返回后，又往北边离我家四公里处随访四人。下雨骑车越走得快，两边脸越淋得多。回来后，内衣也被从脸上流下的水淋湿了。除自愿要求在村道设的劝返点当志愿者四天之外，一直在做随访，一天两次。"

以上是葛德福的一段回复。我们了解到，他这个病人还在疫情防控一线坚守岗位上，他还告诉我们，他的眼睛不太好了。

他发来一张图片，拍的是大红纸上写的标语："保自己，保家人。保健康，待在家。不出门，不乱跑。不聚集，树榜样。"

"这是我编的。我花了一包烟，请一个老师写的呢！"老葛很得意地说。

之后，他又回复了一段话："阳光总在风雨后。"

杨天奎、葛德福代表的村医群体，是一个值得尊重的群体。但村医群体很少为外界了解，社会给予他们的关注太少了。

复星国际董事长、复星基金会创始人郭广昌曾经有一段儿时往事。"我小时候患病，病得很重，幸好村子里有村医，才捡了一条命回来。乡村医生是农村医疗和公共卫生服务的关键力量，我们希望更多的社会力量去关心这些可敬、可爱的乡村医生们。"

### 2. 村医需要赋能

2014年12月，习近平总书记视察镇江市世业镇卫生院时指出，"要推动医疗卫生工作重心下移、医疗卫生资源下沉，推动城乡基本公共服务均等化。"

用什么方法才能推动资源真正下沉？需要依靠科技的力量。例如，通过互联网让大量的三级甲等医院的大专家、大医生的能力赋能到基层，惠及村医与贫困群众。

复星方面提出了一个符合乡村的、四位一体的"未来诊室"智能解决方案。所谓的"四位一体"包括：智能化便携设备、人工智能辅助诊断、大数据临床路径导航以及健康管理服务培训。

复星基金会有关人士介绍，这四项能力得益于近年大数据和人工智能方面的高速发展，使得复星打造新时代的智慧分级诊疗体系，实现医疗资源的平等化成为可能。尤其是等到5G商用普及后，帮助边远农村包括"三区三州"享受互联网时代所带来的健康红利是完全可以实现的。

据了解，复星旗下的杏脉科技在新疆、甘肃、四川等地区开展了肺结核诊断的"人工智能辅助诊疗"，可以把原来农村累积下来的、堆积如山的早期筛查胸片彻底摸排和清理，让过去完全不可能的事情变成了可能，降低漏诊，提高效率并实时监控。这些技术已经投入到乡村医生健康扶贫项目。

即便是投入大量的先进技术和产业资源，最终还要靠人。复星基金会认为，基层医疗的人才的培养不容忽视。组织村医培训是项目的重要内容。据 2019 年的数据，项目对 4733 位村医进行了专业培训。

2019 年 5 月 4 日，贵州遵义，来自贵州实施项目县的 161 位乡村医生第一次参加专业培训，给他们讲第一课的是中国工程院张运院士。这是复星基金会第一次与中华医学会心血管病分会合作，开展专门针对乡村医生的专业培训。

张运院士说，城市医院的医生培训较多，但是基层医生、特别是乡村医生的培训机会太少了。"他们仅仅靠最基本的医疗手段来解决病人的问题。培训的最大意义就是让他们少犯错。例如心梗这样的可能致死的疾病，村医作为首诊医生，要做到的就是不能误诊。但目前来看，挑战还很大。"

当时，复星基金会乡村医生健康扶贫项目总监王慧博深有感触地说："我们做了许多调研工作，发现我们医疗体系中最薄弱的环节就是基层医生，特别

图 2-7　村医在农村　复星基金会提供

是在贫困县，矛盾最尖锐。一些偏远地区，村民们少不了村医，但是他们的诊疗水平不够，老龄化严重。"

这一年，复星基金会还与团中央达成合作，在七八月份，组织 40 名具有医学专业背景知识的西部计划大学生志愿者充实到复星项目的一线驻点队员，走近村医群体，与村医们共享医学知识。

保障数亿农民公平享有安全、有效、方便、可负担的基本医疗卫生服务，农村三级医疗卫生服务网的"网底"不能破。社会力量如何参与到保障这块"网底"行动中，复星的做法不失为一条有益的路径。

自 2017 年底以来，复星的乡村医生项目累计派出 219 人次驻县帮扶，共覆盖全国 16 个省、市、自治区的 72 个县（原国家级贫困县）。2020 年初，在国内新冠肺炎疫情防控的特殊时刻，乡村医生项目还在湖北省选取 6 个县进行公共卫生体系重建工作。

截至 2021 年 8 月，乡村医生项目已直接帮扶 12545 个行政村卫生室的 23956 名乡村医生，惠及 300 万户基层家庭。项目为乡村医生投保意外险 20206 份，重疾险 34013 份，有效减少了他们频繁走家串户的工作风险。同时，该项目累计举办 84 场线下"大班"培训、7 场线下"小班"培训，线上线下共培训 20761 名村医。

2021 年 9 月 5 日中华慈善日，第十一届中华慈善奖评选表彰大会于当日举行。上海复星公益基金会（即复星基金会）的"乡村医生健康扶贫"项目因在扶贫济困领域的突出贡献，作为优秀慈善项目荣获中华慈善奖。

# 第三章　贫困"包袱"的产业之变

2015 年 10 月 16 日，中国国家主席习近平在 2015 减贫与发展高层论坛的主旨演讲中指出，我们坚持动员全社会参与，发挥中国制度优势，构建了政府、社会、市场协同推进的大扶贫格局，形成了跨地区、跨部门、跨单位、全社会共同参与的、多元主体的社会扶贫体系。民营企业是中国减贫的重要社会力量之一，在政府、市场和社会协同发力的益贫市场机制下，民营企业、农村创富带头人与贫困户建立起多种形式的利益联结机制，共同开发益贫市场，参与到以国内大循环为主体，国内国际双循环相互促进的新发展格局中。

在市场经济条件下，市场在资源配置中起决定性作用，是实现减贫的重要力量。但市场配置资源以效率为原则，市场机制的理性适用于私人物品，在公共物品领域会出现市场失灵。对于"低效"的贫困群体，具有"准公共物品"属性的减贫领域，市场理性并不友好。

中国减贫的一个"撒手锏"，就是通过政府引导提升市场机制的益贫性，变贫困"包袱"为发展潜力，使得贫困地区有机会依托市场力量发展。作为市场机制中最为活跃的那一部分，中国民营企业参与到益贫市场的开发当中。如何让资源变资产、资金变股金、农民变股东，如何让绿水青山变金山银山，民企创造了丰富多彩的产业扶贫模式，其中，不乏首创。

## 第一节　小鸡蛋里的资产收益扶贫大文章

党的十八届五中全会提出，"探索对贫困人口实行资产收益扶持制度。"进一步明确要求探索资产收益扶贫，"在不改变用途的情况下，财政专项扶贫资金和其他涉农资金投入设施农业、养殖、光伏、水电、乡村旅游等项目形成资产，具备条件的可折股量化给贫困村和贫困户，尤其是丧失劳动能力的贫困户"。

我们是在 2017 年的金秋十月来到河北省威县探访北京德青源农业科技股份有限公司的。该公司在那里实施"金鸡"产业精准扶贫模式，做的是资产收益扶贫的大文章。

威县位于河北省东南部黑龙港流域，是一个传统农业县、财政穷县。截至2015 年底，还有建档立卡贫困人口 1.95 万人，贫困发生率 4.32％。威县是河北省的综合改革试点县，2015 年，在国务院扶贫办的支持下，德青源选择在威县开展产业资本参与资产收益扶贫的实践。

图 3-1　威县"金鸡"项目的生产车间　企业供图

### 1. 钱从哪里来？利到哪里去？

将财政扶贫资金、金融资本、企业资本整合在一起，是德青源"金鸡"项目的核心要件，资本量得到放大，可覆盖的扶贫面也将可以放大，将可以让更多的困难群众从中受益。

威县金鸡产业扶贫项目总投资 3.75 亿元。政府方面，威县政府整合涉农资金 0.75 亿元、财政扶贫资金 0.2 亿元、申报中国农发重点项目建设基金 0.3 亿元，合计 1.25 亿元；金融方面，在政府引导下，从农发行获得政策性贷款 1.25 亿元；其中，财政资金和金融资本合计 2.5 亿元用于成立农业投资公司；龙头企业方面，德青源自筹 1.25 亿元（生物资产）。整个项目计划在 2018 年 5 月全部建成。

威县成立国有资产公司，投资建厂，享有固定资产所有权；龙头企业成立运营公司，投入流动资金并输出品牌、市场、管理、技术，享有经营权。公司以经营租赁取得扶贫项目的使用权，承租期 25 年，前 15 年每年按照固定资产总投资的 10% 支付租金 2500 万元，后 10 年每年支付租金 1000 万元，或者以后可以用回购资产的方式取得扶贫项目的所有权；贫困群众组成经济合作社，投入土地和劳动力，享有收益权。威县 4 个乡镇组建 6 个蛋鸡养殖合作社全部加入县里农业投资公司建设的"金鸡"项目。6 个合作社包含 4424 名建档立卡贫困群众按每人 4680 元配资入股，让扶贫资金变资产，成为"特惠股东"并随时实行动态管理。这样的设置，形成了政、企、农的三权分置的局面。

威县政府在"金鸡"项目中充分发挥了主导作用，利用政策优势和财政资金的支持撬动金融资本和社会资本。农发行作为政策性银行，在金融扶贫当中起着关键性的作用，一方面，发挥政策性银行的优势提供政策性贷款；另一方面，在市场化的原则下支持龙头企业发展，增强龙头企业的扶贫带动能力。龙头企业在扶贫项目中担任实施主体的角色，通过市场化经营，建立关联产业，带动区域经济发展。合作社的角色是农户组织者，只有把农户进行集约化管理，才可以实现与公司的对接，获得稳定的收入。

那么，群众、集体经济是否享受到了资产收益扶贫的红利呢？

德青源"金鸡"项目所在地是在威县德青源生态园区。因为防疫方面的原因，我们没有进入厂区，但我们与德青源生态园区门岗王书元攀谈了一会儿。

60 多岁的王书元是威县固献乡沙河王庄人，2016 年底来到园区当门卫，最高兴的事情是每月能按时拿到 1800 元的工资。"这厂子真不赖，正规，老百姓都有收益了。我们村里有 20 多人在这里打工。"

"没想到这辈子，字也不识，到老了还能在家门口找到一份工作。"王书元高兴地说。

王书元获得这个公益岗，是因为德青源"金鸡"项目流转的是王书元村子的土地，王书元的岗位是德青源提供的"爱心岗"。项目伊始，威县德青源生态园区设置保安、保洁、绿化、门卫等低技术要求的岗位共 150 个。德青源还协助乡镇集体创办物流公司和包装厂，创造出了 600 个就业岗位，德青源提供稳定物流、包装订单，组织贫困群众通过劳动创收。

因为德青源的落户，毗邻园区的固献乡沙河王村正在打造产城一体的金鸡小镇。2016 年，固献乡沙河王村被河北省委、省政府评为"河北名村"。

王书元的账是个人的小账，威县扶贫办主任刘宝华给我们算了一笔大账。

项目全部建成后，德青源每年向农投公司支付租金 2500 万元，农投公司向农发行还本付息之后，剩余金额 1062 万元，分配如下：一是 100 万元用于缴纳增值税；二是 36 万元用于专项建设基金分红；三是 442 万元用于提高 4424 名入股贫困群众的兜底收入，每人每年分红收益 1000 元，并以自有承包土地（每人 2 亩以上）入股合作社种植德青源的订单玉米，年亩均稳定收益 1100 元以上，合计每人每年稳定收益超过 3200 元，高于国定贫困线标准 3026 元，加上民政、医疗、教育、住房等政策扶贫，能够实现"两不愁、三保障"，实现稳定脱贫；四是剩余的 484 万元分配给 48 个重点贫困村，每村每年 10 万元。每个村先拿出 7 万元设立公益岗（包含村级环卫、安保和养老护工等岗位），让有劳动能力的贫困群众通过力所能及的劳动创造收入实现脱贫，留给每个村 3 万元集体收入，用于贫困村公益事业建设和维护。

2017 年，按照"分期建成、分期移交、分期受益"的原则，德青源支付了年租赁费 800 万元。上一年度，2016 年，公司为 4424 名建档立卡贫困群众每人分红 300 元，48 个贫困村每村拨付集体收入 2 万元。

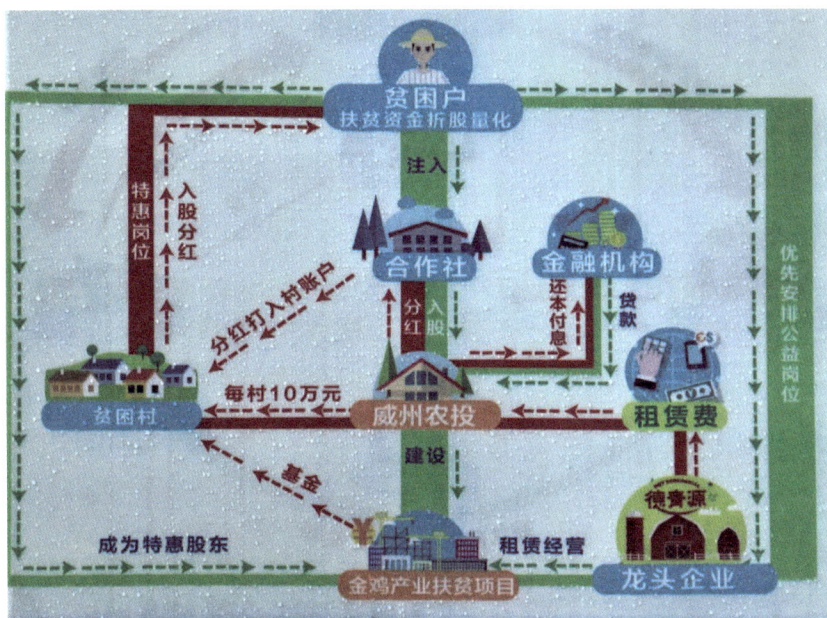

图 3-2　图解"金鸡"模式

### 2. "金鸡"的明天在哪里?

在威县,德青源资产收益扶贫模式已经复制到了威县的宏博白羽肉鸡、君乐宝奶牛养殖、生态梨果种植及物流加工、根力多生物肥葡萄提升 4 个项目,加上德青源项目,这 5 个资产收益精准扶贫项目覆盖威县全县所有贫困村和贫困群众。这种模式的发展前景极为可观。

事实上,2016 年 9 月 27 日,全国产业精准扶贫现场会在河北威县召开,来自北方 15 省的扶贫办代表参加了现场会。德青源"金鸡"产业扶贫项目三权分置、多方共赢的产业扶贫创新模式赢得与会者高度认同,纷纷表现出了对引入金鸡产业扶贫项目的浓厚兴趣。

截至 2017 年 5 月底,德青源已考察了 23 省 95 县,决定在其中 12 省的 19 个贫困县复制"金鸡"项目。据不完全估算,这些项目全部满产后,可带动十几万贫困群众脱贫。

梳理威县"金鸡"项目的成功要素,我们发现,推行这类项目至少要具备四个基本要素。

首先，产业选择要适宜。威县是传统农业县，农村优势明显，发展养鸡产业得天独厚。鸡舍、饲料厂、仓库等基础设施建设周期短，可以很快投产，贫困群众6个月就能拿到收益。其次，要选对"合伙人"和"经理人"。行业内的佼佼者往往是最好的合作选项，因为这样的企业抗市场风险能力强，产业项目经营良好，才能更好地保障资产收益的稳定。再次，营商环境要稳定。资产收益扶贫项目一般是长线项目，政府领导班子换届或换人，有可能导致政府服务质量不稳定或者政策不可持续，稳定的营商环境才可以有效地保障项目可持续执行。最后，企业扶贫更加要讲诚信。

在不靠山、不靠水、不靠铁路线、不靠大城市，地上没资源、地下没矿藏的河北威县，德青源创造了"资产收益扶贫"新模式，北京德青源农业科技股份有限公司董事长兼总裁钟凯民荣获"2017年全国脱贫攻坚奖创新奖"。

## 第二节　一片彩叶的金山银山梦

"树树皆秋色，山山唯落晖。"2018年5月，我们来到巴中市南江县正直镇长滩村，虽然是鲜花盛开的5月，但那里的山间"秋色"与季节丝毫不违和，我们行走在柔柔的和风中、若有若无的微雨中，直把"秋色"当春色，心旷神怡。

一条遍植红枫的长滩大道蜿蜒而上，装点着深红浅红、深绿浅绿、棕红橙黄的色彩。如果抬头远望，那些山头、山腰，如火如霞、堆金叠彩，更比花海的颜色绚烂。

长滩村雅号"七彩长滩"，2012年，在四川七彩林业开发有限公司入村之前，长滩村就是秦巴大山里的一个贫困村，环境脏乱，村民没啥挣钱的路子。据说从镇里到村上全都是土路，大家连亲戚都不愿走动，因为路太难走了，要么尘满面，要么脚下烂泥塘。

变化始于2012年。至2018年，6年时间里，政府、乡村、企业、金融部门齐心协力，帮助贫困的长滩村一跃迈进2017年四川省首次评选的四川百强名村。而四川七彩林业开发有限公司也被评为"万企帮万村"精准扶贫行动领导小组2017年首次表扬的先进企业。

图 3-3　长滩村红叶林

### 1. "80 后"汪潘眼中的长滩

我们在长滩村的村部遇到"80 后"大学生汪潘。2009 年，大学毕业之后的汪潘在上海、武汉闯荡。2013 年，家乡的魅力居然把他拉回了家乡长滩村。

"有后悔吗？"

"没有。我是男孩，要奉养两老的。只是没想到这么早就回来了。但是，要是长滩村没有产业，我可能还是要在外面多挣些钱再回来。"汪潘很轻松地对我们说。

从 2011 年开始，回老家过年的汪潘发现，村里大兴土木的事越来越多。最先是路修起来了，大家可以骑摩托走亲戚，之后是政府资助的"巴山新居"村舍也建了起来，家家住上了楼房。更稀奇的是，村里还出现了苗圃、厂房、实验室。

这一切，是因为七彩林业要开发苗木产业。

"七彩林业公司直接租用村里土地搞彩色苗木，苗圃的景色很美。越来越多的人到长滩村来游玩，我觉得很有前景，就回来了。"汪潘说。

因为看好乡村旅游，回乡后的汪潘开了淘宝店和农家乐。人还没有完全定

图 3-4　2017 年“万企帮万村”精准扶贫行动论坛

住心，汪潘迅速被村里看中，推着他参加各种政府培训。学习培训让汪潘眼前一亮，他对家乡的未来越来越有信心。2014 年，村“两委”换届选举，汪潘当选村委员。

这一年，汪潘开起了长滩村的第一家青年农庄。在南方打工的父亲、妹妹回了乡，都在七彩林业谋到了工作。一家人终于团聚，再也不用天南地北地奔波。

“我们家族在长滩村的投资有 150 万元。长滩村的大酥肉节、彩叶节是我们的旺季，我们农庄请了两个帮工，开露天坝坝宴，人山人海的。去年纯利在13 万元左右。”汪潘说。

汪潘口中的“大酥肉节”“彩叶节”是七彩林业公司落户长滩村之后搞起来的乡村旅游节会。入秋，长滩村的上千亩彩色苗木进入一年中最好看的时节，据说树叶的色彩能细分出 20 多种，“彩叶节”由此而来。大酥肉是当地的美食，遇到逢年过节、红白喜事，长滩人就要端出这道菜。外出吃宴席的儿女自己不能多吃，还要把酥肉打包带走，孝敬家中老人，大酥肉也成了“孝顺肉”。2015年，长滩村的大酥肉荣获了大世界吉尼斯之最。赏叶文化与民俗美食文化交相辉映，长滩村居然火了。

长滩村党支部书记张亮说，村民的收入主要有三部分：每年按 600 斤黄谷的市价流转土地；在企业打工；在家开农家乐或搞家庭种植养殖。

"2011 年之前，长滩村 1116 人，年人均收入大约是 1000～2000 元。主要是种植小麦、稻谷。现在我们村民年均收入过万元，有的甚至达到四五万元。只剩下两户兜底户。"

据官方统计数据，2017 年，全村接待游客 61 万人次，实现旅游综合收入 1.52 亿元。

### 2. 要想土地生金，科技要先行

多少年，长滩村是典型的"空心"村，除了土地，长滩村别无长物。然而，传统农业种植收益低，而村里大量的荒山荒坡并不能给村民带来多少收益，壮劳力基本选择离家打工，七彩林业为长滩村带来了彩色苗木产业。

据介绍，在国内植物绿化盛行时，七彩林业公司已经着手专注植物彩化细分市场。巴中 580 平方千米光雾山有极其丰富的彩色植物资源，这个特点引起七彩林业的注意。在企业看来，依托自然资源，研发彩色植物的扩繁技术，巴中市得天独厚。长滩村的自然条件十分适合彩色植物的培育，七彩林业相中了长滩村，在长滩村流转土地 1043 亩种植彩色苗木。

同样的土地，这一次种植的东西让村民十分惊讶。公司种下的树种，叶子、树枝居然有五颜六色的，与众不同。许多村民第一次见到明亮的实验室，第一次听说什么是组培、无菌，第一次见识了玻璃大棚。

七彩林业总经理王明理说，这些彩色植物树种都是市场的抢手货。七彩林业选育的大部分品种都不是市面上的常规品种，而是还没有被广泛生产和应用的新优、珍稀品种。如果种植攻克了扩繁技术，就可以形成规模化生产。

七彩林业专门成立了四川省名特优新彩色苗木繁育工程实验室，与中国农大、四川农大、中科院成都生物研究所、四川省林科院等国内知名高校、科研院所建立了良好的合作关系。这些研究所的专家经常到村上给农户进行技术指导，帮助他们提高树苗管理水平。

经过 6 年的沉淀，公司建立了近 2000 余种的彩色景观植物品种资源库。

产品体系以红色系、黄色系彩色乔木为主，覆盖彩色灌木、彩色藤本、彩色地被和观赏草。公司已经突破红火树等核心产品的快繁技术研究，获得国家授权专利 31 项，为彩色植物规模化生产奠定了坚实的基础。

除了长滩村，七彩林业已在巴中地区带动 5 区县、26 乡镇、71 个村发展彩色苗木产业基地 2.94 万亩，带动 1696 户建档立卡贫困户 5598 人实现户均年增收 1.6 万元，人均年增收 4700 元。

科技，让村民大开眼界；科技，将贫困村看似稀松平常的资源转变为市场"核心资源"；科技，让革命老区的绿水青山真的变成了金山银山。

正如生态系统的互惠互利，保障生态产业的发展，需要一个互惠互利的系统工程。资本下乡是否能够落地生根，还有赖各方面的支持。2018 年 5 月 10 日，在巴中举行的全国工商联调研组座谈会上，王明理回顾公司开拓巴中彩色苗木产业感触良多。

"农村最需要'造血式扶贫'。我们致力于产业兴旺，把产业带到了农村。这不仅需要我们把企业做好做强，还需要多方面的配合。大家齐心协力，才能把精准脱贫、乡村振兴的大事办好。"

在王明理看来，农民参与、政府政策引导、金融资本、社会资本的配合不可缺失。"有了这些关键方的联结机制，这个产业一定能做起来。"

七彩林业采用了"龙头企业＋专业合作社＋专业大户＋贫困户"的合作机制，公司领办和培育了专业合作社 30 个、专业大户 480 户，2016 年 7 月，七彩林业领办的南江彩叶苗木专业合作社还荣获"服务精准扶贫国家林下经济及绿色产业示范基地"的称号。七彩林业较好地将农村的利益与企业的利益结合起来。

农林业回报周期长，资金缺口量大，在七彩林业最需要钱的时候，政府、金融部门给予了强有力的支持。在长滩村的七彩林业基地，竖着这样一块牌子"金融扶贫惠农'十百千万'工程七彩林业珍稀苗木产业基地"。七彩林业是金融扶贫的参与者、受益者。

2016 年 3 月，中国人民银行印发《关于开办扶贫再贷款业务的通知》，创设扶贫再贷款，专门用于引导地方法人金融机构扩大贫困地区信贷投放，支持带动贫困户就业的企业和建档立卡贫困户。中国人民银行巴中市中心支行以扶贫再贷款为引导，指导主办银行以此为基数放大贷款倍数，七彩林业基地农户承贷，七彩林业公司以土地流转收益权及二次流转权抵押、苗木质押实施担保，财政性产业发展项目资金贴息，政府按 60% 的比例承担贷款损失责任，形成扶贫再贷款＋"银行＋公司＋基地＋农户＋政府基金"的"1+5"支农模式。

## 第三节　从"一粒米"看一二三产业融合

兴仁市，隶属贵州省黔西南布依族苗族自治州，是滇、桂、黔三省结合部的中心县级市，东邻贞丰县、南接安龙县、兴义市、西抵普安县、北接晴隆县、东北与关岭县隔江相望。2018 年 9 月 18 日，经国家专项评估检查，兴仁县符合贫困县退出条件。25 日，贵州省人民政府发布通告称，同意兴仁市等14 县(区)退出贫困县。

在兴仁市人民政府的官方网站上，"长寿之乡""诗词之乡""薏米之乡"是地方特色的三大标签。在这三块金字招牌中，"薏米之乡"在脱贫攻坚中的功绩应当是最大的。小小薏仁米，是兴仁市"一县一品"中的主导产业。

2013 年 12 月 10 日，原国家质检总局批准对"兴仁薏仁米"实施地理标志产品保护，涉及黔西南州的兴义市、兴仁市、安龙县、贞丰县、普安县、晴隆县、册亨县、望谟县 8 个县市现辖行政区域，兴仁、安龙是核心产区。

2016 年，兴仁成立了兴仁县薏仁米产业发展办公室，开始着力将薏仁米产业培育成带贫产业。在政府的引导和大力支持下，一些民营企业以此为产业扶贫的切入点，逐步成长起来。2013 年成立的贵州泛亚实业集团就是其中的龙头企业。2017 年，泛亚实业荣获"全国'万企帮万村'精准扶贫行动先进民营企业"称号。

### 1. 小小薏米成就脱贫大产业

春秋时期，兴仁市隶属牂牁国，战国、秦、汉时属夜郎国。由于山地贫瘠，物产匮乏，兴仁居民在很早以前就发现了薏仁米的价值。薏仁米除了药用价值之外还有很高的营养价值，当地人就用苦荞和薏仁米作为山地替代轮作植

图 3-5　贵州泛亚实业集团所在地

物，用以填补粮食作物的缺口。

据(清)道光《兴义府志》记载："府属贫瘠之地皆产薏仁米，府驻之地优"，清朝时期兴义府治在今兴仁县，兴仁所产的薏仁米为全府质量最好的薏仁米。兴仁薏仁米在市场上逐渐成为黔西南州薏仁米的代表，在清末以来相关的贵州地方文献中被屡屡提及。

兴仁县薏仁米种质资源非常丰富，是全世界薏仁米物种起源中心之一，已收集薏仁米种质资源近 500 份。通过农业技术团队进行提纯复壮，形成了兴仁本地的小粒白壳薏仁米品种和选育种贵薏 1 号。小粒白壳薏仁米富含锌、铁、硒等多种人体需要的微量元素，其中蛋白质、氨基酸等微量元素含量均高于其他地区品种，支链淀粉含量高达 96%，具有较高的药用和营养价值。2015 年，贵州省政府批转了省农委出台的《贵州薏仁产业三年提升行动计划》。

中国的许多地方都有自己独特的农特产品，有一定的稀缺性，但它们大多产自经济欠发达的山区，天然地对市场需求不敏感，如果与市场对接不当，就有可能引发农产品难卖问题，农民种得越多，亏得越多。

一家一户的小农经济想要闯荡市场，需要有龙头企业的引领，在脱贫攻坚战中，兴仁党委、政府把目光投向了民营企业。

在泛亚实业董事长田亚看来，兴仁薏仁米走向大市场还是有优势的。一是它的品质。兴仁水土滋养的薏仁米自古有名，离开了那里的水土，薏仁米的各项理化指标就会改变，虽不至于橘生于淮北则为枳，可是药食价值已经大打折扣，因此，兴仁薏仁米具备资源的稀缺性。二是薏仁米在当地有种植传统，在民间就有"不与粮烟争肥地，不与农忙争劳力，宜栽陡坡深谷地，成本低廉好收益"的美誉，推广起来比较容易。而有了规模化，才有可能摊薄成本去占领市场份额。

与此同时，田亚还考虑到，产业发展起来之后，随后就是中国农村城镇化的问题。借助脱贫攻坚的政策红利，扶贫易地搬迁、产业发展与新型城镇化融合，则是未来乡村振兴更大的一盘棋局。田亚与他的投资合作者看到了这一点。

在这样的市场逻辑之下，泛亚实业与兴仁市政府达成了战略合作协议。2013年，泛亚实业与兴仁市人民政府签订了兴仁市生态经济区综合开发战略协议，企业通过产城景融合，一二三产融合，老百姓、政府、企业联合携手，共同打造中国薏仁生态经济区。按当时的规划，该项目覆盖面积136平方千米，涉及子项目31个，总投资达到110亿元，建设周期5年。

泛亚实业以"四方五共"精准扶贫理念开启政企合作的精准扶贫路径。"四方"，即政府服务、企业主体、群众参与、社会帮助；"五共"，即项目共商、产业共识、推进共建、利益共享、风险共担。

中国薏仁生态经济区的核心区"薏品田园生态旅游小镇"，是以"绿色经济、绿色文化、绿色家园、绿色屏障、绿色制度"为建设主线，以"薏仁为媒、生态为魂、康养为核"，把薏仁米产业融入三产之中，形成面积4.5平方千米的"泛亚薏仁生态产业园、易地搬迁扶贫安置区、乡村旅游体验园"三个功能板块。当前建设主要有易地搬迁扶贫、帝贝温泉度假酒店、薏仁米饮料加工厂、国际薏仁米交易中心、电商一条街等项目，累计总投资超过22亿元。

2017年，薏品田园生态旅游小镇入选七部委认定的第一批国家农村产业融合示范园，如今，薏品田园生态旅游小镇已成为国家4A级景区。

2020年8月中旬，我们拜访泛亚实业时，正是兴仁薏仁米的灌浆期，虽然看不到丰收的景象，但是，站在泛亚实业办公楼展示大厅的落地窗前，我们的眼前，是一大片的薏仁米田，微风吹拂，一派葱茏。

薏仁米收获季还没有到，加工厂里的生产线并没有闲着。兴仁市是贵州薏仁米种植面积最大和产量最大的区域，更是中国薏仁米的重要集散地和加工集聚区。每年大约有20余万吨的薏仁米汇集到兴仁加工，之后销往国内各大中城市以及出口到日本、韩国、美国、欧洲等国家和地区。作为龙头，泛亚实业的存储量、加工能力，可以满足生产线全年所需的加工量。

兴仁市陆关街道办在水一方社区东瓜村半坡八组的张春在车间里忙碌，我们把她叫了出来。

30多岁的她在贵州兴仁聚丰薏苡股份有限公司生产部工作。2017年，因

图 3-6　薏品田园生态旅游小镇一景

为易地搬迁就落户在公司附近,她来到公司务工。张春的家是当地十分典型的易地搬迁户。搬迁之前,男人打工,她则在家带两个孩子、照顾老人,日子只能说糊得了口,但孩子上学的费用越来越多,日子就变得越来越艰难。

"我也没什么文化,在公司做袋子装薏仁米,保底工资 2000 多元,好的时候能拿到 4000 多元。有了这笔钱,我再也不用担心小孩的学费了。"她说。

当时,公司优选像张春这样的建档立卡贫困户 150 多人进入公司务工。像张春这样的易地搬迁户,既搬了新家,又有了新工作,真正实现了"搬得出,稳得住,能致富"。

兴仁县城南街道办 40 多岁的杜元伟,是一名退伍军人,夫妻俩都在泛亚实业的公司上班。他们是另外一个版本的故事。

2007 年,杜元伟在当地一家焦化厂务工时因意外事故失去了整只右手。当时,他家两个孩子都在读初中,养家糊口的重担一下子就落到了妻子杨贞琼肩上,家庭由此陷入贫困。2015 年 12 月起,由社区推荐,杜元伟被安排到贵州薏品田园生物科技有限公司当保安,一个月收入 3000 元,家境开始好转。

"以前在家做农活,收入不稳定。现在我每个月有 3000 元工资,妻子杨贞琼当生产线的工人,收入有 2000 多,一个月有 5000 多,日子比以前好过多了。"杜元伟笑着说。

算起来,张春、杜元伟不过是家庭的小账,泛亚实业的则是一笔大账——

薏品田园生态旅游小镇属于易地扶贫搬迁区,是省级扶贫生态移民示范点;在搬迁区内,企业的商业开发与生态移民商铺运营交叉,发展薏仁米养生及田园风光休闲餐饮、民族工艺品加工等产业,从而解决部分移民就业和创业渠道,实现移民脱贫。2015 年易地扶贫搬迁项目总覆盖 1500 户,建筑面积 23.4 万平方米;2017 年易地扶贫搬迁项目总覆盖 1486 户,建筑面积 10.689 万平方米。

在薏仁米种植方面,集团自建及合作实施薏仁米种植基地 15.45 万亩,占到了兴仁市薏仁米种植一半以上的份额。其中已有 2.4 万亩获得有机认证(另有 2 万亩正在有机转换中)、10 万亩获得无公害产地产品认证、1.1 万亩获绿色产品认证。2020 年产值 10.48 亿元,纳税额 3779 万元。

泛亚实业的"三产融合"实践初步取得成功。这比 2015 年 12 月 30 日国务院出台《关于推进农村一二三产业融合发展的指导意见》的文件要早了两年。据了解，泛亚实业的"三产融合"实践曾作为典型案例为文件提供了参考。

民企的扶贫创新实践走在政府决策前，这就是民企创新的力量。

田亚表示，"农业产业是一个投资周期长，但利润比较薄的行业，简单来说，就是有一定的短板。所以我们以多元融合、补齐短板的方式来经营它。"

最初，除了发展薏仁米种植业作为基础，泛亚总结的是"一二三产耦合"发展模式。其一，经济区布局 3000 多亩的休闲农业公园、农业湿地公园等服务于景区的项目，做休闲农业和养生农业，这是第一产业延伸至第三产业。其二，以薏仁米饮料等深加工产品为龙头，拉动树莓、高钙苹果、五星枇杷等第一产业项目走精深加工道路，用第二产业助推第一产业，同时也使得第一产业增值。其三，易地扶贫搬迁安置区按景区标准建设，紧邻产业园，为进城农民提供就业和创业机会，二者相得益彰，这是第二产业和第三产业的互动。其

图 3-7　薏品田园生态旅游小镇的文化广场

四，经济区建设有商住用地建设厂区、办公等基础设施，可以将第二产业资产装入第一产业，获得政策和金融支持，解决农业投资周期长、金融杠杆作用小的问题。

泛亚商业模式不仅做好了自己的企业价值，同时也做好了企业的社会价值，显然，扶贫的价值是其最闪亮的部分了。

"对于泛亚而言，扶贫更多的是顺其自然的结果，是企业和政府、社会共同努力的结果。我们不敢独占其功。"田亚说。

在兴仁薏仁米核心区的兴仁，据兴仁市薏仁米发展产业办公室的数据：2020年，全市薏仁米种植达到了30万亩，薏仁米加工企业500多家，"一县一品"已初具规模。全市种植薏米农户有5万多户，覆盖人口超过20万人，其中建档立卡户5000多户，覆盖人口大概是4.5万人左右，薏仁米种植的收入占贫困户总收入的30％左右。

### 2. 亲清政商合作　战略合作

正如田亚所说的，泛亚的壮大是企业和政府、社会共同努力的结果。泛亚成立之前，兴仁薏仁米行业已经存在许多大大小小的薏仁米加工厂或加工作坊，恶性竞争的事件屡见不鲜。在政府的扶持之下，泛亚开始整合兴仁市场的小加工企业，与农民合作社建立长期战略合作伙伴关系，将兴仁薏仁米的产量、品控提升到一个规模化、标准化的生产高度，建立起了产、供、销、品牌的全产业链条。

那么，泛亚与政府是如何相处？田亚对我们并没有讳莫如深，他提出了一个战略合作伙伴关系的概念。

"80后"的田亚，中共党员，出身贵州农家，毕业于中央民族大学，曾游学于北京大学。大学时代，他就有过创业的经历。

田亚坦言，自己就是一个农家弟子，不过与传统意义上的农民相比，他可能具备了更多的革命性。例如，不按传统打法出牌，不搞小打小闹，不只是会埋头种地，还会用工业思维经营农业。

田亚谈到，总体而言，在农村，许多资源还是由政府主导配置的，企业要横跨、贯通一二三产，必然要与当地政府形成良性的互动。

他谈到，企业与政府的关系，泛亚实业与政府是亲清政商战略合作伙伴关系。

在他看来，在政府、企业双方的诉求中，既包含了让百姓过上好日子的诉求，也包含了理念上的认同，即扶贫最终要靠产业开发来实现可持续发展。这两个基本点是双方愿意合作的基础。

"有的时候，我们还要完成一种理念上的博弈。因为，一些官员习惯从政治上考量问题，忽视从企业的角度来考量，他很可能不顾你的市场逻辑。这个时候，你要讲些策略，加强沟通，强调我们的诉求、我们的发展方向都是一致的，达成共识。企业不是光想着赚钱的，事实上，单靠企业的力量，农业的这个钱不太好赚，亏本是大概率。企业还是需要从政府方面借借力。"田亚说。

说到策略，田亚举了一个例子，有的涉农民企爱指责政府不诚信，特别是在土地、补贴、金融等政策方面新官不理旧账，为此跟政府讨价还价或者吵架。田亚认为，实际上，大家应该看到，农业是一项长期、长线的投资，持续投资的时间往往会超过官员的任期。对于一茬又一茬流水似的官，时移世易，兑现政策的过程中很有可能出现一些不确定因素，民企应当有思想上的准备。

田亚表示，这个时候，你不要去跟官员理论是非、提出问题，而是先要去了解新政策，找到合法、合理、合适的解决办法，给他提解决问题的方案。"说实在话，上面千条线，下面一根针。基层的官员方方面面都要权衡，早已是焦头烂额、筋疲力尽。你作为他的战略合作伙伴，还是少提问题，多给点战略层面的建议。"

从 2013 年至今，泛亚实业吃过不少苦头，也碰过不少钉子。田亚笑着说，这些都是为成长埋单的。还好，如今的泛亚算是立稳了脚跟。

## 第四节 "贷牛还牛"牛气得很

传统上，广西养牛主要是役用。这些年，广西的千山万弄里，星星点点的家庭养牛场、上百头的扶贫养牛车间、成规模的养牛基地陆续兴起，一改养牛役用的传统习惯，肉牛产业兴起，成了带动一方脱贫致富的扶贫产业。

**1. 贫困户当上"牛富贵"**

广西大化县雅龙乡胜利村弄代屯有点小名气。第一次是穷得出名。2015年精准识别阶段，胜利村为极度贫困村，弄代屯27户共148人，贫困发生率曾高达93.4%。这里属于典型的喀斯特地容地貌石山区，境内没有一条地表河流或小溪，没有一分水田，日常饮用水全是靠天下雨，一亩地还要分为几十块小地块。因为脱贫攻坚任务太重，胜利村还是国务院挂牌督战村之一。第二次是在5年之后富出了名。这一回，靠的是村里的牛产业。

2020年12月23日下午，我们在冬雨绵绵的寒意中到达胜利村弄代屯。

年近50的瑶族汉子蒙建祥接待了我们。蒙建祥是村里少有的文化人，读书读到小学毕业。因为读过书，蒙建祥要比其他村民思想更活络些，他外出打工挣钱养家，建了村里最早的砖瓦小平房。

原先，村子里都是茅草房，茅草屋顶是用绳索捆住固定。下雨天，外面下大雨，屋里下小雨。干燥天气，就要防"熊"孩子。"小孩随时都有可能把房子

图 3-8 瑶族汉子蒙建祥

图 3-9　碧桂园扶贫队员与蒙建祥在一起

点着，我们小的时候家里就这么烧光过一次。"蒙建祥说。

原本日子就这样过下去，2018 年，牛场的出现，留住了蒙建祥打工的脚步。2018 年下半年，大化县发展"联建联养"肉牛养殖产业，统一建设养殖场，统一集中养殖，其中一个养殖场落在了蒙建祥所在的屯。

"我们世世代代哪里懂得养这么多牛？我们以前都是拿了秸秆直接喂牛的，现在青饲料要用机器切碎，大家奇怪得很。"蒙大哥很随和，讲起村民对养牛场的反应，笑声多多。

2018 年 11 月，"联建联养"扶贫车间建成，占地面积 600 平方米，总投资 25 万元。57 户农户参加扶贫车间，其中贫困户 51 户，养殖肉牛 80 头。

蒙大哥是十多年的老党员，成了扶贫车间的带头人，"党建引领，联建联养"，成了弄代屯的扶贫特色。

扶贫车间的基础设施和车间配套措施主要是利用村集体经济发展资金、扶贫资金、社会帮扶资金投入建设。牛犊成本和销售采用"先养后付"办法，与企业签订供销协议，先领牛犊饲养，保价回收之后进行成本核算。运行费用和日常喂养上，按每户收取2000元作为初始期饲料费，由合作社统一管理使用（贫困户可用奖补资金抵消）。每户拿出1亩地来统一种植牧草，聘请1人作为固定管理员，再由每家农户每天派出1人轮流值日协助喂养。效益分配按户分红，每户的纯收入大约8000元。村集体投入建设扶贫车间参与经营分红。

养殖场采取统一进种、防疫、保险、喂养、销售等，有效解决了贫困群众养牛没有资金、没有场地、没有技术以及抵御市场风险弱的问题。投劳方式也使得参与农户能有其他时间外出务工或从事其他劳动创收，增收效益明显。

在此其中，碧桂园集团作为社会力量帮扶参与进来。这些年，广西壮族自治区工商联组织"万企帮万村"精准扶贫行动，牵线搭桥引进了一批知名民企参与广西精准扶贫行动，碧桂园集团是其中的一家。

碧桂园集团为村里找到专业牛犊公司与参与养殖的贫困群众签订养殖合同，确保牛犊公司为村里牛场提供牛犊、提供技术指导并保价回收成品牛，同时碧桂园捐赠40万元，给予每头牛犊2000元补助。

2019年初，弄代扶贫牛场第一批50头牛犊顺利进场，10个多月后，50头牛全部顺利出栏，扣除牛犊成本和养殖成本，最先参与养殖的25户建档立卡贫困户第一批获得分红，每户获得了1000～2000元的现金。这可把大家乐坏了。

看完牛场，我们出村，"85后"村民班勇的家就在村口，开着大门。蒙大哥说，因为瑶族村民长期不爱与外界交往，以前外面来了政府、企业的人，村民都爱躲。现在不同了，我们可以进去看看。

班勇的家是两层砖混小楼，水泥灰的外立面，屋里立面装饰了瓷砖，一张年画红彤彤。画面上，习近平总书记微笑着招手，两旁写着一副对子："脱贫致富不忘共产党，幸福生活感谢习主席"。

我们围着火盆聊天。班勇家4个孩子，家里6亩山田，以前主要靠外出打工养家。现在，班勇就在家门口打牛场的工。

"这一年，养牛加上其他，一年收入三四万元，生活可以的呀。""现在餐餐有肉，没有肉，吃不了饭。以前天天吃玉米杂粮粥，哪可能有肉？"班勇说。

"小康生活，在我们这里，就是餐餐有肉吃。"蒙大哥哈哈笑着，大家都笑了起来……

都安县地苏镇镇和村村民陆仕耀与蒙建祥年龄相仿，也干着同样一件事——养牛。不过，陆仕耀开的是家庭小养殖场，全部自己干。

2016年，陆仕耀的老伴得了尿毒症，好好的家因病致贫。

2020年12月25日上午，我们在他的牛场见到他。两只小牛没有被圈在栏里，也不怕人，干脆就围着我们转，陆大哥用一点草料，打发了它们。我们开玩笑说，这些牛犊就算他的纯利润了。

我们的攀谈常常被响亮的哞哞声打断。大大小小26头，一头牛，千余斤，每头卖2万元左右，他的GDP大约有40多万元。这些带毛喘气的，就是都安

图 3-10　陆仕耀在牛场

县发展"贷牛还牛"的贡献了。

每年能挣多少钱？陆大哥脸上的皱纹笑开了花，"不懂赚了多少。反正儿子结婚的话，卖三四头、四五头牛，我也没问题的啦。"陆大哥的老伴已经去世，儿子还没成家。要是为儿子结婚卖牛，他都不皱一下眉头，可见现如今的他有压箱底的底气，这些底气，就是这些带毛喘气的了。

2017 年，陆仕耀得到了一头扶贫牛，他自己买了 2 头，以 3 头牛起家，后来陆续买牛卖牛。目前，他手里有两种贷款方式，一是 2020 年得到的 5 万元小额扶贫信贷，二是都安县的免息牛羊贷。

过去，陆大哥 4 亩地种甘蔗、玉米，刨掉成本，每亩大约赚 1000 多元。

开了家庭牛场后，技术由企业、政府畜牧站负责，贷款有免息的牛羊贷和保险，牛棚基础设施以及养母牛有政府补贴，卖牛给企业还是现金回款。所以，养这些带毛喘气的，陆大哥基本不用愁，比种玉米、甘蔗赚钱强百倍。

如何节约饲养成本，陆大哥有自己的小九九。"青饲料，我地里自己种的，我还可以捡别人家的秸秆。牛粪都拉到地里做肥料，我要人家的玉米秸秆，人家可以要我的牛粪还田，互惠互利。"粗粗一看，这就是初级版本的农业循环经济了。

"小康是什么？就是生活过得去，有活儿干，吃得饱饭，自由自在。我没有什么文化，养牛这个事可以搞，我想搞大一点。"陆大哥腼腆地说。

### 2. 瑶山"牛司令"

都安县"贷牛还牛"模式，是由民营企业广西都安嘉豪实业有限公司（简称嘉豪公司）首创，2019 年，嘉豪公司董事长林杰获得全国脱贫攻坚创新奖。陆仕耀的牛场，就是"贷牛还牛"模式的最前端，农户是最早受益的一环。

2016 年 12 月，林杰注册资金 2 亿元，成立广西都安嘉豪实业有限公司，与政府合作，提出"贷牛还牛"扶贫产业发展模式：公司与贫困户、第一书记签署"贷牛还牛"三方协议，当贫困户养殖的肉牛达到出栏标准，由嘉豪公司统一回收。同时，公司聘用 300 多名贫困群众发展"粮改饲"种植。

都安县工商联的同志告诉我们，2019 年林杰获奖那年，公司已带动都安县 19 个乡镇 248 个行政村 2.4 万贫困户饲养肉牛 3.5 万头，培育发展肉牛养殖合作社 147 家，受益群众 8.7 万人，贫困户饲养一头牛每年可增收5000～8000 元。同时，吸收 50 个贫困村集体经济资金 2500 万元入股肉牛养殖产业，每年为村集体经济增收 5 万元以上。

2020 年 12 月 25 日中午时分，我们赶到群山怀抱中的嘉豪公司园区，早就错过了园区最繁忙的屠宰、进货、出货的时间点。冬日艳阳高照，厂区静悄悄的，屠宰车间里已经拾掇得干干净净，公司的销售实时大屏变幻着大数据，记录着公司牛肉产品的销售轨迹，林杰正忙着谈生意。

林杰被大家称为瑶山"牛司令"，其实，他是祖籍福建的福清人，现在的户籍落在都安，是都安县政协常委。

图 3-11　嘉豪公司的车队

林杰曾经在广西从事矿业数年，2015 年，脱贫攻坚战打响之后，当地领导找到了林杰。"领导问我，大石山区的脱贫攻坚，我们能不能做一点实事？能不能与农民产生互动？"林杰回忆说。

凭着闽商的商业敏感，林杰认为，都安大石山具有独特山地资源价值，发展高品质的生态农业大有作为。政企双方一拍即合，林杰就这样又留在了广西，为了表达决心，林杰索性把户口迁到了都安。

在都安百旺镇妙田村古言屯，嘉豪公司建设壮瑶养牛繁育养殖场，打造万头种牛养殖繁育基地。

都安县石山面积达 89%，19 个乡镇 253 个村（社区）72.6 万人，人均耕地不足 0.7 亩，排在国家挂牌督战的 52 个县的首位，是广西脱贫任务最重的贫困县。对于一个贫困县，要想吸引、留住资金，不仅靠情怀打动人，还得要打造更好的营商环境。

当地县委、县政府迅速行动，"园区三通一平、流转土地等等，政府做得很快，我们也跟得快，双方实现良性互动。剩下的，就是我们要做出来给农民看，农民看了好，他们才会跟我们互动。"林杰说。

发展过程中，林杰结合精准脱贫政策和地方实际，提出了"贷牛还牛"产业发展模式。该模式按照"政府扶持、企业牵头、农户代养、贷牛还牛、还牛再贷、滚动发展"方式运营。

嘉豪公司打造了"确定贫困户＋技术培训＋金融扶持＋修建牛舍＋政府投保＋帮扶干部跟踪＋政府保本、企业回收＋冷链加工、包装物流＋互联网营销＋滚动发展"的闭环产业链，形成持续循环发展模式。

正如千千万万参与"万企帮万村"的民营企业一样，嘉豪公司发挥着"带头大哥"的作用，挑起了帮助农户对接市场的大梁。

林杰说，企业搞的是一二三产融合，既搞好前端产能，也要塑造自己的品牌，提升产品含金量。"这才是持久的产业扶贫。"

下一步，脱贫攻坚对接乡村振兴，林杰表示："小康社会来了，人们对生活有了更高品质的需求。我们的国内市场足够大，关键是我们有没有高品质的产品供给。老少边穷地区，有这样好的生态，我们要用好，也要保护好。"

## 第五节　飘香的蘑菇小镇

北纬25度的中国，冬无严寒、夏无酷暑，雨量适中，为食用菌生长提供了理想的气候条件。黔西南布依族苗族自治州安龙县正好就在这条食用菌生长黄金地带上。近年来，安龙县食用菌产业迅猛发展，小小蘑菇撑出了产业扶贫一片天。

安龙县的"中国蘑菇小镇"缘起"蘑菇"，从2016年算起至2020年，这个易地移民安置区至少安置了万余人，成片的蘑菇大棚已经成为那里的家门口的产业。2020年8月下旬，我们探访了蘑菇小镇。

### 1. 小商会挑起大责任

安龙蘑菇小镇是安龙县城市建设的一个重要组成部分和易地扶贫搬迁的主要安置点之一。小镇由贵州中福实业股份有限公司承建，总投资7.38亿元，该项目位于贵州省黔西南州安龙县栖凤街道办平寨村，占地面积24.91万平方

图 3-12　安龙县蘑菇小镇

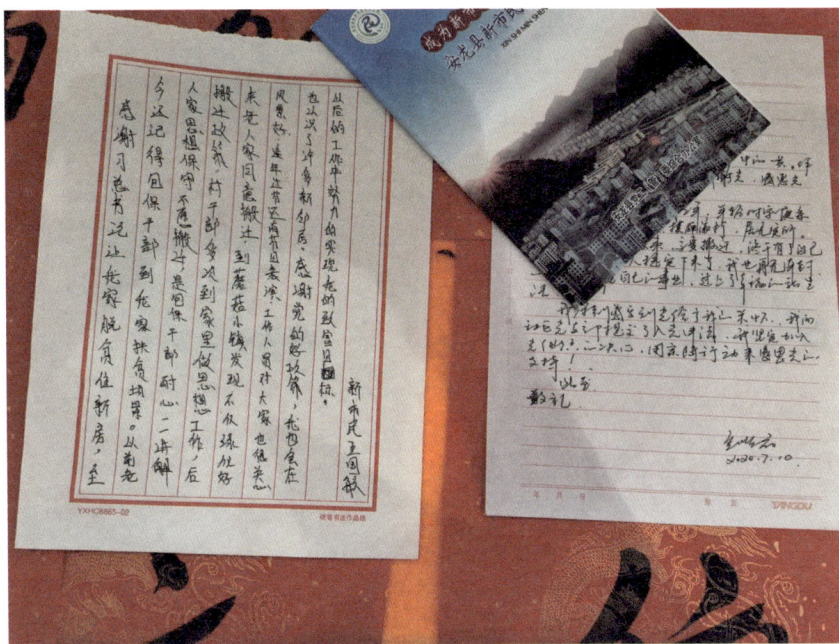

图 3-13　蘑菇小镇居民的感谢信

米，建筑面积 22.62 万平方米，规划建设安置房 2202 套。2018 年，安置房项目建设全部完成，安置易地搬迁的移民 1 万余人。

安龙蘑菇小镇项目，还是黔西南州"千企帮千村"精准扶贫行动的样本。2019 年，其核心企业——贵州景地生物科技有限公司荣获贵州省"千企帮千村"精准扶贫行动先进民营企业表彰；11 月，新晋第六批农业产业化国家级重点龙头企业。公司还取得了无公害产地认证和有机产品认证，是粤港澳大湾区"菜篮子"生产基地。

易地扶贫搬迁，从短期看，要解决搬迁居住的房子问题，而从长远看，更需要解决搬迁之后的就业岗位。安龙蘑菇小镇，恰恰是把搬迁与当地的特色产业综合考虑，运用市场的力量来弥补政府投入的不足。因为商会、民营企业的参与，这个项目展现出更为典型的产融结合特点，谱写了一个易地扶贫搬迁"搬得进稳得住"的安龙样本。

2016 年，经州工商联引荐，黔西南州福建商会与安龙县政府签订脱贫攻坚战略合作协议，商会以商会骨干会员单位为主体，组建贵州中福实业股份有限公司，计划投资 25 亿元，建设安龙蘑菇小镇。

"闽商在黔西南发展多年，已经把这里当成'第二故乡'。建设家乡，责无旁贷。"2020 年 8 月 23 日，黔西南州福建商会会长、景地集团总裁陈才旺对我们说。

为加快"中国蘑菇小镇"建设，黔西南州福建商会会长单位、景地集团注册成立了"贵州景地生物科技有限公司"，进驻安龙蘑菇小镇。公司生产加工园区占地 260 亩，规划总投资 3.15 亿元，2020 年，公司已完成投资 9000 万元，建成年产 5000 万包超大型菌包生产车间、深加工车间等；建成生产栽培大棚 253 座；拥有种植大棚 600 多座，未来将建设种植大棚 2000 座等生产加工设施及配套设施。该园区已成为贵州省最大的食用菌种植基地之一。

### 2. 家门口的产业

8 月，出夏菇。安龙的蘑菇以夏菇出名。平寨村村民金剑的蘑菇大棚就在景地生物科技边上，已经开始收割香菇。胖嘟嘟的香菇钻出菌棒，像小伞，也

图 3-14　蘑菇小镇的蘑菇加工厂

图 3-15　金剑带着孙子孙女采蘑菇

像孩子攥着的小拳头。

8 月 23 日下午 3 点多，50 多岁的金剑一边收香菇，一边跟我们聊。金剑是在 5 月第一次包了两个蘑菇大棚。"我以前打建筑零工，年纪大了，人家也不要我了。回来种蘑菇，带孙子。"说话间，金剑的孙子、孙女拎着小桶凑了过来，小桶里已经盛了小半桶香菇。

在安龙种蘑菇能够两年种三茬，还没到算总账的时候，但金剑心里已经盘算过，不出岔子的话，这两个棚 4 万元应该没问题。他告诉我们，企业是保底收购的，也有一些政府的补贴，"我们两个老的平时也管得过来。实在收不过来，还可以请人收。请人每小时 10 块钱。"

出岔子的情况概率比较小。在老金的棚里，还有个姑娘，一打听，原来是企业的人在巡棚，"我们有专门的技术指导。因为离得近，我们还要每天巡视，特别是对新的农户。技术上还是很有保障的。"

金剑的大棚对面，是景地生物的厂房，剪菇车间里，大约有十多个上了岁

73

图 3-16　蘑菇小镇的居民在加工厂干活

数的人围着工作台剪菇脚，与金剑同村的 80 岁布依族罗庭芬大妈也在其中，剪刀哒哒作响。

"大妈叫什么名字啊?"我们问她。

"问名字干吗?"罗庭芬反问道。

"给你发工资呀!"一位企业负责人开玩笑地对她说。

说到发工资，罗大妈的脸上显出了兴奋劲儿。这位负责人对我们说，这些老人剪菇脚十分麻利，每天能拿到 60~80 元。

在蘑菇小镇参与蘑菇产业，是金剑和罗大妈的日常。现在，这也是许多蘑菇小镇居民的日常。

陈才旺说："许多人在外打工，如果不想干了想回乡，家门口的蘑菇产业都会给他们留就业岗位，算是有了条就业'安全带'吧!"

一边是田间地头，一边是市场。农户生产有保障了，企业的销售又如何呢?据介绍，景地生物科技对蘑菇的开发是立体的。企业对香菇分级收购，分级售卖。公司不仅有大宗的初级加工品批发，景地生物科技还在研发新的菌类、蔬菜瓜果类的即食零食产品。公司生产的"香菇脆"小零食，在互联网上已经成新型"网红"小零食，出货量很大。

### 3. 利益分配机制以农为先

景地生物科技公司采用"龙头企业＋基地＋合作社＋新市民"的运营模式和安龙县的"1210"脱贫模式。针对搬迁移民的新市民，该公司执行的是零门槛入棚种植，公司保技术培训、保产品回收、保底收购；针对贫困户，执行"1210"模式，即1户贫困户到园区种植2个食用菌大棚，1年实现10万元收入。

利益分配是农户最关注的问题。景地生物科技有关负责人介绍，公司充分兼顾企业、合作社、农户的利益，制定了合理的收益分配机制。

一是通过生产购销合同方式，对食用菌生产合作社实行绩效考评，依照考评结果兑现合作社收益；二是订单式生产、保护价收购，充分保障食用菌种植农户的利益；三是依照实际投资额和使用年限，合理制定食用菌生产大棚租金，让租赁农户有利可图；四是公司每年拿出食用菌产业生产经营纯利润的10％作为扶贫基金，按年一次性分配给当地建档立卡贫困户，户均1000元。

2018年，企业兑现合作社收益30万元，香菇收购保护价9元/公斤（比市场价多1元），食用菌大棚租金1000元/个（无偿提供菌棒），拿出当年食用菌产业生产经营纯利润的10％共计39万元、一次性分配给当地建档立卡贫困户，户均1000元，享受收益分配贫困户390户，为公司带动菇农支付贷款利息40.97万元。

截至2019年12月，公司食用菌产业直接带动安龙县栖凤街道办、招堤街道办、钱相街道办、木咱镇等地的食用菌大棚栽培生产349亩，带动农户381户（其中建档立卡贫困户、易地扶贫搬迁户200余户），年生产鲜菇524万公斤，年产值8030万元，户均收入10万元，直接或间接解决就业3000多人。

# 第四章　有尊严地工作　更体面地脱贫

　　人民群众对幸福生活的向往，是推进脱贫攻坚战强劲的动力。虽然致贫的原因多种多样，但有了这种动力，贫困群众的努力与企业的帮扶将更"合拍"，更有成效！就业扶贫，就是让贫困群众靠自己辛勤劳动来脱贫，体面地脱贫，体面地走向幸福生活！

　　就业，事关百姓生计、饭碗，就是最大的民生。

　　习近平总书记说："一人就业，全家脱贫，增加就业是最有效最直接的脱贫方式""要加大就业扶贫力度。"

　　就业扶贫，给予贫困群众一个通过自身努力而达到脱贫目的的机会。结合产业扶贫，许多民营企业响应国家号召，同时开展了针对贫困人口的就业扶贫。

## 第一节　扶贫车间的女工

　　贫困人群都有各自的难。他们当中的农村"386199"部队，"38"所代表的女性群体或许更是难上加难。"61"所代表的留守儿童群体、"99"所代表的农村老人群体，绝大多数需要依靠她们支撑。她们为老人尽孝，膝下照看孩子，默默支撑家庭。她们就像土地，用尽生命最大的力量，默默地滋养、包容、养育着土地上的一草一木。

　　给她们提供就业岗位，这是我们在民企扶贫当中最为关注的地方。事实上，许多民企为农村留守妇女提供工作岗位，让她们有机会获得一份安心的收入，这些年来，已是一个较为普遍的态势。

2017 年 7 月，我来到宁夏回族自治区银川市，在银川滨河新区山东如意集团的扶贫车间，两位回族大姐——撒世兰和阿西娅的经历，让我看到"38"部队的新希望。

那年的撒世兰才 31 岁，眉清目秀，很腼腆。她是 3 个女孩的母亲，其中一个女孩患有先天性心脏病，她的丈夫患胆结石、肿瘤，家中还有半身不遂的婆婆以及 70 多岁的公公，一个脑瘤的小叔子也跟他们生活在一起。

7 月 10 日中午时分，在宁夏如意工业园清真餐厅的水吧，我第一次见到撒世兰。

撒世兰一看就是那种善良、心灵手巧的人。只见她麻利地灌装饮料，码放饮料，看到我们，微微一笑。午饭时间，她有一个半小时的时间在水吧工作，每月能拿到 600 元补贴。加上工资，她每月有 3600 元的收入。一年下来，她至少有 4 万元的收入。

图 4-1　如意集团宁夏如意工业园的扶贫生产线

进工厂之前，她只是务农、做家务，并没有什么收入。给她提供这样机会的，是如意集团。这家总部位于山东济宁的企业是全球知名的创新型技术纺织服装制造企业，2013年以来，积极响应西部大开发和东西部扶贫协作战略号召，投资200多亿元，赴宁夏回族自治区投资兴业，形成了贺兰园区、综保区和滨河新区三大产业园区。

撒大姐所在的园区是该公司的宁夏银川滨河新区。2016年8月28日投产的银川滨河如意服装一厂，那时已有1200多名员工在岗上班，当时的园区全部建成后，可解决当地3.3万多人的就业问题。

撒世兰、阿里娅的老家都在宁夏贫困的农村，受益于国家的生态移民搬迁政策，她们搬出了老家。

撒世兰是银川市月牙湖乡塘南村的移民人家，因为是移民村，村里产业不强。听说有企业招工，撒世兰很想报名，但家里人不太同意，觉得她照顾家庭就够了。

图4-2　撒世兰在水吧

撒世兰趁着放羊割草的时候，把草筐放在工厂附近，偷偷跑到企业报了名。接到了录取通知，性子温和的撒世兰才斗胆告诉家里人。最终，经过家庭内部一番折腾，撒世兰迈出了打工这一步。

撒世兰在车间里干上了服装锁边、车边的工种。考虑到她家的困难，公司还安排她在公司的临时性公益岗位"水吧"上干活，可以拿到一份补贴。撒世兰每天晚6点下班回家再操持家务，日子过得更加忙碌了。

撒世兰的同事说，她的女儿做先天性心脏病手术那天，大姐没有告诉任何人，一个人躲进卫生间里哭。孩子手术很成功，事后同事问她为什么不请假？撒世兰却说："现在熟练工不多，我还带了两个人，我走了这个工序就断了，我得有责任心啊！"

2016年春节，企业走访贫困员工来到了撒世兰家。一位公司员工向我们转述了当时的情形。她家老人抓着企业领导的手说，"这个企业真的好啊！以前，亲戚都绕着我们走……"

如果不是移民搬迁，那个叫阿里娅的回族小姑娘可能会跟撒世兰一样，早早成了孩子妈。

阿里娅的汉名叫杨小琴，家境极其糟糕。

杨小琴的老家在宁夏南部山区。她说："黄土地干旱多，雨水少。天不下雨，麦苗干死的多，活着的少。有时好不容易等来秋收，一场冰雹，田里就基本颗粒无收了。我永远也忘不了，冰雹过后，母亲跪倒在田边放声痛哭的情景，母亲不停地哭，我不停地劝，到最后自己也绝望了。"

幸好，自治区政府加大南部山区生态移民建设，杨小琴一家易地搬迁。搬出深山，给了杨小琴希望。她不想早早结婚，万般无奈之下，投奔了在银川打工的远房姑姑。来到了大城市，可是打工并没有想象中的那么好，工资常常不能按时拿，小姑娘开始想家了。

随着政府逐步推进解决移民就业问题，宁夏引来了如意服装有限公司落户滨河新区。杨小琴回乡后成了如意集团的员工。

"一点不夸张地说，如意集团是我以往连做梦也没能想到的地方。我在这里学习技能，学习如意文化，结识了一批积极上进的朋友。我开始给自己设定目标，开始努力丰富知识，开始提高自身的综合素质。"杨小琴说。

当时的公司党委书记牛家珍对我说："你不知道这些贫困群众有多珍惜这样的就业机会。因为珍惜，他们工作都很拼，这样干下去，脱贫是指日可待的事情。"

牛家珍讲述了一个他经历过的小故事。

为了方便员工上下班，公司购买了一些大巴作为班车接送回家住宿的员工上下班。班车开通初期，牛家珍带车考察线路，有一次，路上遇到一个人。

"冬天天亮得晚，我们突然看到前方有人拖着一根大树枝在走。上前一问，居然是我们如意的员工！她说怕迟到了，因为天黑视线不好，她怕来车看不到她，拖着树枝能让自己的目标大一点，动静大一点，也就安全一点。"

"当时，我把她带上车，心里真的很感动。如果条件允许，我们企业会多设一些班车站点，让我们的员工少走点路。"

人民群众对幸福生活的向往，是推进脱贫攻坚战强劲动力。虽然致贫的原因多种多样，但有了这种动力，贫困群众的努力与企业的帮扶将更"合拍"，更有成效！就业扶贫，就是让贫困群众靠自己辛勤劳动来脱贫，体面地脱贫，体面地走向幸福生活！

贫困女性群体脱贫，在中国取得了举世瞩目的成就。2020 年 12 月，国家统计局发布《中国妇女发展纲要（2011—2020 年）》统计监测报告显示，农村妇女贫困程度明显降低。按照每人每年 2300 元（2010 年不变价）的农村贫困标准计算，2019 年末全国农村贫困人口为 551 万人，比 2010 年减少 1.6 亿人，其中约一半为女性；贫困发生率为 0.6%，比 2010 年降低 16.6 个百分点，贫困发生率没有明显的性别差异。

1. 从工厂的"扶贫线"到田野上的"扶贫车间"

在企业发展的同时，如何更加精准地体现企业的扶贫情怀？山东如意集团宁夏园区的实践让人印象深刻。

如意集团把企业最先进的国际大数据服装生产线设在了那里。在庞大、宽敞的吊挂线生产线车间，37 岁的虎雪苹与我们聊了几句。

"家是从彭阳县移民过来的，以前在家带娃。现在坐公司的班车上下班。

企业免费培训了 3 个月,现在拿实习工资 1900 元,转正后能拿 2500 元以上。"虎雪苹很开朗,高兴地对我说,看得出,她对现在的情况很满意。

牛家珍介绍,公司开展的技能培训全部免费。除了老员工带新员工的就近培训,公司组织员工到如意集团成熟的产业基地开展培训。公司还与西安工程大学等国内高校联合成立如意时尚学院,提升员工的学历水平,未来还将面向社会招生。对学生不光免除学费、杂费、住宿费等,而且学生入学即入职,入职即有收入。同时,公司对于特别困难职工建立困难职工档案,将补助额度增加 10% 以上。

针对一些家庭贫困的员工文化水平较低、对关联工序学习较慢的特点,公司开展专项技能培训,特地把这些员工集中安排在工序较为简单的生产线岗位上,简称"扶贫线"。为了减少返工率,公司目前开展合肩缝、临缝领口、烫串口等培训指导 40 余类,邀请相关专家、老师为"扶贫线"员工开展培训指导 60 余次。跟撒世兰差不多,"扶贫线"的员工 180 人,人均年收入可达 4.4 万元左右。

如意集团的这个"扶贫车间"成了农村"抢手货"。这是针对留守妇女的扶贫措施。服装企业生产线上产品有一些简单工序还是需要人工处理,例如整理衣服线头等。这些简单的工作只要细心,一般人都可以完成。

宁夏如意园区把这样的工序单独拿出来,直接送到村子里,交给村里留守妇女来手工完成,按件计费,既不耽误她们回家做饭、照顾家庭,还能增加收入,此外,大家聚在一起,还能够和谐邻里关系。

在银川市月牙湖乡塘南村,我见到了宁夏如意另一个"扶贫车间"。

村部的活动室成了"扶贫车间"。50 多个大姐、大嫂穿着如意集团的蓝色工装 T 恤、戴着纺织女工淡紫色的帽子,看到我们,大家都不说话,埋头清理手中的活计,有人偶尔抬起头来,眼神很是活泼。

"平时她们热闹着呢!"村支书冯秀笑着说。

塘南村 3000 多人,有留守人员 600 多人。塘南村的这个"扶贫车间"一共 50 多人,其中有 16 个是村里建档立卡户。

37 岁的罗成花是海原县的移民、车间里的"巧手",一天最多能干出 120

图 4-3　银川市月牙湖乡塘南村的扶贫车间

件合格的活儿。处理一件上衣 1 元，一条裤装 0.7 元，她靠这个每月能赚到 2000 元左右。

冯秀说，大伙儿基本能完成企业要求的最低量。

在月牙湖乡滨河家园，村支书安振平介绍，滨河家园共有 5 个村，村民 862 户，其中建档立卡户 440 户共 1843 人。村上已把村部的房产腾出来，准备开"扶贫车间"。"房子出租每年有两万元租金，我们不出租了，拿来为大家做做好事。"

月牙湖乡的乡干部王丹说，贫困群众不用投入，没有经济负担，群众比较欢迎这种方式。月牙湖乡有 12 个村，现在村村都想建这样的"扶贫车间"。

"扶贫车间"让群众在家门口就业，满足了贫困户"挣钱顾家两不误"的需求。在企业方面，企业"招工难、用工贵"的难题也得到缓解。

在月牙湖乡、通贵乡等精准扶贫移民区内，企业当时已建设扶贫车间 3 个，员工 100 余人，其中建档立卡贫困人口 86 人。

### 2. 党建是扶贫车间的"好搭档"

在塘南村，牛家珍见到村支书冯秀，话就更多了些。"我们是结对党支部。很多事情大家商量着办，是好搭档。"

"村民与企业之间有时产生不愉快的鸡毛蒜皮的事，都是村上的党支部出面协调解决的。"牛家珍说。

党建，在协调处理好地方政企关系、群众关系上发挥了重要作用。这一举措让精准扶贫更加精准地让贫困群众优先受益，也在稳定企业的地方员工队伍上增添了凝聚力。

据了解，通过企业党委（支部）与镇村党委（支部）联合共建，公司准确摸清当地劳动力资源的底数，精准招工、合理用工、科学管理，实现员工队伍稳得住、能干好、能致富的目标。

为进一步加强跟踪管理，宁夏如意公司服装厂的党支部与当地马莲乡东洼村、通贵乡通南村等 5 个村的党支部建立联合党支部，由地方乡镇党委和如意工业园企业党委共建共管，定期分析形势，"一人一事"地做好职工思想工作。

王丹介绍，月牙湖乡政府与如意服装公司结成了政企共建对子。"七一"的时候，双方共同开展主题党日活动，表彰企业劳动能手。

"党建，不仅保障企业正确的政治方向，同时也是我们提升精准扶贫科学管理水平的重要措施！"牛家珍说。

### 3. "扶贫车间"火了

不仅在宁夏，在许多脱贫任务重的贫困县、贫困村，民营企业开辟的扶贫车间成为"万企帮万村"精准扶贫行动涌现出来的新气象。

3 个月之后的 2017 年 11 月 3 日，全国工商联、国务院扶贫办、中国光彩事业促进会、中国农业发展银行在山东菏泽召开全国"万企帮万村"扶贫车间座谈会，专题探讨"万企帮万村"扶贫车间新趋势。

与会同志实地考察观摩了山东省鄄城县、郓城县的 6 个扶贫车间，菏泽市、台前县、同心县、鄄城县工商联，台前县打渔陈镇奥玺诺服装厂，上犹县众鑫电子有限公司等 6 个单位做了交流发言。15 个省（区）工商联、扶贫办、光彩会、农发行分管同志及企业家代表近 200 人参加了会议。

选择在山东菏泽召开这次会议，是因为那里的"小窝棚"藏着"扶贫车间"的奥秘。

2015 年 11 月，菏泽市在鄄城县董口镇代堂村调研时发现，村里有 7 处群众自发利用闲置房屋或搭建简易帐篷的"小窝棚"，加工人发制品，直接安置贫困群众就业，使他们有了稳定的收入来源。

原来，鄄城县农村群众一直有从事发制品、条柳编、鲁锦等家庭手工业加工传统，除此之外，一些在鄄城县工业园区的加工企业在用工难、用工贵的形势下，也开始在乡村设立加工点，把一些技能要求不高的简单工序下放到农村。

看到了"小窝棚"给困难群众带来的益处，菏泽市委、市政府决定，指导鄄城县因势利导，发动县直单位和企业，为每个村至少建设一个扶贫车间，激发贫困群众内生动力，让贫困群众在家门口打工挣钱、实现脱贫。

当时菏泽市已建成扶贫车间 2826 个，其中企业捐建援建 358 个，在建 1486 个，年底可建成使用 4312 个，实现全面覆盖有条件的村，直接安置和带动 235245 名群众在家门口就业，使 57685 名群众脱贫。

扶贫车间是什么？就是立足当地贫困群众的实际状况，将产业链条延伸到乡村，把一些技能要求不高的简单工序放到农村，组织不便外出打工的贫困人口利用农闲时间到就业扶贫车间进行生产加工，这是让困难群众实现"一人就业，全家脱贫"的好渠道，是将产业引入乡村的又一条好渠道。

扶贫车间起源于群众创造。困难群众可以脱贫，企业降低成本，而村集体也因扶贫车间的落地而有了积累。扶贫车间实现了多赢的局面，这是众人拾柴火焰高的结果。

将扶贫车间的扶贫受益面放大，得益于政府正确引导。许多地方政府主导扶贫车间建成，为扶贫车间统筹资金并提供税收、招工、用水用电等方面的优惠。

在山东省菏泽市，对安置贫困人口较多的企业给予一定的岗位补贴和培训补贴，并由金融机构给予扶贫再贷款支持；还建起了扶贫车间管理平台，与110、119、120等服务平台联动，扶贫车间全部安装视频监控探头，实现了对车间的经营项目、管理维护、医疗保障、劳动保护、工作环境等重点监督。在河南省台前县，县政府列支3000万元作为风险担保基金，注入信贷合作银行，给予入驻扶贫车间企业免抵押、免担保、低利率的信贷扶持，为参与扶贫车间的民营企业吃了"定心丸"。

企业积极响应党委、政府号召，积极参与社会扶贫，将生产流程中粗加工、手工艺加工等对技术水平、操作环境要求较低的生产环节安置在扶贫车间，还根据贫困群众的实际情况进一步细化车间模式。

在群众方面，困难群众充分认可扶贫车间，凭自己的劳动实现脱贫增收，真正激发出了贫困群众脱贫增收的内生动力。

政府部门有诚意，民营企业有实力，贫困群众有干劲。"群众赢、企业赢、产业赢、政府赢"的多赢局面从此形成。

## 第二节　红水河边的"小确幸"

由提供一个岗位到提供一种创业的可能性，支持贫困群众通过自己的劳动创造美好生活。脱贫攻坚这些年，许多民营企业在做这件好事。

2020年12月22—28日，我们与广西壮族自治区工商联的同志前往广西的马山县、大化瑶族自治县、都安瑶族自治县、南丹县、环江毛南族自治县等地，实地考察了广西开展"万企帮万村"精准扶贫行动的情况。

红水河蜿蜒穿过广西境内，被誉为广西的母亲河。虽然叫红水河，其实只是在涨水期泛红，大多数的时候，红水河恰如翡翠一般澄碧，与两岸的喀斯特高峰丛深洼地相应成景。虽然俨然世外桃源，然而，也正因为喀斯特地貌的自然条件，那里就是典型的"美丽的贫困"，集"老、少、边、山、穷、库"于一身，是"十三五"期间全国脱贫攻坚的主战场之一。

广西壮族自治区集"老、少、边、山、穷、库"于一身，是"十三五"期间全国脱贫攻坚的主战场之一。2015年底，全区有建档立卡贫困人口452万人，排全国第 3 位，贫困发生率 10.5％；有 5379 个贫困村、54 个贫困县。2016—2019 年，全区累计实现 450 万建档立卡贫困人口脱贫，贫困发生率从 10.5％下降到 0.6％。

山险、自然灾害多、地薄、交通不便。一方水土养不活一方人，这是广西大山深处最常见的情况。产业没有发展起来，是贫困地区农村的一种无奈。为了谋生，许多人选择外出打工，孩子、生病的家人、年纪过大的老人就留守在山里。如果在外的打工人不幸出一点伤病，那么，那个靠打工收入支撑的家庭就极有可能迅速返贫。

全国脱贫攻坚战打响之后，这样的无奈正在发生变化，工商资本走进农村，当地政府积极配合，农村的打工人就近在家门口就业，一切，都活泛了起来。

### 1. 徐林妹和韦淋江的梦想

这些年，广西通过东西部扶贫协作机制招商引资，许多劳动密集型企业从东部或者经济发达地区转移到了广西，广西丰富的劳动力得以就地就业，留住了乡愁，更带来了和谐和对美好生活更多的向往。

我们从马山县徐林妹、大化县的韦淋江身上，深刻地感受到了许多变化。

2020 年 12 月 22 日下午，我们走进马山县苏博工业园区广西博禄德电子有限公司的扶贫车间。这个企业的落户，直接为当地创造了 900 多个工作岗位。

成立于 2016 年底的广西博禄德电子有限公司来自宁波，给华为、小米、三星等做配套的手机数据线。在这方面，它的体量可以排到全球第三。

因为要打开欧美市场，为了应对贸易壁垒，博禄德利用越南的有利条件在越南设厂。"那里只是加工，没有配套的产业链，还需要我们国内的来配套。"广西博禄德电子有限公司总经理胡静说。

马山县是博禄德看好的产业链配套点。在胡静看来，那里产业配套半径合适，人力资源相对丰富，虽然马山在当时还是贫困县，但如果企业谋求上市的话，在马山倒是可以享受一定的政策支持。

企业对马山定位比较高，计划把宁波的总部迁移到马山，2020 年，企业就实现了总部的理论迁移。总之，是一副要大干一场的态势。

博禄德把国内的产业链也招到马山。亚大科技是博禄德的上游企业，2019年5月，亚大科技与马山县签约入驻园区，产值已经做到了亿元。

在东西部扶贫协作机制下，当地政府把博禄德安置在距离移民搬迁点很近的苏博工业园，也给予博禄德等企业很大的支持。例如招工，胡静说，政府宣传都入了村，企业不愁人手。目前，企业99%是本地员工，其中大约有建档立卡户240户。

胡静还介绍说，因为行业的特点，企业分段作业，其实只要识字、手脚灵活，通过企业成熟的培训体系，3天就可以上岗，农村人力资源可以很快适应。企业的保底工资在2700元左右，按计件算，一般可以拿到3000多元，技术含量高的，最高能有8000元。

2020年的新冠肺炎疫情，企业受到的冲击小，招工反而容易。"去不了广东打工，有人就会权衡得失，在家门口就业，也是一个好办法。"胡静说。

相对于广东地区的高工资，马山这里的工资收入算不了什么。然而，往返粤桂的路费、工作和生活的花销都不小，干一年下来，其实在马山就业更划算。

40岁的徐林妹，马山县周鹿镇南邦村人，初中文化，是生产线上的组长。徐林妹是两度进厂，现在，她在厂子里安稳了下来。

以前，徐林妹夫妻一直在广东打工，因为孩子、老人的原因，2017年徐林妹回乡进入博禄德。她说，当时厂里只有几十个人，没多久，因为家里出了点状况，她不得已辞职。2018年，徐林妹又进了厂。"最初，我是一般员工，二次进厂，因为有行业经验，我竞争了管理岗位。"徐林妹看上去十分沉稳，谈吐颇有条理。

现在，徐林妹的工资大约有三四千元。因为是贫困县，徐林妹两个孩子上学、吃饭、住宿基本不花钱。"厂里还包两餐。我进厂那年，全家就脱贫了！"徐林妹高兴地说。

不用再来回奔波外出打工，徐林妹说，要更加努力工作，不能丢了工作。"我希望家里人健康，小孩子听话一点，读书好一点，老人没大病。"

"多做工，少吵架。"徐林妹最后补充了一句。我们猜，或许因为打工，家庭里闹过矛盾。徐林妹对记者微微一笑，点了点头。我们猜对了。

图 4-4　徐林妹在指导生产线员工

大化县 36 岁的韦淋江是因为老父亲病重而回乡的。之前，他也跟徐林妹一样到广东打工养家。

在大化县乡村振兴建设项目(一期)农民工创业园大化铭顺防护制品有限公司的车间，缝纫机的嗡嗡声里，偶尔夹着尖锐的电钻声。原来，公司才新搬进新厂房不久，还在装修办公区，但生产线并没有停工。我们见到在那里工作的韦淋江。

韦淋江初中毕业，黑黑瘦瘦的，不太爱说话，是两个孩子的父亲。19 岁时，他就在广东的电子厂打工。

"老家很'山'(就是山沟沟的意思)，家里有七八分地种玉米。我们搬到了达吓小镇，新房 109 平方米。生活方便多了。"

因为刚来企业才几个月，小韦一个月 3000 元左右。他刚拿到了水电工等级证。小韦是在河池技校培训 22 天拿到的证，据说是由政府出钱培训。"有证就更好找工作。"公司经理夏浩说。

"你觉得要挣多少，才算小康?"我们问。

"大概挣七八万吧。"

"我们以前没钱读书。我一个姐姐小学毕业，妹妹初中毕业。我希望挣够钱供孩子读大学。"韦淋江说。

大化铭顺防护制品有限公司是 2017 年粤桂扶贫合作机制引进的广东企业。政府引进的目的主要是吸纳搬迁群众和返乡农民工就业，提供就业岗位。

像韦淋江居住的达吽小镇，就是大化县规模最大的移民安置点，安置点的搬迁群众达一万多人。"达吽"，是"红水河"的壮语音译。小镇依河而建，我们夜间路过那里，沿街商铺、酒店的店招彩灯闪亮、五光十色，仿古牌楼在彩灯映衬下金碧辉煌，夜景甚是好看。

把产业转移与脱贫攻坚相结合，是当地政府的重要措施。既要让移民安得下家，还要让他们乐得了业。

产业转移能落地，有一个关键因素是营商环境。"当时我们来的时候才三个人，基本靠政府部门帮我们招工。人、厂房、水电、融资等，政府要管的事确实多啊！"夏浩说。

据说，大化县投资 5.71 亿元建成大化农民工创业园，园区内设有创业孵化区、仓储物流园区和劳动密集型产业厂房区。目前，创业园孵化基地片区已与 55 家小微劳动密集型企业签订入园协议，其中已正式开工投产 42 家，园区内就业人数超过 500 人，吸纳农民工 359 人；园区企业向各乡镇发包订单，带动了 1413 人就业，带动贫困户 106 人就业。

一人就业，全家脱贫；多一人就业，家庭更多了一份安稳和幸福。民营企业与群众共享发展的红利，利国利民。

### 2. 就业培训让每个人都有人生出彩的可能

就业是民生之本，教育是民生之基，职业教育是提高困难群众就业技能、确保稳定脱贫的有效途径。习近平总书记指出，要加大对农村地区、民族地区、贫困地区职业教育支持力度，努力让每个人都有人生出彩的机会。

早在 1994 年 4 月，10 位民营企业家发起《让我们投身到扶贫的光彩事业中来》的倡议，发出了"到 20 世纪末培训 7000 人才"的宏愿。教给贫困群众一技之长，帮他们靠技术端稳幸福生活的饭碗。

这项宏伟的事业延续至今，已经成为许多参与脱贫攻坚的民营企业的重要扶贫措施。截至 2020 年 11 月底，来自全国工商联的统计，参与"万企帮万村"的民营企业对 129 万人进行了技能培训。

2020 年 12 月，我们在红水河边的广西大化县参观了碧桂园三大培训工程实训基地。

2017 年至 2019 年间，碧桂园集团投入 3000 万元，相继在广西的田阳、田东、巴马和大化四县开展"三大培训工程"，即"广东技工""粤菜师傅"和"南粤家政"培训工程。截至目前，碧桂园技能培训精准扶贫项目在广西区内已开班 238 期 430 个班，有 19658 名农村劳动力参加培训，其中建档立卡户 5913 人，有 13548 人已取得职业资格证，实现就业 10153 人，月工资在 2500 元至 10000 元不等。

碧桂园集团广西片区扶贫负责人秦泽明告诉大家，每次培训 120 课时、大约 30 天。

企业扶贫队员在大化的早餐打卡点，是由培训班的学员开的。我们在基地听到了覃敢的故事。

建档立卡户覃敢、黄美凤家住大化县岩滩镇下皇村那虽屯。覃敢家中四兄弟，行三，有两个孩子，一个上初三，一个上小学，家里还有两老。

覃敢的家庭是广西农村很典型的传统家庭：夫妻在广东务工，小孩由爷爷奶奶照看，家庭收入全靠夫妻打工的收入。

2020 年春节，新冠肺炎疫情暴发，夫妻俩外出打工的心思就没了，覃敢想到了创业。6 月，覃敢拿出 2 万元积蓄在县城租了铺面，"三家客汤粉店"开张。其实，覃敢是硬着头皮开的店，两个人手艺不怎样，他们心里真没有底。

转折点也在 6 月。夫妻两人听说碧桂园集团的培训是全免费的，决定报名试试。

"他们能吃苦，又有改变命运的愿望，所以很快就有收获。"秦泽明说。

覃敢一边开店，一边上培训的晚课，慢慢地，手艺变好了，迎来不少回头客，也成了碧桂园扶贫队员早餐打卡点。

秦泽明说，有 10 多个学员在城里经营餐饮店。截至 2020 年底，碧桂园已在大化县开展培训班13期35个班，有2325名农村劳动力参加，其中贫困户697人；获证人数2073人，贫困户623人，就业人数1628人，贫困户就业人数488人。

## 第三节　"融合用工"：残疾人一个也不能少

"全面建成小康社会，残疾人一个也不能少。"在湖南安邦制药有限公司（以下简称"安邦制药"）董事长陈飞豹看来，要保障残障人士的生存权、发展权，让他们有尊严地共享改革开放成果；具备条件的企业，可以探索为残障人士提供就业岗位，为脱贫攻坚战释放企业的家国情怀。

自2010年以来，安邦制药坚持"融合用工"模式，支持残障人士与健全人一起就业，同工同酬。2013年，湖南省残联向国际劳工组织推荐了安邦制药，安邦制药融合用工案例被写进国际劳工组织融合用工案例集。2018年7月31日，安邦制药成为国际劳工组织全球商业与残障网络中国分支（GBDN-China）的中国创始成员之一。

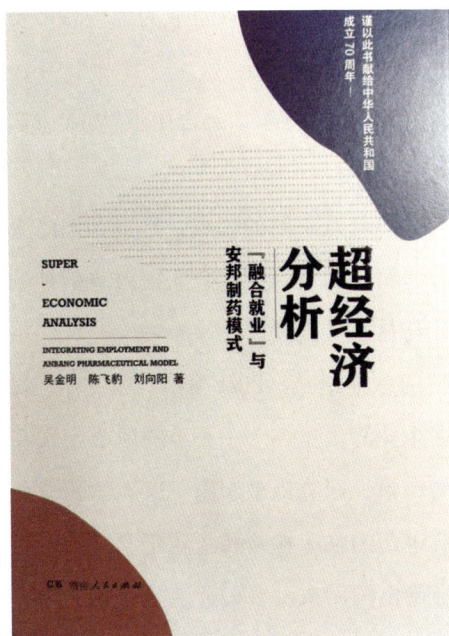

图4-5　《超经济分析》样书

2018年11月，我们拜访安邦制药，透过安邦制药的那些特殊员工的故事看"融合用工"，看那些特殊的兄弟姐妹如何有尊严、有自信地生产、生活。

2021年9月，我们在长沙回访了陈飞豹。陈飞豹赠给我们一本他的新书《超经济分析——"融合就业"与安邦制药模式》，全面解读残障人士就业模式。

书中写道：由于"市场先生"在残障人士就业领域的"失灵"和社会"歧视"等原因，市场供求理论难以诠释残障特殊人力资源的有效配置。所以，本书的研究建立在马克思的劳动价值论基础之上，与主流经济学研究"经济学的 A 面"主要采用经济分析方法有所不同，本书主要研究"经济学的 B 面"，因而在采取经济分析方法的同时还比较多地运用到社会学、心理学的分析方法。

陈飞豹说："残障人士绝对不是社会的负担，更不是社会的 B 面，而是一种特殊的人力资源。这种特殊的人力资源有其独特的社会价值贡献。我们提出'二维五元四层级价值贡献'模型。"

### 1. 安邦"学习张海迪小组"：精神的力量

20 世纪 80 年代，一位身残志坚的女青年获得邓小平同志的题词："学习张海迪，做有理想、有道德、有文化、守纪律的共产主义新人。"她，就是中国残联主席张海迪。当年张海迪所说的"活着就要做个对社会有益的人"，后来被总结为"张海迪精神"，曾经激励着一代年轻人发奋图强，是那个时代的青年楷模。

时间跨越 30 多年，一个"学习张海迪小组"活跃在湖南安邦制药有限公司，在近 200 人的小组成员中，虽然大部分是残障员工，但其中也有身体健全员工的身影，"小组"成为残障员工与其他员工沟通的"知心人"，也成为那些残障员工与社会沟通的桥梁。

小组的存在是安邦制药坚持"融合用工"的一个写照，"融合用工"模式中起到的是精神引领的作用。

"学习张海迪小组"，凸显了安邦制药一些与众不同的特点：这里有残障人士群体；不论残障与否，这里有一群张海迪精神的"粉丝"；企业把海迪精神的精髓融入企业文化之中，影响员工，企业与员工共同发展。

屈金艳，安邦集团"学习张海迪小组"的首任组长。2018 年 11 月 9 日，我们在安邦制药总部没有见到屈金艳。但在企业海报里，个子小小的屈金艳站在同事面前，笑容灿烂，给大家留下很深的印象。屈金艳是湖南中医大学药学硕士，侏儒症患者，她在安邦制药从事经典中药的临床检验和新药研发。

那时，屈金艳正在出差。其实，屈金艳出国回来没多久，她是跟随企业课题组赴巴基斯坦洽谈项目，安邦生产的中药想打入巴基斯坦市场。"我手上忙着几个项目，累并快乐着。"我们与屈金艳电话连线，她在电话里爽朗地说。

图4-6　安邦制药公司"学习张海迪小组"的小伙伴　企业供图

"学习张海迪小组"要从安邦制药的"改朝换代"说起。

安邦制药的前身是长沙的一家福利企业。2010年，陈飞豹从国企下海，带领团队并购了湖南安邦制药。

当时的安邦制药落寞破败，连年亏损，车间里还有20多位残障员工。刚研究生毕业的屈金艳进入安邦制药时就赶上了企业并购。

"残障员工的情绪波动很大，大家以为老板会甩了他们。"屈金艳说。

谈起这段经历，老板陈飞豹十分感慨："我是医药人，医者父母心，看到这些残障员工，我当时真的忍不下心。"

"陈董讲了一段话，至今我还清楚记得：'就当他们是我爸我妈生的残障兄弟姐妹，我不会抛弃他们。'"屈金艳转述说。

陈飞豹的话安了大家的心。自此，陈飞豹带领这支在外界看来比较奇特的员工队伍，开始了全新的创业。

企业百废待兴，如何调动这么多残障员工的积极性？企业决定成立一个"学习张海迪小组"，要把这个特殊人群的"心气"提起来，要让他们发现、找回自己的价值。

2011 年 5 月 15 日第 21 个全国助残日，"学习张海迪小组"在浏阳安邦工业园区正式成立。屈金艳说，"学习张海迪小组"的初衷是形成一个残障人士互帮互助的小团体，鼓励大家自尊、自信、自强、自立，在企业重新创业阶段，与企业共甘苦。

公司把每年全国助残日定为安邦"学习张海迪小组"的节日，由小组策划活动，公司高层参与，架起公司与残障员工沟通的桥梁。小组还发起"Show Me 安邦梦想秀""寻找安邦最美朗读者"等残障员工才艺秀、为患病残疾职工募集善款等，增进员工之间的了解以及情感交流。

许多残障人士都习惯于封闭在熟悉的小环境，"学习张海迪小组"带着大家大胆走进社会。

"你都想不到，我们小组带着大家走进了戒毒所、脑瘫村。他们陪伴特殊人群，讲述自己的工作经历。"屈金艳说，"打开心扉，赢得尊重，这是大家想都没想到过的。"

"有一位戒毒妈妈，听了我们的演讲，大哭了起来。她说自己不懂珍惜，好手好脚的，辜负了单位、家庭和自己。以我们这样的残障状态，能感动戒毒者，这是我们没有想到的。"

屈金艳首任"学习张海迪小组"组长的经历，为她开启了新的梦想。

"我毕业时，只希望自己能养活自己，减轻家庭负担。到了安邦，办起了'学习张海迪小组'，我发现小组不仅能互帮互助，还能干对社会有价值的事。我的理想变成了两个：一是不仅要养活自己，还要在专长上有所发展；二是要用行动感染大众，激发社会的正能量。"

2012 年，安邦"学习张海迪小组"联合湖南省残联发起支持残障人士就业的全国性公益助残项目——"万牵工程"，即万家企业牵手万户残疾人家庭——促进残疾人就业大型公益活动。

2014 年 5 月 18 日，安邦制药与中国肢残人协会联合发起了全国性公益基金项目——嫩芽基金，为脑瘫儿童提供帮助和支持。"学习张海迪小组"参与了项目的执行。截至 2018 年，"学习张海迪小组"已在全国 50 多个城市开展了脑瘫轮椅捐助活动，直接帮扶脑瘫儿童人数达 400 人，参与公益活动人数累计达

2.5 万人。

2018 年，由于屈金艳科研工作繁重，大家推举了脊髓灰质炎患者齐文英担任安邦"学习张海迪小组"第二任组长。齐文英被誉为"'80 后'拐杖妈妈"，她带领小组成员勇敢地走进了大学校园。安邦制药的励志宣讲团先后走进湖南中医药大学、东北农业大学等 5 所高校，齐文英、胡华众、李莹和屈金艳用自己坎坷的人生经历和自强不息的精神给即将毕业的同学们上了"开学第一课"。在安邦"学习张海迪小组"的影响下，有 4 所大学相继成立了"校园学习张海迪小组"，与安邦"学习张海迪小组"形成联动。

### 2. "他们是一群有特殊价值的人"

或许可以说，当年留下残障员工，是陈飞豹的一念之仁，但现实是残酷的，接过重担的陈飞豹坦言，其实当时并不知道如何来安置这些员工。

作为企业的掌门人，陈飞豹首先从思想上检视自身。他告诉我们，残疾人不仅是人类世界中的客观存在，某种程度上他们以特殊的方式推动了社会进步。

秉持着这种理念，陈飞豹认为，残障人士是一种特殊的人力资源，他们是一群有特殊价值的人。"我们要让这群特殊的兄弟姐妹有存在感、获得感。"

发现他们的特殊价值，将他们放到合适的岗位上；接受他们的不完美，激发他们的创造力！至少，要在安邦制药企业内部做到。

从烂摊子到重新创业，企业踏上的是一个"小米＋步枪"的征程。企业缺人才，如何内部挖潜呢？陈飞豹想到了屈金艳。"金艳学习刻苦才拿到高学历，基础非常不错，我要提供机会给她历练。"

从那时起，陈飞豹陆续安排屈金艳在技术部门的各种岗位上工作。"当时企业的研发能力很弱，所以我进公司时找不到适合我的岗位。后来陈董让我干各种技术部门的活儿，我都干得很好。这样，随着企业研发能力的增强，一步一步地，我跟企业一起成长，现在成了公司研发中心学术部部长。"屈金艳说，研发中心有 18 名技术员工，残障员工有 4 位。

一位公司负责人给我们讲了一个小故事。刚开始，一位服务部门负责人不愿意接纳残障员工。陈飞豹下命令道："你对自己队伍的残障员工都包容不了，怎么能做好客户服务？如果你实在不同意，我就让残障员工来顶替你。"

事实上，在后台销售服务上，残障员工不仅干得了，而且能干得好。佘世雄网名"小熊"，是一名残障员工。他对经销商的服务已经到了"称兄道弟"的地步。当年，这位经销商因为销售业绩突出受邀参加了企业年会，第一次见到了"小熊"。电话中的"小熊"兄弟竟是残疾人！这位经销商激动不已，给了佘世雄一个大大的"熊抱"！

李莹是一个有听力障碍的女孩，语言表达能力弱，但文字功底好。公司原本打算安排她到文化品牌部工作，但李莹要求到一线岗位。公司尊重了她的选择，安排她到安邦制药的子公司——健康科技公司担任销售助理。借助助听器，李莹干得是风生水起。

过去，安邦公司的残障员工主要集中在包装车间，现在，公司行政、研发、财务、销售、生产等绝大部分部门都有残障员工。今天，公司后台电话咨询服务部门的 15 名员工中，有 8 名残障员工，占 53%。齐文英长期做公益文化建设工作，已经成长为企业的品牌文化部部长。

得益于多年的坚持，陈飞豹甚至总结出"融合用工"的规律："三七法则"，接近于"0.618"的黄金分割比例，可以呈现出和谐的效果。即公司容纳 30% 左右残障员工与健全员工一起工作，发挥各自优势，相互激励，相互帮助，共同发展，帮助残障人士更好地融入社会。

陈飞豹说："如果接纳残障人士多了，如专门的残障人福利工厂，那只是残障人从小家庭走进残障人大家庭，并不是真正意义上的融入社会，也不利于企业发展；如果残障人少了，他们又觉得自己是弱势群体，不利于发挥他们的潜能，不能很好地起到帮助残障人融入社会的作用。'三七法则'配比合适，有利于调动和激发残障人士的生命活力和创造力。"

2018 年，安邦制药的残障员工有 173 人，占到企业员工总数的 34%。他们与其他员工一样同工同酬，并肩为安邦制药的现在和未来辛勤工作。

2018 年上半年，安邦制药在残障员工中开展了问卷调查工作生活情况，97% 的人认为公司领导和同事的态度热情和友好；98% 的人满意企业的文化和工作环境；61% 的人来安邦后生活状况有显著好转或好转不少；有 83% 的人

图 4-7　陈飞豹代表安邦制药与巴基斯坦谋研究中心合作签约　企业供图

表示，自己不仅能自食其力还能回馈家庭。

企业的业绩也回报了"融合用工"的付出。当年，仅用一年时间，陈飞豹的新团队就将年销售 2700 多万元、亏损 200 多万元的企业扭亏为盈，年销售高达 6000 多万元；2014 年，企业营收超 2 亿元，成为中国百强福利企业；2017 年，企业营收超过了 4 亿元；2018 年 11 月 16 日，在中国社会福利基金会、中国残疾人福利基金会等主办的第二届中国企业慈善公益论坛上，安邦制药获得"2018 中国十大最受尊敬企业"称号。

### 3."如果可以，请给他们一个就业平台"

"我曾经到一个福利企业求职，人家居然嫌弃我的身体残疾。我多么希望企业给我一个就业的机会啊。"对于就业的渴望，是每一位尚存工作能力的残障人士的梦想。我们还清晰地记得，在与齐文英交流就业的话题时，谈话是有些沉重的。

"万牵工程"启动那年，齐文英来到安邦制药。当时公司收到很多残障人士的来电来信咨询，始料未及的是，参与的企业为数太少，"万牵工程"并没有达到预期的效果。

"如果可以，请给他们一个就业平台。哪怕一家拿出一个岗位，万家企业就能帮助到一万个还有工作能力的残障人士。"陈飞豹说。

陈飞豹认为，中国是发展中国家，不能像西方发达国家那样实行"摇篮到坟墓"的福利政策。1988年，中国残联第一次全国代表大会提出了解决残疾人问题的"劳动福利型"模式，其核心就是把就业放在突出的位置，只有残障人士本人或他们的家庭有较好的就业，才是最好的解决途径。

安邦制药的"融合用工"提供了一种解决路径。这不仅仅体现在用工上，为这些特殊的兄弟姐妹提供就业岗位，更为重要的是"融合"，引导他们融入"正常"社会，有尊严、有自信地生产、生活。企业从这里可以得到理念、方法论上的启示。

2018年，陈飞豹被评为长沙市改革开放40年杰出民营企业家。他表示，民营企业已成为经济发展的重要力量，也一定要成为为国分忧、为民解愁的重要社会力量。安邦制药用爱心和心血创造了"融合用工"模式，相信它会逐步完善并将成为许多企业家的共识，通过大家的共同努力，为残障人士回归社会、融入社会、回馈社会提供更好的帮助。"资本向善，文明之光"。陈飞豹说。

对于社会，一个特殊的残障群体与健全人一起工作，共同诠释"活着就要做个对社会有益的人"，诠释时代精神给企业发展、和谐社会所带来的影响。对于企业，是把先进的时代文化融入企业文化，构筑企业积极向上的精神力量；对于民营经济，这是中国特色的企业家精神的民营样本。

# 第五章　阻断贫困代际传递

2020 年 12 月，我们在广西都安县调查，民营医院院长潘一宇告诉我们一个故事。20 世纪 80 年代，在都安县保安乡永平村，一位读过书的老人对来"送温暖"的潘一宇说，如果真想帮我们，不要带米带粮，就把孩子们带出大山吧，让他们上学。

"这里的穷，是自然环境恶劣造成的。如果让山里的孩子都受到教育，走出大山，就阻断了贫穷的代际传递，可以拯救一代又一代人。"潘一宇说。

联合国教科文组织研究显示，人均受教育年限与人均 GDP 的相关系数为 0.562。这表明不同层次受教育者提高劳动生产率的水平不同，教育在促进扶贫、防止返贫方面的作用是根本性的、可持续的。

扶贫，最根本的还是扶人。切断贫困的代际传递，要靠教育扶贫和技术下乡。知识改变命运，教育改变人生。许多民企在教育领域倾注情怀，拿出真金白银，资助贫困地区的教育事业。

教育扶贫是民企的传统扶贫模式。据 2018 年中国基金会中心网提供的 791 家民营企业（家）基金会的数据显示，461 家基金会关注教育，占比 83.51％，416 家基金会关注扶贫助困，占比 73.36％。他们在教育扶贫上的投入不仅数额巨大，而且实力不同的民营企业灵活地运用资金、人才、技术、市场的要素，将教育扶贫与就业扶贫、产业扶贫、公益慈善等扶贫模式有机结合，从而对贫困人群带来更多的影响，形成综合效应。这样的效应既是政治、经济上的，同时还体现在提高国民素质和社会文明程度、增加就业等社会效益上，更加有助于在更大范围内消除贫困。

## 第一节 "帮助他们能走多远就走多远"

2021年2月25日，全国脱贫攻坚总结表彰大会在北京人民大会堂举行。1981名同志获"全国脱贫攻坚先进个人"称号；授予1501个集体"全国脱贫攻坚先进集体"称号。碧桂园集团创始人、董事会主席杨国强荣获"全国脱贫攻坚先进个人"表彰。此前，杨国强曾获得2015年"中国消除贫困奖创新奖"和2016年"全国脱贫攻坚奖奉献奖"。

至此，杨国强在教育扶贫领域中的"马拉松"已跑了24年，他帮助了超10万名贫困学子改变命运。

2015年6月30日，2015年广东扶贫济困日活动仪式在广东省广州市举行。在时任广东省委副书记、省长朱小丹的见证下，全国政协委员、碧桂园集团董事局主席杨国强及碧桂园集团董事局副主席杨惠妍认捐1亿元，主要用于全国首家全免费大学——广东碧桂园职业学院的建设发展。该学院由广东省国强公益基金会出资主办，经广东省人民政府批准、教育部备案，由广东省教育厅主管，是一所具有慈善性质的全日制普通高等学校。除了广东碧桂园职业学院，他还创办了广东国华纪念中学、国良职业培训学校等全免费的慈善学校。

2002年，杨国强个人出资2.6亿元，依法创办了全国第一所纯慈善、全免费高中，以其兄长杨国华名字命名为"广东国华纪念中学"。这所学校是每年从全国各地招收贫困家庭的初中毕业生约200名。

2007年，杨国强出资7000多万元，创办碧桂园集团第二所全免费学校——国良职业培训学校。国良职业培训学校主要培训安徽籍贫困地区退伍士兵，使之成为技能型产业工人。学校被国务院扶贫办授予"雨露计划示范基地"称号，被总参谋部军务部授予"全军退役士兵职业培训和就业示范基地"。创办7年时间里，从该校走上就业岗位的老兵有1万多人。

2014年9月，碧桂园集团拟分期投入校园建设资金4.5亿元，建起广东碧桂园职业学院，并在广东省内招收了第一批300多名贫困学生。

三所学校庞大的开支如同天文数字一般，但碧桂园集团从来没有爽约。杨国强还以成立非公募基金会的方式，把善款管理从企业经营中分离出来，保障善款不受企业经营状况的影响。2013年10月14日，经有关部门特批，广东省国强公益基金会成立。杨国强每年投在教育中的善款最多，其中又以这三所慈善学校为最。

为何杨国强对教育扶贫，特别是对职业教育扶贫如此倾注深情？

2015年5月21日，在碧桂园职业技术学院，院长卢坤建这样对我们说："杨董是有教育情怀的人。当年的他很穷，但他不认命。他靠政府资助返回学堂。所以，他对那些遭受贫困、还特别想改变命运的人感同身受。"

知恩图报，这是第一代民营企业家最素朴的精神追求，他们往往从个人经历出发，找到感恩国家的切入点。教育扶贫，自然而然地成为杨国强感恩回报的重要选项。

在国华纪念中学的校碑上，刻着杨国强的办学缘起："我不忍看天地之间仍有可塑之才因贫穷而隐失于草莽，为胸有珠玑者不因贫穷而失学，不因贫穷而失志，方有办学事教之念。"

在杨国强眼里，成立这所职业学院，是希望能够提升贫困家庭自我发展能力，阻断贫困代际传递，不仅帮助贫困的家庭走出困境，同时也为社会贡献优秀人才。

杨国强表示："'授之以鱼不如授之以渔'，我在这里选择了职业教育扶贫，帮助那些有经济困难的学生。在回报社会、推动社会进步的道路上，我尽我所能，能走多远就走多远。"

5月21日中午，在广东碧桂园职业学院的学生食堂，我们与物业管理专业的陈淑云聊天。

陈淑云，一个十分阳光朝气的小姑娘，来自广东省英德市西牛镇鲜水村，因为家贫，四年前，她曾想报考国华纪念中学，因报考文件准备仓促而与之失之交臂。2014年，她考上广东碧桂园职业学院。

她说："老师带我们去过碧桂园总部，太好了，我想去那里工作。明天碧桂园管物业的副总到我们班讲课，好兴奋呀！"

一位老师告诉我们，学校虽然会邀请碧桂园集团的高管到学校讲课，但学校并不是为碧桂园定向培养人才，其目标还是为社会培养人才。碧桂园职业学院的学生可以自由选择就业渠道，当然，碧桂园集团也会优先招收学院的学生。

如果要问，企业对学校有什么要求，那位老师告诉我们："学校对所有学生有一条要求：将来有能力的时候，一定要尽可能地帮助需要帮助的人。"

杨国强办职业教育，从培养贫困学生开始，而在更广阔的视野下，杨国强已有了更深刻的思考。

2014年3月全国两会上，杨国强提交了一份《关于加强职业教育以实现中华民族伟大复兴的提案》。提案指出，发展职业教育一方面是将我国巨大人口压力转化为人力资源优势的重要途径，另一方面会促进社会劳动生产率的大大提升。现在有相当部分的年轻人，中学毕业便去工作，其知识和能力并不能满足工作所需。就算是大学毕业生，如果没有实际技能，也很难找到工作。而很多企业又面临技能型、实用型人才匮乏的窘况。

杨国强直抒胸臆："如果未来所有年轻人都接受良好的职业教育或大学教育后再出来工作，10年、20年、30年后，我们的国民素质，我们的生产力，必能达到超级强国的水平，也定是世界第一的强国。"

他建议，国家应该立法对职业教育采取强制性措施，并加大对贫困学生的资助，全方位提高职业教育的社会地位。

2014年下半年，杨国强与干以胜、徐辉和俞敏洪三位全国政协委员一起调研教育扶贫，最后，由杨国强牵头，草拟了《关于鼓励和引导民营企业积极参与教育扶贫的提案》，此提案提交2015年全国两会。2017年9月6日，这个提案获得了政协第十二届全国委员会优秀提案。

下一步，如何有效巩固脱贫攻坚成果、全面推进乡村振兴建设，杨国强的"马拉松"并没有停在原地，他坚信，职业教育依然不可或缺。2021年，杨国强第七次将职业教育扶贫写入全国两会的提案。

"感谢党和政府给予碧桂园机会，让我们有幸参与脱贫攻坚这项伟大的事业。我和我的企业会继续参与乡村振兴，尽我们的能力把工作做好，不辜负党和政府的信任。"他说。

据介绍，2021年，碧桂园集团在国家市场监督管理总局、中国标准化研究院等单位指导下，与首都科技发展战略研究院、北京师范大学、国强公益基金会、广东碧桂园职业学院等联动，推进编制职业教育扶贫项目相关国家标准《职业教育扶贫项目运营管理指南》。

有专家点评称，该标准将有望成为领域标准领跑者基准指南。大力发展职业技术教育与技能培训，发挥职教优势助力乡村振兴，为巩固脱贫攻坚成果提供有力支撑，也为实施乡村振兴筑牢了根基。

## 第二节　宁夏川里书声朗

2020年11月20日上午10时，国务院新闻办公室举行中外记者见面会，四位民营企业家代表围绕"万企帮万村——精准扶贫的民企行动"与中外记者见面交流。这四位民营企业家是：中国光彩会副会长、正邦集团党委书记、董事局主席、总裁林印孙，福耀集团创始人、董事长曹德旺，中国民间商会副会长、荣民控股集团有限公司董事长史贵禄，宁夏宝丰集团有限公司董事长党彦宝。四个人当中，党彦宝最年轻，但他参与教育扶贫已有十年之久，总共资助大学生22.29万人，涉及宁夏的22个市县、193个乡镇、2500个行政村，共捐出了22.83亿元。

2017年，党彦宝荣获"全国脱贫攻坚奖奉献奖"。他说："要做就做服务社会的企业、能帮助别人的企业。"

### 1. "只要考上大学，不分贫富，我都资助"

大漠孤烟直，长河落日圆。在大西北，这样的风景十分平常，气势开阔，孤寂中透着高傲。然而，现实是残酷的。大漠，自然条件恶劣，透着荒凉，生活在那里的人们品味到的，更多的是无奈、苦涩。

党彦宝就出生在那种地方。他的老家是宁夏盐池县高沙窝乡，地处宁夏东部宁蒙甘陕交界。少年时代，他最深刻的记忆就是被窝、饭碗、书包里，无处不在的细沙。家里弟兄姊妹八个，因为穷，他只能读到高中，便开始挣钱养家。

20 世纪 90 年代，党彦宝在创业发展的同时积极参与公益事业。2011 年 1 月，他与夫人边海燕共同发起、创立家族式非公募基金会——宁夏燕宝慈善基金会(以下简称"燕宝基金会")，一次性拿出 5 亿元开展公益慈善活动，并承诺每年将企业利润的 10% 投入基金会中，为基金会长期可持续发展提供资金保障。基金会的名字是从党彦宝和妻子边海燕的名字中各取一个字组合而成，标志着这是他俩共同的事业。

初期，基金会响应宁夏移民攻坚战略号召，在 5000 人以上的移民区捐建 9 所学校、16 所卫生院，用两年时间完成了移民地区 35 余万群众就医、就学基础设施建设，为移民区群众提供了便利的就医就学环境，并捐助 1.5 万名家庭困难学子。

随着基金会走上正轨，党彦宝开始思考：如何让有限资金发挥更大效能？

2012 年，他带领基金会人员在宁夏工商职业技术学院调研，几个孩子的选择深深触动了他。

他们遇到了好几个高考成绩不错的学生，在知道自己的成绩完全可以报二本时，依然填报了职业技术院校。为什么？这些学生想的是，学费低、只读三年，希望学到技术，尽早为家减轻负担。

"职业技术学院的学生也非常优秀，宝丰集团每年都从这里招不少毕业生。但从另一个角度讲，这几个孩子当初有机会读自己梦想的学校，这份遗憾不是现在用钱能弥补的。"看着眼前的孩子，想到少年失学的自己，党彦宝觉得，燕宝基金会要把资助的重点方向定在教育扶贫上。"不要让孩子们因为经济原因而在青春留遗憾。"

时任宁夏党委副书记崔波知道他的想法后，勉励他说，扶贫效果，短期看就业最快，中期看产业拉动作用大，但影响最长远的就属教育。

至此，燕宝基金会将教育精准扶贫作为事业重点，让贫困家庭孩子依靠知识改变命运，进而改变家庭、家族命运，彻底挖断"穷根"。

2013 年，基金会做出一项看似平常却不同寻常的决定：对宁夏六盘山连片特困区 9 县区、5 乡镇(原州区、彭阳县、西吉县、泾源县、隆德县、同心县、盐池县、红寺堡区、海原县及中卫市兴仁镇、蒿川乡，中宁县喊叫水乡、徐套乡，永宁县闽宁镇)中考入二本以上的学生实行"全覆盖、无差别化"资助。

此前，党彦宝曾与教育厅、民政厅、人社厅等部门仔细研究过，这片地区80％家庭贫困程度高，只有20％左右家庭条件还可以。

在和学生们的座谈中，他了解到，一些接受资助的穷孩子平时连好一点的东西都不敢吃。为什么？正处在长身体阶段的他们，这无可厚非，可是仔细一了解，原来是有同学说闲话，接受人家资助自己还吃好的。

这让党彦宝陷入沉思，从小因为家庭贫困从来不在别人家吃饭的他深知，这些话对一个人自尊心的伤害有多大。

"不就是20％吗，不要分了，全部资助！凡是考上大学的，不分贫富，都资助！"

他说，这样做，一方面，解决了占比达80％的贫困家庭孩子上学问题，最大程度保护了孩子们的自尊心，与其他孩子在平等、无差别环境中学习、成长；另一方面，也使那20％家庭条件较好的孩子心中埋下爱的种子，鼓励他们提升自我、传递善心善念善行。

这一年，燕宝基金会把"助学金"改为"奖学金"。"孩子们都很好强，不愿因领取'助学金'而被视为贫困生。我们这样一改，代表对考上大学、积极进取的学生的鼓励和鞭策，而不仅仅是经济帮扶。"党彦宝说。

这样一些细节上的调整看似是小事，其实这体现的正是精准扶贫思想的"精准"二字。只有更精准，才能真正帮到人民群众的心坎上，不仅是物质上的，同时还要兼顾到精神层面上的尊严。

穷人家的孩子懂事都早，许多孩子对燕宝基金会的资助十分感恩。基金会成立以来，不断接到学生们寄来的信件，也有的孩子通过电子邮件或者朋友转达谢意。他们管党彦宝叫"党叔叔"，管边海燕叫"边阿姨"。尽管他们中绝大多数人并没有见过党彦宝和边海燕。

北方民族大学2014级管理学院陈永滨给燕宝基金会的信中写道："我8岁那年，母亲因病离世。在我这个年龄段，有多少人没吃饱过，有多少人12岁就外出打工，我都做了。生活环境锻炼了我，使我自信、自强、豁达。不得不说，其中很大部分的底气来自基金会。"

宁夏工商职业技术学院 2017 届优秀毕业生马存梅，是一个残缺了一只手臂的姑娘。她这样说："我记得党叔叔在一次座谈时说过，青春不应只有一种色彩！自助者，人助之，最重要的是我们不放弃自己的梦想。"

曾经有朋友跟党彦宝半开玩笑地说，你这是用人民币换信纸。对此，党彦宝很坦然。

"我希望我们是平等的关系。他们需要人帮一把时，有人帮他们。这样当别人需要时，他们自然也会伸一把手。"他说。

许多受助学子在刻苦攻读的同时也不忘参加社会公益活动，很多人还在大学阶段就入了党。

宁夏财经职业技术学院 2014 级会计系井晓婷在给党彦宝、边海燕夫妻的信中写道："关爱农民工子弟、陪伴老奶奶、去残疾人托养中心照看小朋友……有一种快乐，你没有拥有过，就不知其中的纯粹。基金会不只给予我们物质上的帮助，也给我们上了一堂传递爱的课程。我参加志愿者团队，只愿能用绵薄之力帮助更多的人。"

宁夏财经职业技术学院 2015 级会计系的刘瑞东说："当我用周末做兼职赚来的钱买书赠给那些山区的孩子的时候，他们的笑容是对我最大的奖赏。"

### 2. 利润 10% 的故事

在社会各界赞誉声中，做善事的背后，其实还是有压力的。党彦宝也不得不面对一些压力。这些压力来自集团内部，发展生产毕竟是企业的第一主业，一些公司高管对党彦宝的大额善款支出有点微词。

2014 年至 2015 年是基金会资金支出高峰期，然而，正是这两年，受累于全球经济震荡，企业效益也受到影响严重下滑，宝丰集团的效益没有达到预期，原来设定的利润 10% 就不够用于捐资助学了。公司团队都劝党彦宝放缓资助或减少资助人数，以此来减轻企业经营压力。

怎么办？

管理层中一些人的意见是，今年少捐一点吧。毕竟，公司拿出利润的 10% 做扶贫，就按这个比例，也不算违背承诺。党委和政府也表了态，不要把企业发展耽误了。

面对经营上的压力，党彦宝不得不思考善款的问题。企业发展、社会责任两块内容的大账都得算，党彦宝花了不到半天的时间，想通了一件事："拿出三四成利润，对公司运转没有本质影响，只是扩大再生产缓一缓。况且，企业发展也有规律，慢一点不见得全是坏事。民营企业做垮的，大多是因为扩张过快，没听说哪家公司因求稳倒掉的。"

他决定：比例提高，计划总额不变。"我帮人不能帮到半道上！哪怕企业发展的速度缓慢一点，也不能断了贫困孩子们的经济来源。学生成长没有休息期。这不仅关乎他们的学业，更关系他们对这个世界的看法。心有善念，必有所成。这会对他们一辈子产生影响。"

党彦宝的坚持，至少在一部分人看来是有些"轴"。对此，我们多次追问，党彦宝都没有给出回应。但从他做出捐赠不变的坚定态度，从保证集团员工工资整体增长率达到5％至10％的行动，他的内心应该是坦然的。

这种坦然，也必然与他的心路历程有关。他成长的路上，每个关键阶段都有人伸手相帮。20世纪90年代初，他在内蒙古、宁夏两地帮别人开车跑运输，辛苦一年也攒不到1000块钱。有位老大哥看他为人憨厚老实，借给他5000块钱买了辆二手车，跑起了运输。这是他人生的第一个关键转折。

"他让我知道，这个世界上，只要你对别人好，终归会有福报。"党彦宝回忆说，这种情分是一辈子的。老人爱喝两口，党彦宝逢年过节必定送酒；老人去世，他去送终。他愿意相信别人，也容易得到别人的信任。因此，他不能让一直相信党叔叔的学生们失望。

在党彦宝的坚持下，企业不但挺过了难关，并先后完成了两期捐资助学项目，累计资助学生11.7万人。2017年，基金会如期启动了三期助学项目。

党彦宝给燕宝基金会和自己设定了一个长期目标。"干到七十来岁，完成资助100万学生读书的任务，才算成功。"

# 第六章　为东西部扶贫协作而"燃"

　　多年以来，中国政府一直努力通过对口支援的制度安排来统筹不同地区间的平衡发展，东西部扶贫协作机制是其中一项非常具有中国特色的制度安排。这种制度设计有政府层面的，还有社会层面的制度设计。倡导、动员和鼓励民营企业、社会资本西向投资，与政府的扶贫资源形成良性互动，极大地提升了帮扶效率。民营企业跟随国家政策的步伐，在统战部门、工商联组织的引导、协调下，参与到对口帮扶当中，利用自身优势以及对市场的创新性，因地制宜，创造了丰富多彩的帮扶模式。这些扶贫实践是东西扶贫协作机制中最为出彩的篇章之一。

　　改革开放40多年，中国的经济社会发展取得了巨大的成就，但我们要看到，改革开放的总体成效呈现出东快西慢、沿海强内陆弱的不平衡发展格局。面对地区间发展的不平衡，多年以来，中国政府一直努力通过对口支援的制度安排来统筹不同地区间的平衡发展，东西部扶贫协作机制是其中一项非常具有中国特色的制度安排。

　　1996年7月，中央确定北京、上海、天津、辽宁、山东、江苏、浙江、福建、广东、大连、青岛、宁波、深圳等9个东部省市和4个计划单列市与西部10个省区开展扶贫协作，东西部扶贫协作正式启动。2016年12月，中央对东西部扶贫协作进行了调整，在完善省际结对关系的同时，实现对民族自治州和西部贫困程度深的市州全覆盖。东部9省（直辖市）、13个城市对口帮扶西部10个省（区、市），东部249个经济较发达县（市、区）对口帮扶西部地区354个贫困县。

这种制度设计有政府层面的，还有社会层面的。倡导、动员和鼓励民营企业、社会资本西向投资，与政府的扶贫资源形成良性互动，极大地提升了帮扶效率。

民营企业跟随国家政策的步伐，在统战部门、工商联组织的引导、协调下，参与到对口帮扶当中，利用自身优势以及对市场的创新性，因地制宜，创造了丰富多彩的帮扶模式，这些扶贫实践是东西扶贫协作机制中最为出彩的篇章之一。

## 第一节 望谟板栗"飞天"记

坐标，贵州省望谟县，平洞街道洛郎村。2020 年 8 月，当我们来到那里时，望谟县还是贵州省黔西南布依族苗族自治州尚未摘帽的两个县之一，洛郎村也刚出列。

洛郎村种植板栗树的历史有年头，但板栗能卖得比别处价高，却是这两年的事。板栗产业已经成为当地带贫能力超强的产业。

### 1. 均瑶集团扶贫的洛郎样本

洛郎村板栗产业与上海民企均瑶集团大有渊源。均瑶集团是最早参与中国光彩事业的民营企业之一。2016 年 11 月 16 日，在中央统战部、中国光彩会的组织下，均瑶集团与贵州省望谟县洛郎村签署《中央统战部定点帮扶工作村企结对帮扶协议书》，经过调研、论证，均瑶集团决定，联手本土的光秀公司，助力洛郎村打造望谟县万亩板栗高产示范园。

在望谟县，均瑶集团的帮扶没有采用构建直接的生产模式，采取的是给予一些基础设施建设、贫困户的生产资料等产业"硬投入"之外，更多的是结合自身企业特长，综合考虑产业扶贫、扶志、扶智，特别在科技服务、管理服务、营销服务等方面下足功夫，用真金白银、真情实意、真抓实干的"三真"帮扶洛郎村。

因地制宜，这不仅针对帮扶地，其实也要针对帮扶企业。帮扶地需要的，还要与帮扶企业所能提供的相匹配，才能更加有效率与可持续。

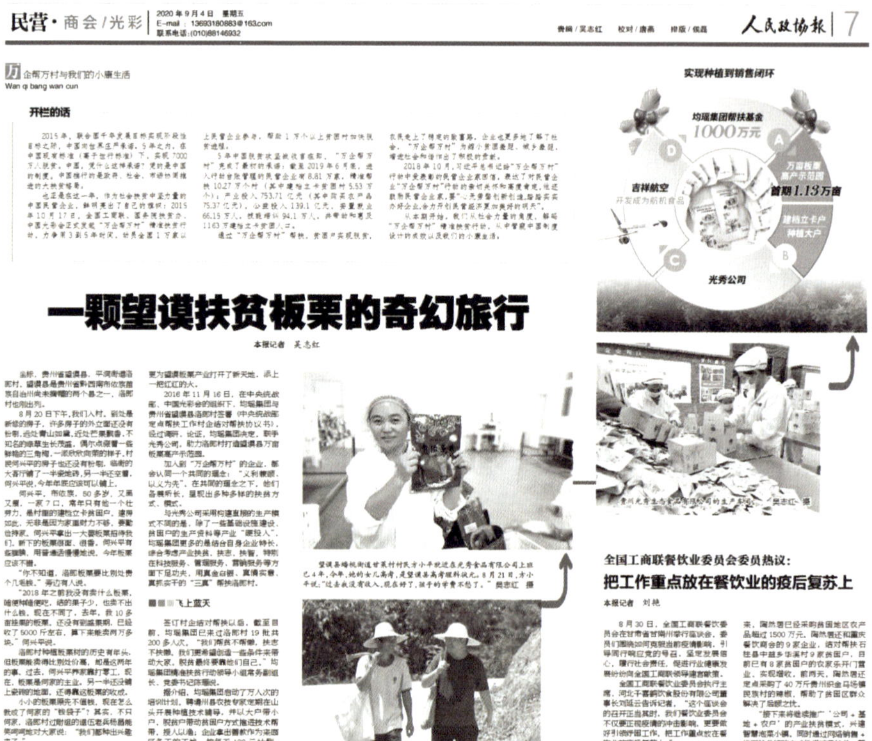

民营·商会/光彩　2020年9月4日　星期五

E-mail 13693180883@163.com

联系电话:(010)88146932

责编/吴志红　校对/唐燕　排版/假越

万企帮万村与我们的小康生活
Wan qi bang wan cun

**开栏的话**

# 一颗望谟扶贫板栗的奇幻旅行

本报记者 吴志红

实现种植到销售闭环

均瑶集团帮扶基金 1000万元

吉祥航空

光秀公司

## 全国工商联餐饮业委员会委员热议:
## 把工作重点放在餐饮业的疫后复苏上

本报记者 刘艳

## 佛山三水区光彩事业14年助学6万多人次

本报讯(记者 林仪 通讯员)

图6-1　2020年9月4日《人民政协报》第7版样报

望谟板栗的故事，要从望谟的"一棵树"产业说起。

望谟县"一棵树"的产业计划由来已久。从"十二五"开始，望谟县委、县政府继续把板栗生产作为富民兴县的一个支柱产业来抓，出台了一系列鼓励农民发展经济林的优惠政策，积极推进退耕还林后续产业培育，大力发展板栗种植。板栗产业在望谟推开之后，由于存储、销售没有解决好，产业链条不完整，大规模种植的板栗很快就陷入了价格怪圈，板栗被"贱卖"，只能卖几毛钱一斤，栗贱伤农，许多人失去了种植热情。

板栗产业没有发展起来，在望谟拥有数一数二板栗林的洛郎村也沉寂了。建档立贫困卡户识别阶段，洛郎村487户人家中有335户建档立卡贫困户，村民基本靠外出务工谋生，村里那一片一片的板栗林并没有成为"金山银山"。

一方水土养不活一方人，这不是望谟老乡的小康生活。望谟要发展板栗产业，必须补上缺失的产业短板才行。

2014年，望谟县政府招商引资，引进贵州光秀生态食品有限责任公司，主攻板栗存储、深加工和销售，公司总部位于望谟县平洞工业园区，总投资1.42亿元。

光秀公司采用"公司＋合作社＋基地＋农户"等模式，截至目前，公司已带动全县22个行政村1.8万户7.5万人种植板栗，牵头15个村组建农民专业合作社，涉及贫困户1407户4852人。2017年板栗产业直接为农户创收1亿元以上，间接带动6000户以上农户发展板栗种植。2018年，364户贫困户以"特惠贷"入股作为股东，实现分红300万元，户均直接增收7000元。2019年，贵州光秀生态食品有限责任公司获得了全国"万企帮万村"先进民营企业荣誉称号。

板栗终于进了望谟农户家的"钱袋子"。2017年，上海均瑶集团为望谟板栗产业打开了新天地。

截至2020年9月，均瑶集团已来过洛郎村19批共200多人次。"我们帮贫不帮懒，扶志不扶懒。我们更希望创造一些条件来带动大家。脱贫最终要靠他们自己。"均瑶集团精准扶贫行动领导小组常务副组长、党委书记陈理说。

据介绍，均瑶集团启动了万人次的培训计划，聘请州县农技专家定期在山头开展种植技术辅导，并以大户带小户、脱贫户带动贫困户方式推进技术帮带，授人以渔；企业拿出善款作为来园区务工的工钱，按每天 100 元计酬，不劳不得，极力推崇劳动致富。

在农村，会种地的人很多，但会组织管理的人不容易找。均瑶集团把企业的管理文化带到了洛郎村，着力培养管理人才，为下一步的乡村振兴做人才储备。

均瑶集团在村民中选聘一些园区管理员，支付一定的报酬，手把手地教他们落实责任区管理，督促日常生产种植，采用"一户一本、一人一页"，记好工分，将精准管理落实到林间地头。

2017 年，"80 后"黄巢被均瑶集团聘为板栗管理员。如今，黄巢已是洛郎村委会副主任。这位早年在外打工的小伙子因为听说家乡要建设板栗园区，决定留下来创业。在外闯荡过的他比许多村民有更敏锐的市场触觉，回来后，他流转土地种植百余亩板栗，2018 年，他家仅板栗一项就获得了 5 万元收入。

"像黄巢这样的，以后就是我们留在望谟的'火种'，可以扮演带头人的角色。"均瑶集团扶贫干部徐建军说。

这样的"火种"还有党员小分队。在企业党委的建议和指导下，园区建立了党支部，已经有了 4 名党员。未来，他们也是小康带头人的中坚力量。

均瑶集团对望谟板栗更大的贡献是整合资源，帮助小小板栗飞上蓝天，让望谟扶贫板栗叫响全国。

板栗再好，终究还是要过市场终端的考验。光秀食品公司是一个年轻的公司，企业开发的"哆吉栗"板栗食品是新品牌，需要一定的市场培育。

"新品牌刚上市，挺艰难的。均瑶集团的帮扶，给了我们很大的惊喜。"光秀公司董事长曾光秀说。

原来，均瑶集团利用旗下吉祥航空的有力条件，帮助光秀公司通过了民航总局航空食品审批，将"哆吉栗"板栗食品开发为航机食品。

15 克装的即食板栗，有天然的清甜、浓郁的栗香，外包装印上了"脱贫攻坚国家计划，均瑶集团帮扶项目"的公益广告。每天，小小的板栗搭乘吉祥航空的几百个航班飞行，望谟板栗因"航"而红。许多旅客通过扫码，从线上购买了"飞机同款"。"哆吉栗"成了"网红"食品，现在的年销售额能达到 4000 万元以上。

板栗销路打开了，品牌出山了，价格自然也就上升了。光秀公司的收购价从原来的 1.5 元/斤，最高时提高到 3.5 元/斤，而且，企业一直坚持以保护价敞开收购，农户只需好好种植板栗，收入就一定有保障。板栗树成了"摇钱树"，农户的种植兴趣自然就有了。

经过两年多的努力，2020 年，洛郎村万亩高产板栗园达到 1.9 万亩，核心区有 1700 多亩。过去每亩产栗子最多 100 斤，现在，平均每亩产栗子 600 斤。而且，洛郎板栗有了口碑，还能卖出比别处高一些的价格。

2. 贫困群众的感谢：我用微笑来表达吧

8 月 20 日下午，我们入村。到处是新修的房子，许多房子的外立面还没有粉刷，远处青山如黛，近处芒果飘香，不知名的绿草生长茂盛，偶尔点缀着一些鲜艳的三角梅，一派欣欣向荣的样子。村民何兴平的房子也还没有粉刷，临街的大客厅铺了一半瓷地砖，另一半还空着。

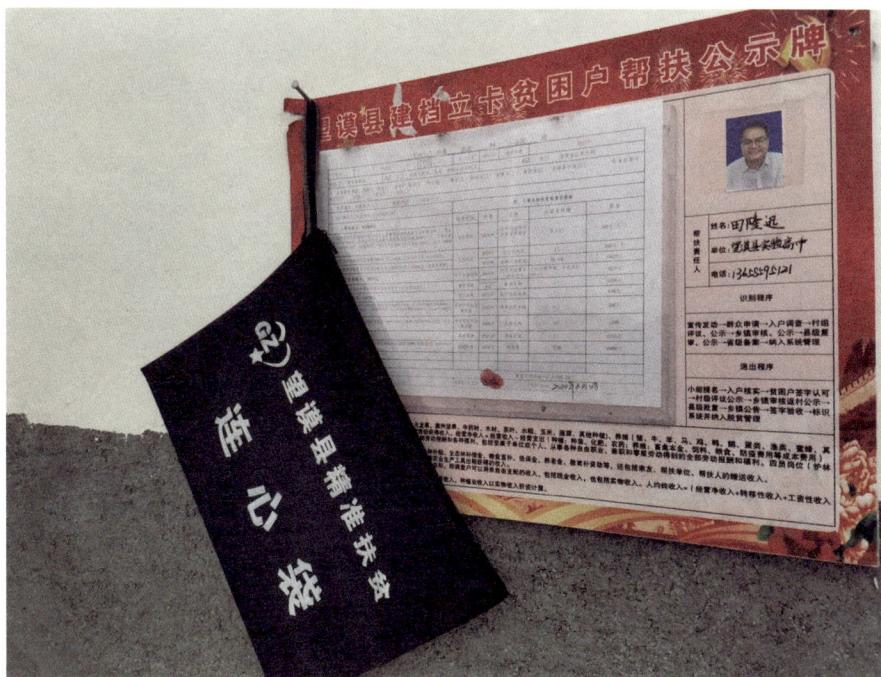

图 6-2　望谟县的精准扶贫连心袋

图6-3　望谟县万亩板栗高产示范园

何兴平，布依族，五十多岁，又黑又瘦，一家七口，常年只有他一个壮劳力，是村里的建档立卡贫困户。建房如此，无非因为家里财力不够，要勤俭持家。何兴平拿出一大篓板栗招待我们。新下的板栗很面、很香。何兴平有些腼腆，用普通话慢慢地说，今年板栗不错。

"2018 年之前我没有卖什么板栗，随便种随便吃，结的果子少，也卖不出什么钱。现在不同了，去年，我十多亩挂果的板栗还没有到盛果期，就已经收了 5000 斤左右，算下来能卖两万多块钱。"何兴平说。

过去，何兴平养家靠打零工，现在，板栗是何家的主业。何兴平笃定地对我们表示，另一半还没铺上瓷砖的地面，靠这板栗的收成，准能铺好。

在村部，我们见到了洛郎村贤胡组村民岑继荣、洛郎村过耐组的退伍老兵杨昌能，他俩都是均瑶集团聘用的管理员。

不用拿小本本，岑继荣就能一口气把贤胡组的"板栗经"说得明明白白。

贤胡组有贫困户 38 户 147 人，有 131 人种板栗。均瑶集团来了以后，2018 年开始种，30 户贫困户有 1291.2 亩。板栗去年是每斤 2.5 元到 3 元，光秀公司负责保底收购。"再过几年，板栗树到了盛果期，我们就更好啦！"岑继荣说。

洛郎村过耐组的退伍老兵杨昌能，普通话不流利，他这样说："我们都种出兴趣来了。我无法用更多的语言来表达感谢，我用微笑来表达吧。"

洛郎村的板栗产业终于发展起来了，大家有了盼头，有了信心。望谟县平洞街道党工委书记龙益宾说，望谟万亩板栗高产示范园落实了"集团公司、县政府、种植大户、贫困户"四方协议，成为全县主导产业示范基地。下一步，平洞街道将推进板栗林循环经济开发；推动合作社转型，做强合作社，依靠自己的力量贴近市场。

洛郎村 335 户建档立卡贫困户中，脱贫 317 户 1416 人，贫困发生率从2017 年的 16.3％下降到 1.9％。

## 第二节　高黎贡山深处的"猪银行"

坐标，云南省怒江傈僳族自治州。2018 年 10 月，我们来到那里。10 月的怒江，雨季渐行渐远，江水依然黄浊。当地人告诉我们，经过雨季洗刷，要不了一个月，怒江就会完全安静下来，怒江峡湾的江水会变得如翡翠般青蓝，这将是怒江最美的时节。如果我们把深度贫困比作 10 月的怒江水，那么，脱贫就好比褪去黄浊色、清澈明丽的怒江水。季节可以让怒江变清，而怒江困难群众的脱贫，要靠怒江人民与全国人民的共同努力。

10 月 12 日，我们参加了中国光彩事业促进会、云南省人民政府共同主办的中国光彩事业怒江行活动。活动期间，我们采访了高黎贡山猪产业化项目。这是东西部扶贫协作中另一种民企协同版本，在这里面，国企、民企、政府携手合作，让那里的高黎贡山猪产业有了难得的培育机遇。

### 1. "猪银行"是怎么来的

高黎贡山猪是云南珍稀地方猪种之一，2010 年被列入《国家级畜禽品种资源保护名录》，主要分布在海拔 1800—2300 米的高黎贡山和碧罗雪山沿线的山区、半山区。随着脱贫攻坚的不断推进，这一独特的猪种演变成为帮助怒江困难群众的"猪银行"。在云南省怒江傈僳族自治州，江海同创农业投资有限公司承担了高黎贡山猪产业化任务。

一个山雨欲来的日子，我们拜访了云南省怒江傈僳族自治州江海同创农业投资有限公司的养殖基地。

车辆在怒江州的田间小路上行驶，灰白色的小路蜿蜒而去，车窗外，一幅青绿山水长卷刷刷地扑面而来。远处的群山云雾缭绕，深绿浅绿。近处是大片的绿色夹杂着深黄、浅褐的小地块。深黄色的是未收割的稻田，浅褐黄色的是收割后的稻田，露着整齐的稻茬子，不时看到枯萎的褐黄色一片，那是正等待收割的玉米地。有时，路上会碰到大牛带着小牛，没有人牵引，自在地在小路上走着，对过往车辆的喇叭声完全没有反应。

怒江州江海同创农业投资有限公司的养殖基地就建在怒江州泸水市老窝镇崇仁村，一个高山峡谷深处的小村庄里。

2011 年，崇仁村人王兆武从昆明返乡创业，在那里一待就是七年，他把高黎贡山猪产业化的命运、自己的命运以及困难群众的命运紧紧地捆绑在一起，开辟出了脱贫致富一片新天地。

在昆明工作的王兆武满怀豪情壮志回到老家，内心的愿望有两个：一个是自己创业成功，另一个是带着乡亲们挣钱。王兆武的名片上有两个头衔分别对应着他当年的梦想：公司总经理与泸水壹家村生态养殖专业合作社理事长。前者连接市场，后者连接老乡。

当时的创业目标，他选的是高黎贡山猪。王兆武非常熟悉家乡出产的高黎贡山猪。在昆明工作时，他常带朋友去品尝家乡的这一美味。

"高黎贡山猪具有耐粗饲、抗病性强、生长速度慢，富含丰富的动物蛋白、多不饱和脂肪酸和必需脂肪酸，特别是亚油酸含量，是普通猪肉的 3 倍。"谈起高黎贡山猪，王兆武就滔滔不绝。"这多适合山区农户喂养，多符合城市消费需求啊！"

当地重视高黎贡山猪的产业开发，在《怒江傈僳族自治州生物产业发展规划 2016—2020 年》中，高黎贡山猪是排名靠前的"名角"。

王兆武看准这一商机，回到家乡泸水市老窝镇崇仁村。王兆武先期流转 50 亩地，动员了 10 户农户成立了泸水壹家村生态养殖农民专业合作社，创立"壹家村"原生态高黎贡山猪品牌。

### 2. "江海同创"创造了啥

三年后，合作社发生了重大转机。2014 年，壹家村合作社引进了社会投资，共同出资 1000 万元，组建云南建丰农牧产业发展有限公司，并在昆明举行的第二届南博会上，公司与泸水市人民政府签订合作协议，以建设万头猪场为目标，开始了原生态高黎贡山猪产业化之路。

我们看到的壹家村的万头猪场项目，全称是"江海同创·壹家村"10 万头原生态高黎贡山猪合作养殖产业脱贫示范项目。"江海同创"由来，见证了另一段扶贫传奇。

在政府规划中，高黎贡山猪是政府着力打造的怒江山地畜牧业的特色品牌。因此，在市场的前端建设上，政府把品种提纯和改良、提高产能并带动农户增收的重任放在了壹家村合作社。

为了扶植合作社，怒江州政府将珠海方面的国企力量引入崇仁村。珠海市是怒江州的东西扶贫协作结对帮扶城市，2017 年，珠海市属国企珠海市农控集团、泸水市国企泸水市农业投资有限公司、云南建丰农牧产业发展有限公司共同出资 1250 万元，组建怒江江海同创农业投资有限公司。全面启动"江海同创·壹家村"项目，"江海同创"由此而来。

在政府、企业、农户的共同努力下，"江海同创·壹家村"项目创造了"11511"合作养殖产业互助脱贫新模式，即共用 1 个养殖单元，依托 1 名能人驱动，带动 5 个建档立卡贫困户，共同饲养 100 头高黎贡山猪，确保每年户均增收 1 万元以上。

在公司统一建设的养殖小区里，1 个养殖单元包括可以养殖 100 头高黎贡山猪的圈舍和 3 至 5 亩的放养区。在养殖过程中，由致富带头人带领建档立卡贫困户组成合作养殖小组，共同饲养高黎贡山猪，建档立卡户负责在自家地里种植青饲料，保障猪饲料供给，公司则订单式现金收购青饲料，同时为合作养殖小组提供保姆式养殖技术服务和成品保价回购等。

兰坪县兔峨乡江末村褚杨华是曾经的建档立卡贫困户。因为上有老下有小，自己也没什么技术，无法外出打工的褚杨华为自家"摘帽子"的事很烦恼。2016 年，褚杨华尝试养猪，结果因为技术不过关，褚杨华饲养了 3 头母猪，只存活下 5 头仔猪，卖猪后血本无归。

2017 年 5 月，不甘心失败的褚杨华经人介绍到壹家村高黎贡山猪养殖基地参观学习，培训一结束，褚杨华就申请加入壹家村合作社，并申请了 10 头 50 斤的育肥仔猪作为合作养殖。一年之后，褚杨华卖猪时乐开了花，10 头合格的商品猪价格高达 31000 多元，扣除仔猪、专用生态饲料、保险等款项后，褚杨华一家净赚 10800 元。

我们见到褚杨华时，他刚当上小组长没多久，月薪达到了 4000 多元。他告诉我们，他打算向公司申请一个合作养殖单元，然后将全家人接过来，带上 3 个贫困农户，按"11511"模式来合作。

褚杨华这样说："党的恩情是太阳，政府关心是雨露，公司是靠山。"

据王兆武介绍，2017 年，公司带动建档立卡贫困户 369 户 1073 人参与合作养殖，当年有 289 户 698 人成功脱贫。

王兆武为我们解析了农户养殖高黎贡山猪的增收途径：第一，现金收购农户地里出产的青饲料，变田间杂草为人民币，增加生产性收益；第二，农户与公司按"11511"合作养殖增加产业性收益；第三，参与建设园区的农户可获得每天 100～120 元劳务性收益；第四，通过土地、贷款和政策补贴资金入股分红等方面获得资产性和政策性收益。每个合作养殖小组，每年养殖 100 头高黎贡山猪，按以上各项收益，每个建档立卡贫困户年均可增收 1 万元到 3 万元，致富带头人年均能增收 3 万元到 5 万元。

截至 2018 年 9 月，壹家村高黎贡山猪种源扩繁基地占地约 350 亩，存栏能繁母猪 1800 多头；合作社成员通过分散育肥、原生态养殖的高黎贡山猪达到 13000 头；当前公司规划和在建的养殖小区（社员合作养殖育肥基地）有 5 个，总占地超过 1100 亩，规划建设 200 多个养殖单元，能集中养殖高黎贡山猪 2 万多头。

混合所有制新型农业经营主体的组建，为王兆武的创业增添了新动力，同时也为推进高黎贡山猪产业高质量发展提供了一条探索路径。

王兆武说，政府按市场机制参与股份制合作，对企业的督促会使企业更有动力。事实上，多年来王兆武没有拿过政府补贴，他说，"补贴会让企业产生惰性，企业发展还是要靠自己的内生动力。"

怒江州委、州政府高度重视高黎贡山猪产业培育，泸水市委、市政府将打造"高黎贡山猪—老窝火腿"产业确定为泸水特色农业的重点。像这样干下去，王兆武信心特别足。

"未来，我们要全力加快养殖小区建设，大力推进合作养殖进程；扩大养殖规模，加快产业发展，优化增收机制，促进农民增收。"王兆武说。

王兆武向我们强调了一下"11511"模式。他说，这个合作养殖模式还有许多可以优化的空间，农民增收潜力还有待进一步挖掘。资产性分红只是其中较小的部分，而政策性扶持资金入股分红，在资产性分红中实际占比也很小。"要切实带动农民增收，让更多农民参与合作养殖才是产业脱贫的真谛。"

产品的终端是市场变现。对此，王兆武表示，"保产能与增销售，一个都不能少。"他说，公司精准定位珠海、上海、北京、重庆等大城市的高品质消费市场，通过"共享、定制、特供、体验"的共享模式，将怒江的高黎贡山猪资源转化成产业、产能和价值，打造怒江的新名片，创造农民的新财富，造就企业的大发展。

## 第三节　秦岭茶飘香　山村情更浓

秦巴大山深处的紫阳县，是世界上面积最大、富硒地层最厚的天然富硒区之一。据说那里出产的富硒茶，在唐宋和明清时期都是有名的贡茶。目前，紫阳富硒茶的品牌价值已达到了 62.22 亿元。然而，很少有人知道，紫阳富硒茶主要用春茶，夏秋茶基本卖不上价。直到有一天，紫阳来了一位东部的女企业家，使得那里的秋茶变宝。

2017 年 12 月，女企业家施丽平随江苏考察团赴陕西紫阳县精准扶贫，她在当地购买了一批茶。"那时的紫阳县还是国家级深度贫困县，我们进村买茶，路上一边是大石山，一边就是汉江。有时山上会滚落一些小石头，路很险。想到那里是深度贫困县，我心里很不是滋味。"

一段扶贫之旅下来，施丽平惊讶地发现，紫阳茶叶有这么好的品牌价值，但它的夏秋茶并没有被很好地利用起来。施丽平认为，如果改变茶叶的加工方式，紫阳夏秋茶有可能打出另一片天地。

施丽平有了主意，但遭到家人的极力反对。多年商场打拼下来，施家已小有成就，施丽平也到了人生该歇一歇脚的年纪了，家人都劝她何必到山里去吃苦。

"可是我看到与我们东部比，那里太落后了。这么好的茶叶没能好好利用，太可惜了。"她说。

在紫阳县焕古镇，施丽平遇到了镇党委书记蔡英宏，与蔡英宏接触下来，施丽平吃了"定心丸"。当时的蔡英宏因为下乡摔伤了腰，正在静养，听说施丽平在考察茶产业，蔡英宏顶着伤痛热情地接待了她。"蔡书记的腰都直不起来，我分明能感受到他的痛了，但他还是很详细地向我介绍镇里的投资环境，一点没有应付的样子。这样的好干部真令我感动！"施丽平说。

当地的营商环境如何，这是企业家重点要评估的投资要素。蔡英宏对施丽平说，以后有事情不管白天黑夜都可以找他，他会第一时间帮助处理。当地有这样好的领头人，施丽平心安了，决定留下来办企业。

就这样，在江苏省对口帮扶陕西省工作队牵线搭桥下，施丽平成立了陕西茶棒茶科技有限公司，以产业扶贫为抓手，以科技创新赋能扶贫。施丽平来到紫阳县焕古镇大连村，采取"公司＋农户＋基地"模式开发紫阳夏秋茶。

要把好茶的产品附加值提升起来，扶贫的收益才会更高。施丽平着眼目前欧洲、日韩的喝茶流行趋势，投入资金，研发利用紫阳的夏秋茶来加工红茶袋泡茶。

施丽平告诉我们，在世界茶消费中，袋泡茶的平均消费水平为23.5％，欧洲部分国家为80％以上，美国则高达90％。"我们开发的茶棒茶属第三代袋泡茶，非常适合现代快节奏的生活。"

这种茶棒茶采用食品级纯铝材质，内置原叶茶，既可保障茶汤顺畅流出，又可滤掉茶叶的苦涩味。时尚的喝茶方式加上自带扶贫效益的好茶叶，施丽平觉得，这是美美与共的好事。"人生经历中能有一段扶贫的经历，办企业的境界才算得到升华。因为，这是企业家的社会责任。"

一开始，施丽平与大连村的201户贫困户签订了帮扶协议，现在，她总共与3个村签订了帮扶协议。施丽平说，春茶好卖，不用她收，她只收村里平时卖不出去的夏秋茶，想真心实意地帮助老乡多增收一点。

2020年，苏陕资金投入100万元扶持茶棒茶作为苏陕协作扶贫高端产品予以推广。9月17日，施丽平受邀出席在陕西延安举办的全国消费扶贫论坛，茶棒茶作为活动指定饮品广受好评。11月5日，江苏省对口帮扶陕西省工作队领队、陕西省发改委副主任杭海带队实地考察公司，对公司的发展方向、茶棒茶产品、带贫效果十分赞赏。

施丽平研发的这种茶棒茶，后来还有幸成为"消费扶贫832平台"的首批产品之一。"832平台"是国家为帮扶832个贫困县而特别开设的线上采购平台，对上线的扶贫产品都有一定的品质要求。2020年，秦巴大山深处这款时尚的茶棒茶在那里一炮而红，库存量基本见底。

2020年12月，我们在北京见到了施丽平。她告诉我们，公司正在新建的生产线有2条，项目总投资1000万元，可为当地提供150多个就业岗位，可消化农户50多吨夏秋茶。

施丽平心里更有底气了。她计划通过线上线下发力，积累口碑，打造秦巴茶叶新品牌。"把产业留在乡里，可以巩固、拓展脱贫攻坚成果，将来我们还要实施茶叶的一二三产融合计划。为乡村振兴出一份力，我很满足。"施丽平笑着说。

## 第四节　"山海情"里的民企"花儿"

从贵州山区的小板栗到怒江边上的"猪银行"，这些案例的创新可圈可点，是民企的首创。而其中还可以圈点的，就是这些民企创新离不开各级党委、政府、统战部门、工商联的协调与推进。对此，我们还可以从民企参与对口扶贫"闽宁模式"中找到更多答案。

东西部扶贫协作机制哪家强？闽宁模式数第一。

2021年开年，一部电视热剧《山海情》高开高走，豆瓣上22万人点评，评分一开始就是9.1分的高分，之后一路上升，最后达到9.4分，被誉为现象级的佳作，巅峰国产剧。故事的背景之一就是国家对口支援机制下的闽宁模式。

1996年，国务院启动东西对口帮扶战略，福建省与宁夏回族自治区签订对口帮扶协议。遵循"优势互补、互利互惠、长期协作、共同发展"的原则，对口扶贫"闽宁模式"逐步形成。

在对口扶贫"闽宁模式"中，民营企业是"闽宁模式"中最活跃的社会力量。二十多年来，许多闽商响应国家号召落户、扎根六盘山下，助力宁夏打响脱贫攻坚战。2013年9月，国务院扶贫办正式将"闽宁模式"列入《中国社会扶贫创新行动优秀案例集》，并向全国推广。

1. 产业扶贫：既找市场又传理念

在《山海情》里，"土妹子"麦苗与许多姐妹们来到福建的一家电子厂打工，从一个爱出错的员工成长为车间组长、分厂负责人，一路走下去，麦苗最终在家乡自己创业。

在现实生活中，麦苗的故事其实比比皆是。当年，许多闽商企业不仅主动让出岗位，创造条件，安置了宁夏劳动力就业，而且，还有许多闽商直接携资金、技术入宁帮扶。

福建得改革开放之先机，是全国市场经济较为发达的省份之一，闽商也在改革浪潮中成长起来，成为率先富起来的群体。闽商与东西部扶贫协作机制的结缘，最早要从闽商响应习近平总书记的号召说起。

1997年4月，闽宁对口协作第二次联席会议在宁夏召开，习近平同志时任福建省委副书记、福建省对口帮扶宁夏领导小组组长。会议期间，他与11位在宁闽商代表座谈，希望闽商进一步发展，把福建的先进理念带到宁夏，动员更多的企业家到宁夏找市场、搞开发，结成联合体，共同发展。

那时，距离闽宁对口扶贫协作第一次联席会议不到半年，此前一年的11月，闽宁对口扶贫协作第一次联席会议提出了"动员企业家到宁夏投资办厂""开展经贸合作""兴办社会公益事业"等要求。

重视发挥闽商参与扶贫开发的作用，后来成为历任福建省委、省政府领导班子的共识。例如，在2011年闽宁对口协作第十五次联席会议上，时任福建省委书记孙春兰要求，要进一步联手开拓市场，整合企业和政府资源，支持闽商、宁商加大省区间和国内外市场的开拓力度。在2014年闽宁对口协作第十八次联席会议上，福建省委书记尤权要求，要拓展产业协作，推动、支持和引导两省区企业开展现代农业发展、资源能源开发、基础设施建设等方面的产业合作。

2016年，闽宁对口帮扶二十年之际，我们采访了福建省工商联以及一些闽商。

闽宁对口扶贫协作中，民企最绚烂的扶贫乐章是产业扶贫。

据福建省工商联有关人士介绍，"80后"闽商陈宗平创办了皇达生物科技工程公司，针对六盘山区乃至西北地区珍稀濒危植物进行深层广泛的开发和推广；德龙酒业投资20亿元在宁夏建设葡萄种植酿酒基地；闽商林小辉创办宁夏新坐标鞋服实业公司，借助"一带一路"，打通了阿拉伯市场；闽商林水英在西吉县注册成立了华林蔬菜有限公司、闽商陈永钦在宁夏创办香吉集团马铃薯淀粉加工企业等。福建的海鲜、桂圆、开心果、安溪铁观音、台湾金门高粱酒等产品也在闽商的经营下纷纷走进西北市场。据不完全统计，2016年之前，赴宁夏投资的闽商每年都以 20％～30％ 的速度递增。

闽宁协作给当年宁夏贫困群众带来的影响是深刻的，特别是在市场经济的观念方面，福建人"敢为人先，爱拼才会赢"的精神，改变了许许多多像麦苗那样的村里年轻人。

当时，福建省工商联的同志告诉我们，闽商协作模式带出了一个渴望创业的宁夏本土创客群体。

来自宁夏的蒙忠鹏在福建莆田新威电子有限公司工作学习了七年。回到家乡后，蒙忠鹏注册了西吉县震湖鹏强杂粮种植专业合作社，合作社年加工杂粮上千吨，辐射带动周边 5 个乡镇 2000 多农户亩增收 2000 元。

蒙忠鹏说："我在福建学会了企业管理，还开阔了视野。这些都给了我创业的勇气和毅力。"

南国强从福建德信公司带回了"三件宝"：资金、思路和市场。南国强创办了西吉县义丰养殖专业合作社，带动农民养殖黑山羊致富。

多年来，一批又一批蒙忠鹏、南国强这样的宁夏外出务工人员返乡创业，不仅为家乡的经济发展贡献了力量，也成为当地带动老百姓脱贫致富的能人。

### 2. 公益扶助：从捐助一口水窖开始

1994 年，在中央统战部、全国工商联组织推动下，我国非公有制经济人士倡导发起"光彩事业"，号召先富起来的非公有制经济人士积极到老少边穷地区参与扶贫开发。光彩事业"义利兼顾、以义为先"核心理念与闽宁对口协作的宗旨十分一致。福建省委统战部、省工商联号召闽商弘扬光彩精神，用各种方式帮助宁夏脱贫致富。

闽宁对口帮扶协议签订伊始，全省统战系统、各级工商联、商会组织纷纷组织企业向宁夏提供帮扶。民营企业家到宁夏实地考察，既为贫困地区恶劣的自然环境和贫困程度所震惊，也为贫困地区人民群众艰苦奋斗的精神所感动，大家纷纷慷慨解囊奉献爱心。

1997 年 9 月 24 日，福建省光彩会成立。时任福建省委副书记习近平还担任了福建省光彩会名誉会长。

第二年，七位福建省光彩会副会长向全省非公有制经济人士发出"每个企业节省一桌酒席钱，捐助宁夏打一口水窖"的倡议。全省非公有制经济人士踊跃捐资近 50 万元帮助宁夏打了 200 口水窖。

200 口水窖，开启了福建光彩企业家向宁夏慈善捐赠的新篇章。据不完全统计，1996 年至 2016 年的 20 年，在闽企业家通过福建省光彩会向宁夏共计捐款捐物达 1200 多万元，捐建希望小学 13 所。此外，在 2012 年 8 月的"中国光彩事业宁夏行"活动中，中国光彩会副会长、闽商曹德旺设立的河仁慈善基金会向宁夏定向捐赠 1000 多万元。宁夏福建企业家协会在当地捐资助学 2000 多万元、捐款 3000 多万元帮助改善基础设施建设、捐助 1000 多万元改善当地生活环境等。

### 3. 工商联、光彩会担任"服务员"穿针引线

闽商入宁，少不了各级统战部、工商联、光彩会等"娘家人"。各级统战部、工商联、光彩会充分发挥联系非公有制经济人士的桥梁纽带作用和商会组织网络健全、民营企业资源丰富的优势，通过"三种途径"为闽宁民营企业项目合作牵线搭桥。

率领闽商参加省委、省政府组织的闽宁经贸交流活动。仅仅在闽宁合作协议签订之后的三年间，福建省委统战部、省工商联组织全省近百位民营企业家到宁夏考察访问，签下了 10 多亿元的投资贸易合同和意向。

组织民营企业家参加宁夏各级党政开展的大型展会活动。如宁夏投资贸易洽谈会、宁夏枸杞节、宁夏国际清真食品穆斯林用品节、中阿博览会、宁夏·福州经贸合作推介会以及宁夏相关地区经贸考察团来闽招商引资等。

组织民营企业家赴宁夏考察市场。例如，2013 年福建省工商联开展"福建百名企业家固原行"活动，共签约项目 19 个，总投资 70 多亿元。福建省委统战部、省工商联多次组织福建企业家考察团和宁夏福建商会企业家到宁夏闽宁镇考察，引进了闽商陈力辉的亚通水科技和创新管材塑料项目等 7 家劳动密集型企业在闽宁镇落户，实际投资超过 5 亿元。据不完全统计，20 年间各级统战部、工商联和商会组织带去宁夏考察的民营企业家超过千名。

支持宁夏闽籍商会建设，使之成为在宁闽商的组织基础和精神家园，成为开展闽宁对口协作的重要载体和平台。这是福建省委统战部、省工商联 20 年

来扶助闽商入宁的重点服务工作。

闽商是在全国设立异地商会最多的群体，截至 2015 年底，全国各地共有福建异地商会 1169 个。目前，在宁夏的异地闽籍商会已有 7 家，以闽商企业为主成立的行业商会有 6 家，基本涵盖了在宁夏的主要闽商群体。

为了引导、保障商会健康发展，虽然相隔千里，福建省委统战部、省工商联与在宁闽籍商会保持密切联系，在商会中深入开展非公有制经济人士理想信念教育实践活动，构建"亲""清"新型政商关系，加强商会组织建设，增强商会的凝聚力和影响力等。历任省委统战部、省工商联主要领导每到宁夏考察，都要到商会调研座谈，了解商会发展状况，并向商会通报福建省经济社会发展情况等。

回族的"花儿"，是西北特有的情歌样式。依山傍海的福建与西北内陆深处的宁夏回族自治区唱响了一曲对口扶贫的"花儿"，闽资入宁，是这曲"花儿"重要的有机组成部分。

据不完全统计，闽宁对口帮扶协议书签订 22 年，福建省各级统战部、工商联和商会组织已推动闽商在宁夏成立了 13 家异地商会和行业商会，带动赴宁创业的闽籍企业和商户 5000 多家，年创产值近 400 亿元，年上缴税金 10 多亿元，安置就业 10 万多人，为宁夏招商引资超千亿元，帮扶社会公益事业超亿元，为闽宁对口扶贫协作做出了积极贡献。

福建民营企业运用中国特色社会主义市场经济的音符，写下了绚烂的"先富帮后富，最终达到共同富裕"的民企乐章。

## 第五节　一路向西北

组织东部发达省市帮助西部贫困地区，开展对口援疆、援藏、援青海等四省涉藏地区，是国家对边疆地区、民族地区、革命老区加大脱贫进程，实现共同富裕的战略举措。参与东西部扶贫协作与对口支援，为民营企业履行社会责任，实现转型发展提供了重要路径。2018 年 8 月 16—19 日，我们随全国工商联调研组赴上海调研，其中一项重要内容正是探访上海民企参与东西协作扶贫的情况。上海民企响应国家号召奔赴西部，用生动的扶贫实践为"万企帮万村"精准扶贫行动增添了光彩。

### 1. 资源下乡，农品出山

7月，新疆桑葚进入成熟时节，果实硕大、紫红。7月22日，新疆泽普县奎依巴格乡玉吉米勒克村村民托合提·尧里瓦斯卖了自家的桑葚，笑得合不拢嘴。因为市场价大约每公斤10元的桑葚，托合提·尧里瓦斯卖出了每公斤15元的价格。

能像托合提·尧里瓦斯那样高兴的，还有新疆莎车县20个贫困村、泽普县80个贫困村的建档立卡户贫困户。2018年，他们的干鲜果品都不愁卖。新疆闽龙达干果产业有限公司6月新上的FD冻干技术生产线可以妥妥地接纳他们生产的果品，这条生产线预计年加工8000多吨，可帮助当地1500多户种植农户解决鲜果来不及卖、难储存的问题。

新疆闽龙达干果产业有限公司是2010年上海市第一批援疆落地的企业。

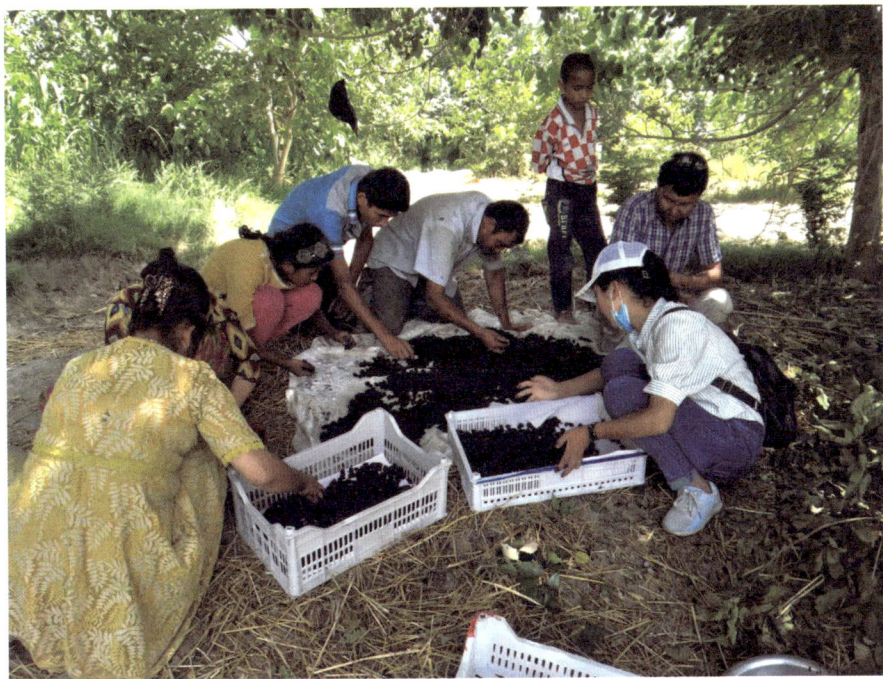

图6-4　桑葚丰收

公司在茫茫的新疆戈壁滩上建起厂房、开拓果园基地、包收贫困户的果品，建成了国家级红枣产业化经营标准示范区。八年之后，公司吸纳当地劳动力就业近200人，农忙时节临时用工1000余人次，将优质的新疆干鲜果品卖到上海各大超市，并借力"互联网＋"入驻天猫、京东等知名电商卖到了全国市场。

8月17日下午，在上海浦东新区工商联，上海闽龙实业有限公司总经理任长艳向大家讲述了公司入疆八年的创业故事。

以上故事，是其中的一个片段。任长艳说："近三年累计销售喀什特产超过1.8亿元，年均销售额6280万元。公司正在与美国迪士尼公司洽谈合作。"

助推东西扶贫协作，上海民企"农"味儿十足。类似这样参与东西扶贫协作的上海民企还有许多。上海民企走新疆、下云南、去西藏，将上海的城市资源带到那里，打通西部资源与东部需求的瓶颈，开拓出一片新天地。

上海金山区对接云南普洱市。在上海市金山区，金山区政府合作交流办副主任奚晓龙告诉调研组，一方面，金山区促成了自在庄园、洱海山田等企业落户普洱市宁洱哈尼族彝族自治县；另一方面，金山区引导普洱市龙头企业产品打开金山区的市场，推广了普洱核桃乳、高山蔬菜等农副产品。此外，金山区各街镇（工业区）企业还参与到普洱友好乡镇结对帮扶工作中，多次投资考察并捐款捐物累计450多万元。

对于下一步的计划，奚晓龙表示，上海金山区将在农产品深加工、市场营销上给予普洱高原特色农业更多的支持，培育普洱市的产业大户，做好产业融合发展，带动更多的贫困户增收脱贫。

2. "年轻一代"在行动

"大家有没有听说过'公平贸易咖啡'（Fair Trade Coffee）？如果你走进一家咖啡店，看到广告说'本店采用公平贸易咖啡豆'，那么就意味着，在一杯咖啡售卖中，咖啡农获得了合理的收益。"

8月17日上午，在调研组的座谈会上，晋太元中（上海）科技有限公司董事长于奇楠介绍自己的扶贫心路时倒出了一杯"公平贸易咖啡"。

公平贸易是一种有组织的全球社会运动，在贴有公平贸易标签及其相关产品之中，它提倡一种关于全球劳工、环保及社会政策的公平性标准，其产品包括了手工艺品、农产品等。概言之,公平贸易是要让产品最前端的生产者卖出合理的价格,获得公平的收益。

三十岁出头的于奇楠是参加座谈会中年纪最轻的企业家。他的公司正在研究类似的公平贸易模式,希望能打通所有的产业链环节,为生产者争取更多的利益。

作为年轻的创业者,于奇楠坦言,开公司时并没有扶贫的概念,接触扶贫非常偶然。2018年1月,在上海市工商联的组织下,于奇楠随上海市工商联代表团前往贵州省安顺市参加全"万企帮万村"消费扶贫活动。在飞机上,于奇楠与均瑶集团驻贵州望谟县的企业干部徐建军攀谈,听说了均瑶集团帮扶望谟县种植板栗的故事。在贵州期间,于奇楠来到了望谟县考察均瑶帮扶的村子。

于奇楠的企业有经营国际农场、云南咖啡庄园和玫瑰庄园的业务。受到均瑶集团的启发,于奇楠认为,可以通过定产定销来扶贫,在扶贫的范畴内研究打造农业产业链,让渡出公平的利润给生产者。于是,于奇楠通过众筹、认购等方式与望谟的贫困户签订了种植协议。

"我们认同公平贸易的理念。我们先尝试,希望能总结一些市场经验,运用到帮助农村困难群体中。"于奇楠说。

当时,于奇楠还在云南签下了普洱庄园和玫瑰庄园的合作协议,尝试更多的办法参与到东西扶贫协作中。

在8月17日上午的座谈会上,上海闽龙实业有限公司的援疆代表戴秀华,一位十分漂亮、娇柔的上海姑娘,对西部扶贫要比于奇楠熟悉得多。

戴秀华每年跑新疆,已经坚持了七年之久。"我们厂区在戈壁滩,挖走1.2米深的碎石才建了起来。我们运土、种树、死了再种,种了八年才有点绿色的样子。刮阵风我都会心疼,树可别给吹死了。"戴秀华说。

2018年,她被评为上海市的"三八红旗手"。她说,新疆是个好地方,更是磨砺人的好地方。付出终究换来了成长,她的青春无怨无悔。

上海非公经济"年轻一代"正在成长为东西扶贫协作机制的新生力量。

"企二代"钟霄已经在东西扶贫协作的路上迈开了更大的步伐。8月18日上午,在上海金山区调研座谈会上,上海金山区工商联青年创业者联谊会副会长、上海裕田农业科技有限公司总经理钟霄说，公司在云南的投资额已有1500万元，洱海山田就是公司投资的企业，主要收购宁洱县的食用菌等农特产品。2018年是公司入滇的第三个年头，虽然业务还在起步阶段，但已经能带动了50多户建档立卡户脱贫，增加了就业岗位70多个。

2018年5月，钟霄所在的上海金山区工商联青年创业者联谊会也行动起来。上海金山区工商联率领联谊会赴云南景东彝族自治县开展商务考察，签署了三个合作意向。上海金山区工商联青年创业者联谊会还计划深度考察景东县的核桃深加工项目，希望帮助当地提升加工技术、打造品牌，并在青创联的圈子销售推广。

### 3. 消费扶贫：温暖的情怀

农产品销售难，几乎是所有贫困地区农业发展的瓶颈问题。在东西扶贫协作机制下，许多东部省份或城市在帮助西部解决农产品销售难上做出很大的努力。面对上海较高的消费能力以及对优质农产品的需求，上海民企引领"云品入沪"如同八仙过海，各显神通。

调研期间，一些较为新颖的消费扶贫模式吸引了大家的目光。

2018年，上海绿亮集团董事长方加亮在消费扶贫上摸索了新模式。方加亮告诉调研组，上海绿亮集团联合上海松江区的一家企业开展咖啡消费扶贫活动。企业与云南保山市合作，以高于市场价格20%的价格收购保山咖啡豆，在上海的闵行、松江推出1500个咖啡机，然后从每个咖啡机的咖啡售卖中提取20%的利润交给闵行、松江的对外协作办公室管理，支持保山和西双版纳的精准扶贫。

一场慈善拍卖会引发的蝴蝶效应，给调研组留下深刻印象。就在调研组到达上海之前，8月13日，上海浦东新区工商联组织企业对口帮扶大理漾濞彝族自治县，启动了2018百年古核桃树采摘权拍卖筹备工作，他们决定在9月28日演绎一场温情进发的慈善义卖活动。

这项拍卖始于2017年。2017年首届拍卖会上，22棵古核桃树两年采摘权共计成交514998元，开创了政府机构、企业组织、拍卖行、农户共同参与拍卖营销的先河。

2018年的这次拍卖均为核桃干果，拟定拍卖的古核桃树的户主都是建档立卡贫困户。主要利益分配方式如下：村集体先以市场参考价收购农户的核桃，拍卖完成后，溢价部分再进行二次分配，10%作为农户产业扶持资金，20%用于加工及物流的必要支出，70%用于发展村集体经济，主要用于提升核桃产业，扶持和推动农户、村级脱贫。村集体制定严格的资金使用方案，由县政府相关部门进行监管。

2017年，"古树核桃果权拍卖营销模式"引来了杭州一龙集团、南通三建和上海九硕企业集团的关注。这些企业分别与漾濞县人民政府签约，帮助当地改善城市基础设施并打造两个旅游地产项目，总投资额超过150亿元。

据了解，2017年至2018年，拍卖会总计会为82户建档立卡户带来收益。9月能否再带来新的投资"惊喜"？大家充满期待。

除了古核桃树果实拍卖，上海浦东新区区委常委、区委统战部部长金梅还介绍了一些民企助力消费扶贫的措施。例如，华辰隆德丰公司免费提供一幢3层500平方米独栋建筑开设了大理名特优馆，开启了"云品入沪"商贸扶贫项目；清美绿色食品、桃咏桃业合作社等企业与大理农业局对接，打开了许多云南产品的华东销售市场；上海界龙集团与漾濞县核桃乳厂签订营销合作协议；家乐宝公司利用"千县千品"电商平台，为大理免除渠道费，帮扶销售特色农产品。

整个调研期间，调研组所到之处，都能听到上海民企参与消费扶贫的故事，调研组组长、全国工商联副主席谢经荣对此给予了高度赞扬。他希望，在东西部扶贫协作和对口支援工作机制下，工商联要引导更多的沪上民企精准聚焦对口扶贫地区，参与"万企帮万村"消费扶贫行动。利用民企的创新智慧，通过展销、集中购买扶贫产品或"帮小企带农户"等方式，充分激活贫困地区优质资源禀赋，破解农产品生产分散、无品牌、无销路的问题。

# 第七章　深山里的互联网扶贫印记

　　据工业和信息化部的消息：2019 年，我国行政村通光纤和通 4G 比例均超过 98％，2020 年，电子商务实现了对 832 个国家级深度贫困县的全覆盖。

　　一张无形的互联网大网，如同穹顶一般，穹顶之下，互联网的时代红利同时惠及广阔的田野、重峦叠嶂的大山。对于生活在那里的人们，特别是那些还没有脱贫的人们，因为这项新技术的推广，有了改变固有的生产、生活轨迹的可能性。

## 第一节　美团的"在线"与"在县"

　　"你们羡慕的诗和远方，是我们想要走出去的地方。"这是贵州省黔西南州晴隆县茶马镇战马村的年轻人易丛斌的话。2020 年之前，易丛斌所在的晴隆县是 832 个国家级深度贫困县，层层叠叠的大山阻隔了人们的思想，阻拦了人们的迁徙流动，不单是易丛斌，在这 832 个县，还有多少年轻人也同他一样想走出大山。互联网时代的来临，一切都有了可能。

　　易丛斌走出大山，遇见了美团。他成了美团的外卖骑手，后来，他有了新生活、新梦想。

　　美团做了什么？

　　创办于 2010 年的美团是国内领先的生活服务电商平台，拥有多元的平台生态及业务板块。美团的"在线"，创造了就业扶贫、培训扶贫、消费扶贫、公益扶贫、旅游扶贫等网络扶贫模式，推动企业形成了"业务发展带动扶贫、扶

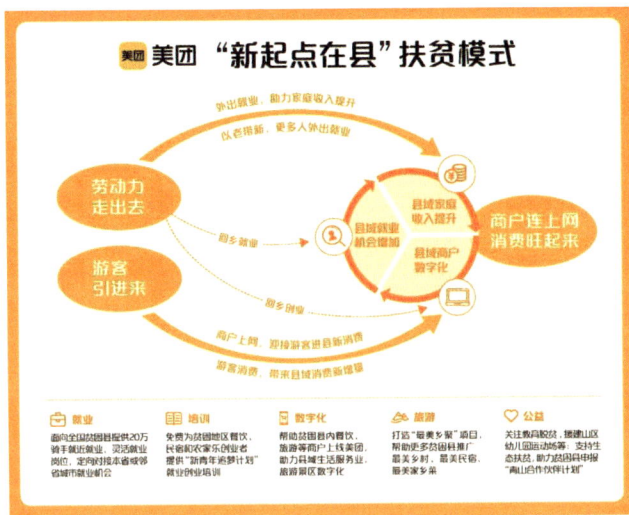

图 7-1 美团"新起点在县"模式 企业供图

贫成效反哺业务"的良性循环。

2020 年 3 月 6 日，习近平总书记在京出席决战决胜脱贫攻坚座谈会并发表重要讲话。在会上，习近平总书记这样说："脱贫摘帽不是终点，而是新生活、新奋斗的起点。"

这年 4 月，美团启动"新起点计划"，面向 52 个未摘帽贫困县提供 5 万个骑手岗位；为贫困骑手提供大病保障、免息贷款以及提供 30 多门针对性培训课程等，给予建档立卡贫困骑手多维度帮扶支持。在"新起点计划"的推动下，越来越多贫困县劳动力通过骑手工作实现了"脱贫增收"。

6 月 28 日，美团宣布，将"新起点计划"升级为"新起点在县"，切实把扶贫举措落实到县一级，面向贫困县再提供 20 万个骑手岗位，聚焦 52 个尚未摘帽贫困县，通过推动就近就业、探索公益及旅游等扶贫方式，稳扎稳打助力贫困县脱贫。

美团"新起点在县"是一个"互联网＋县域扶贫"的计划，通过新就业在县、新基建在县、新旅游在县、新培训在县、新公益在县 5 个方面的举措，帮助贫困县把劳动力输出去、周边游客引进来，并通过生活服务业人才培训、在县商户加速"上网"等方式，切实推进县域经济的生活服务业数字化，创造新就业岗位，形成消费和就业贯穿的县域内循环，从而助力脱贫，推进乡村振兴。

《美团扶贫报告2020》显示，2013年至2020年8月底，累计有931.3万骑手通过平台实现就业增收，其中有54.5万名建档立卡贫困劳动力，目前绝大多数已实现脱贫。

### 1. 晴隆小伙"触网"记

晴隆县，隶属于贵州省黔西南布依族苗族自治州，地处云贵高原中段、毕水兴经济圈的中间联结带。著名的抗战公路——24道拐就位于晴隆县境。

1935年开始修筑的24道拐公路，是抗日战争中国际援华军需物资运输的大通道。24道拐研究专家陈亚林说，修路时，晴隆县城所有能够出动的劳动力几乎全部出动，能拉、能驮的牲口也全部上阵。当年，晴隆县城人口不足5万，被征调上前线的人数达3800余人。每六个青壮年中，就有一个投身抗战保家卫国。此外，晴隆还为多支在此休整的抗战军队提供了大量军用物资。

这样一个深刻记录了家国史的地方，山高坡陡谷深，是扶贫识别阶段的国家级贫困县，是易丛斌想要走出去的家乡。

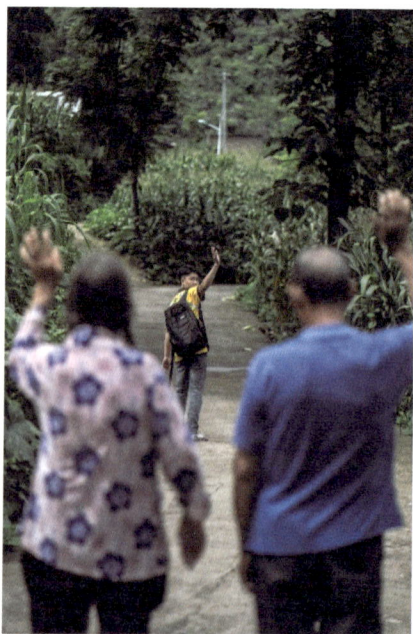

图 7-2　美团骑手易丛斌告别家乡

易丛斌的老家晴隆县茶马镇战马村，单看村名，我们猜测，那里是茶马古道经过的地方，而且还有可能以养马为业。"小时候最大的乐趣是骑马，享受在马背上飞驰的感觉。"易丛斌说。

现在，易丛斌说，马已经很少见到，村村通了公路，两个轮子的、三个轮子的、四个轮子的交通工具已经取代了马的功能。而他自己，在城里也有了代步的"马"——电动摩托，骑着这匹"马"，他是穿梭城市大街小巷的美团外卖骑手。

易丛斌4岁时，妈妈离开，爸爸在外务工，他跟爷爷奶奶相依为命。成年

图 7-3　美团骑手易丛斌一家人　企业供图

后的他也随着父亲的脚步，辗转于东部沿海各大城市打工。随着爷爷奶奶年纪越来越大，易丛斌决定回乡。

2017 年，他在贵阳加入美团，成为一名骑手，第一个月就赚了 5000 多元。"想收入多点，就多跑一点。"多劳多得，这一点让易丛斌很满意。他说，月收入最多时能达到 9000 多元。

他把妻子和年幼的孩子接到了贵阳一起生活。"骑手工作不仅方便照顾家里，还能给家庭收入带来保障，挺好的。"

从贵阳到晴隆大约三个多小时的车程，易丛斌说，这样可以在有空的时候回去看望爷爷、奶奶，不像去东南沿海打工那样，出去一次，过年时才能回家。

"我不想我的小孩一辈子待在贫困的山村里。我先走出来。"易丛斌说。

有了多劳多得的成就感，易丛斌把本村亲戚易贵华也带到贵阳做了骑手，两个人在同一个站点工作。按照辈分来算，只比易丛斌大 5 岁的易贵华是他的"堂爷爷"。月收入能拿到 6000 元左右，"堂爷爷"挺满意。

晴隆县青山村曾经的贫困户郑金鹏也是美团骑手。2020 年初，有朋友介绍 27 岁郑金鹏去当美团骑手，郑金鹏还有点奇怪，"晴隆这么大点的地方，会有这么多外卖吗？"春节过后，郑金鹏去贵阳当了保安，月收入 4000 元。最终，因为总惦记家里生病的父亲，他还是辞职回了晴隆，打算送外卖试试。

2020年6月21日，美团骑手郑金鹏上线。第一天，他就接到40余单，单日收入超过百元。他没有想到，小小的晴隆县城居然有那么多商家开通了外卖服务。

7月，他完成了1700多单，当月收入8000余元。郑金鹏做过深圳富士康的流水线工人、做过餐厅服务员、做过保安，从来没有挣过这么高的工资，他说，这是他十年来拿到的最高月收入。

有一件事激起了他的斗志。据说，他入职的6月，晴隆县有三位骑手月收入近一万元。

"不去大城市了，还是家乡好。"郑金鹏安下心来，开始琢磨自己怎么能月入万元。

每天，与大城市一样，晴隆县的外卖从早餐开始，下午是奶茶的主场，之后在夜宵中结束。

郑金鹏说："90%是年轻人在点外卖，本地人的比例很高。送得越快，单自然就多。"

郑金鹏常常从早上9点工作到深夜12点。他说，他想快些积攒一点本钱，然后去创业，去做养殖。

易丛斌、易贵华、郑金鹏这些骑手，是晴隆县的第一批新时代新就业形态的从业者。这几年，骑手已经成了晴隆的热门就业渠道，特别适合没有什么技能、文化程度稍差，但能吃苦耐劳的中青年贫困劳动力。

2020年8月13日，美团与晴隆县签订战略合作协议。美团的"新起点计划""新起点在县"在那里落地。根据协议，美团通过流量扶持、数字化培训等方式，助力当地生活服务业商家的供给侧数字化，并通过设立骑手这种就近就业形态，帮助当地劳动力实现"一人就业，全家脱贫"，进而带动当地人均可支配收入的提高，反哺当地餐饮等生活服务业的发展。

### 2. 美团的下县与晴隆的上线

美团在晴隆全面铺开了"新起点在县"计划，成就了整个晴隆县的线上线下不夜天。

新就业形态火了。即便是深夜 12 点，在晴隆，你也可以点上一份消夜，一定有骑手送货上门。

晴隆县已有 400 人左右为美团外卖小哥就业，其中 111 人是建档立卡贫困户。美团还帮助当地劳动力定向对接贵阳、遵义等省内周边城市的骑手就业机会，并为符合条件的晴隆籍贫困骑手提供大病保障、免息贷款、子女关怀、学习成长等系列保障。

上线美团平台的商家越来越多。只要在美团上随手一点，晴隆当地的美食、饮品就能送到你的手中。

美团在晴隆县实施"新基建在县"方案，将县内数百家餐饮商家上线美团平台，平台以线上推广、流量扶持助力当地生活服务业完成数字化升级，大力发展数字化新消费形态，创造更多就业岗位。2020 年，晴隆县上线美团平台的商家已有 168 家。

"书亦烧仙草"是西南地区的奶茶饮品品牌，在全国大约有 5000 多家分店。2020 年 6 月，"书亦烧仙草"晴隆县分店正式营业，仅在外卖方面，分店就实现了月订单 1000 杯以上。网上的评价数据也让店家及时调整菜单及推荐顺序，更好地适应当地市场。

"我看好县域经济的发展，都市里的好东西，以后县里都能有。""90 后"店主杨礼源说："酒香不怕巷子深的时代已经过去了，线上平台能让更多人了解我们，也能开拓外卖渠道，对拓展品牌认知和营业额都有直接帮助。"

晴隆县老牌餐饮商家"山桥式"的店主杨小隆表示，以前餐饮外卖都是商家自己配送，从早忙到晚，比较累人。"接入美团配送后，我们只要把饭菜做好，省心多了。"他说，新冠肺炎疫情期间，餐厅现金流受到很大影响。多亏了外卖渠道，这才保住了店面的正常运转。

美团借助数字化翅膀，推动美景留客、美食留客，晴隆旅游愈来愈红火。美团与晴隆当地旅游公司建立合作机制，协助古茶籽化石发现地、阿妹戚托小镇等重点旅游资源的线上推广，带动县域旅游业发展。

2020 年 8 月 13 日晴隆火把节当晚，美团为晴隆县阿妹戚托小镇进行了一场"多场地、多机位、多互动"的沉浸式直播，把堪称"东方踢踏舞"的"阿妹戚托"彝族舞蹈送到了网友眼前，共吸引近 40 万人次观看。

接下来，美团与晴隆县还有共同的规划，要面向贵州省乃至全国范围的网友推介国家重点文物保护单位"史迪威公路——24 道拐"、国家级湿地公园"光照湖湿地公园"、万亩茶园等更多景区，用户只要通过手机就可以直接查询景区信息、预约景区门票或旅行团行程。

"新培训在县"包括在晴隆县免费开展乡村旅游、民宿、农家乐和餐饮等方面的"新青年追梦计划"就业创业培训，为贫困地区餐饮、民宿创业者提供培训辅导、集中示范。"新公益在县"聚焦的是下一代教育与生态环境——美团向晴隆县长流中学捐赠 200 套课桌椅，改善当地教学环境。同时，美团还协助晴隆县申报"青山公益合作伙伴计划"，支持当地生态扶贫工作。

"新起点在县"注重兼顾短期结果与长期效益。短期来看，"新起点在县"通过提供就近就业岗位，帮助贫困户"一人就业，全家脱贫"；长期来看，通过建立县域生活服务业的新型基础设施，比如智能配送网络、智慧景区建设等，推动当地旅游产业发展及县域经济高质量发展。因此，这既有助于决战决胜脱贫攻坚，也为将来乡村振兴奠定了良好基础。

有人说，许多传统的扶贫模式以分离为特征，缺乏在地的关联。扶贫者与

图 7-4 美团骑手 企业供图

被扶者，两者是分离的，扶贫者捐了钱好像就没有关系了，被扶者有没有脱贫，以何种方式脱贫，那是别人的事。另一种分离在于，总会形成人、家庭、家乡的分离，要脱贫，就得离开贫穷的家乡，到一个有钱的地方赚钱，这就意味着要去"远方"。这种分离带来了很多问题，如城市的排斥、进城务工者的孤独、留守儿童与老人、空心的乡村和县城。

确实，这些问题往往被当成"必要的代价和阵痛"，然而，有没有一种扶贫，留住人心，留住乡愁，不要分离，不要远距离牵挂，让在乡在村的人们也可以享受美好的生活呢？美团的扶贫计划提供了一种"打破分离"的解答方案。

"新起点在县"的这种扶贫不用分离。"在县"就是"在地"，人不用分离，不用离开家庭、村子、乡、县，扶贫者创造条件让受助者留在那个他离不开的根。让他们一边工作，一边照顾老人孩子，留下了人，就留下了乡村、乡镇、县城的烟火气，让乡村、乡镇、县城在内循环中形成经济积累。打破分离，骑手成为一个完整的人，一个家庭成为完整的家庭，一个县成为生机勃勃的县。

扶人，让人心安，扶一个经济生态圈，让乡土安稳。美团干的这件好事，暖暖的，是有深度、有温度的扶贫。

2020 年 10 月 17 日，2020 年全国脱贫攻坚奖表彰大会在京召开。美团（北京三快云计算有限公司）作为互联网企业代表获得全国脱贫攻坚奖"组织创新奖"。

## 第二节 "智慧村医"下乡，香吗？

"两不愁三保障"是我国 2020 年实现脱贫攻坚目标的明确规定，"两不愁"即不愁吃、不愁穿，"三保障"即义务教育、基本医疗、住房安全有保障。

2019 年 4 月 16 日下午，在重庆考察调研的习近平总书记主持召开解决"两不愁三保障"突出问题座谈会并发表重要讲话。他强调，总的看，"两不愁"基本解决了，"三保障"还存在不少薄弱环节。"拿出过硬举措和办法，确保如期完成任务。"时间十分凑巧，4 月 17—18 日，全国工商联在江西省抚州市召开"三区三州"深度贫困地区"智慧村医"健康扶贫工作研讨会，研讨健康扶贫中的突出问题，寻找破解难题的路径。

### 1. 医生上班玩手机！？

江西省抚州是有名的"才子之乡"，曾出过王安石、汤显祖、曾巩等名人。人杰地灵的抚州还有着光荣的革命历史，属于原中央苏区振兴发展战略区。当年，毛泽东、周恩来、朱德、邓小平、陈毅等老一辈革命家都曾多次在那里领导和指挥武装革命斗争，建立苏维埃新生政权。抚州是中国工农红军第四次、第五次反"围剿"斗争的主战场，东陂战役、黄陂战役、洵口战役、团村战役、金溪战役和大寨脑、高虎脑、万年亭战斗等都在中国人民革命斗争史上写下了不朽的一页。

四月的抚州市农村，莲田刚冒出新芽，空气里时常飘散着不知名的花香。全国工商联选择在抚州市这块红色的土地召开"三区三州"深度贫困地区"智慧村医"健康扶贫工作研讨会，来自"三区三州"相关省市州政府、卫生健康部门以及工商联负责人，医疗服务专家等100多人参加了活动。

期间，抚州的智慧村医项目给与会者展示了民企参与健康扶贫的一种新模

图 7-5 中央统战部副部长、全国工商联党组书记徐乐江(右二)在抚州与村医交流

式——互联网覆盖农村，创造了一个智慧联通的环境；而下乡的民营企业运用技术、商业模式的创新，实现了"互联网＋与健康扶贫"的联通，用生动的实践，展现了民企"义利兼顾，以义为先"的社会责任风采。

4月17日上午10点多，抚州市临川区上顿渡镇上肖村，七十多岁的章福荣老人来到村卫生室量血压。村医娄似锦摆弄一会儿血压测量仪，就开始埋头弄手机。

医生上班玩手机!? 还当着病人的面!?

这是我们在现场看到的一幕。娄似锦把手机递给大家看，原来，她摆弄的是一个名为"智慧健康小屋"的App，里面记载了章福荣的健康小档案。

"有些老人要不是血压高得头痛，都不会来找医生。"娄似锦说，现在，她通过App随时记录、监控章福荣的血压情况。娄似锦还告诉大家，上肖村140人的贫困人口都在这个"小屋"里，量血压、测血氧和血糖、中医理疗等，村民们只要来到卫生室，都能享受到这些，而且还是免费服务。

下午两点多，我们来到江西省抚州市广昌县甘竹镇笪田村，恰巧遇到谢老汉也来到村卫生室。谢老汉坐定、脱鞋，村医帮他稍稍整理一下，他就很自然地把脚杆子伸进了足底按摩仪。"免费的。"七十多岁的谢老汉笑着对我们说。

我们在卫生室里转了一圈，听诊器、血压仪、血糖仪、中医按摩仪等医疗设备，电脑、打印机，常用药品之类，归置得井井有条。村医眼里的"活儿"可不少，边量着血压，边口头指点村民使用肩颈按摩器，理疗室里还躺着一位等着诊疗的村民。村医的手机时常亮着屏幕，说话间，村医操作了一下手机里的App。

一位也姓谢的村医说，这个"智慧健康小屋"App已有704名笪田村村民注册，通过软件、医疗检测设备硬件互联，这些村民的基本公共卫生服务、基本医疗等健康档案都实时存储在App里，随时可以调阅。这些设备既有官方配备的，也有企业赞助的，给村民带来了免费或者少交费的福利。

当然，这些十分炫酷的"互联网＋"、物联网技术等下农村，要有一定的基础条件，必须具备互联网入村、村有卫生室和村医。上肖村、笪田村具备了这些条件。

　　然而，"防未病"的健康管理理念与服务在城市社区容易推广，在农村推广，村民是否能接受呢？得要群众说"好"，才算好。

　　要过的第一关，不是村民而是村医。

　　一位抚州卫健委的同志说，开始时，有的村医不接受。"有了这些设备，村医的基础服务工作量明显加大，但免费或少收费，村医觉得自己服务多了，工资老样子，收入上不划算。"

　　事实上，经过一年多的运营，以答田村卫生室为例，智慧村医的效果令人刮目相看：答田村户籍人口3914人，一多半人不在村里生活。2017年9月启动智慧医疗物联网，就诊服务8718人次，医疗业务收入241772元。

　　那位抚州卫健委的同志这样解读："因为免费，人来得多了，村医忙。但这也增加了村医与村民的情感交流，融合医患关系；慢病筛查、营养保健、健康关爱等服务都融了进来，对村医的业务收入增长也有好处。"

　　村医告诉我们，谢老汉来卫生室量体温、血压、足部按摩，都成了习惯。

　　谢老汉一边按摩，一边跟我们聊天，"地都流转出去了，我自己不用干活儿。"我们能感觉到他心里的那份安逸，在四月和煦的春风里滋滋地向外冒着。

　　这一切，是抚州实施智慧百乡千村健康医养扶贫工程带来的变化。工程覆盖986个村卫生室、120个乡镇卫生院、24个社区卫生服务机构、15个县级医院等，1813名智慧村医完成培训。通过这个技术平台，城市优质的医疗资源可以远程下乡，切实减轻了农村群众看病难、看病贵的问题；而未病先防的健康管理理念在农村得到推广，贫困人口的健康管理也有了新抓手。简言之，抚州百乡千村的农村群众在家门口拥有了自己的掌上"家庭医生"。

　　这一切是政、企、社会合力的成果。

　　健康扶贫，是脱贫攻坚的重要一环，治病、降费、兜底，让贫困患者存量不断减少；而防病、健康教育等则是健康促进，是控制因病致贫、返贫人口增量的关键。然而，公共服务供给不足，是"医疗保障"的薄弱环节之一，这是当地政府很头疼的问题之一。

　　2018年底，国家卫生健康委等制定印发《健康扶贫三年攻坚行动实施方案》，强调了进一步动员社会力量参与，鼓励社会资本积极参与其中。抚州智慧百乡千村健康医养扶贫工程得以顺利推进，社会资本的助力功不可没。

### 2. 攻克"三保障"薄弱环节，民企参与协同发力

抚州智慧百乡千村健康医养扶贫工程，是在地方政府完成卫生院室、村医队伍建设以及村村通 4G 网络的基础上，由民营企业捐建。

助力抚州"智慧村医"平台建设的主要民营企业是北京万度健康科技有限公司（万源企业）。2017 年 8 月，万源企业无偿拿出资金、人力、技术，推动抚州"智慧村医"平台建设，项目首先在三个试点县区上线。

答田村的那一幕幕在这三个试点县陆续上演。不仅看病拿药的村民被智慧村医吸引来了，身体健康的村民也被智慧村医吸引来了；许多智慧村医的收入都有了明显增长；乡村里的医患关系发生了一些新变化，情感交流让医者与患者更贴近，听说有位村医甚至被村民推选为村支部书记。

"智慧村医"服务还包括远程医疗，可以直接把县、市、省甚至北京等大城市的一流医疗资源下沉到农村。

2018 年 2 月，在抚州市临川区上肖村村医务室的电脑前，村民娄佛龙有

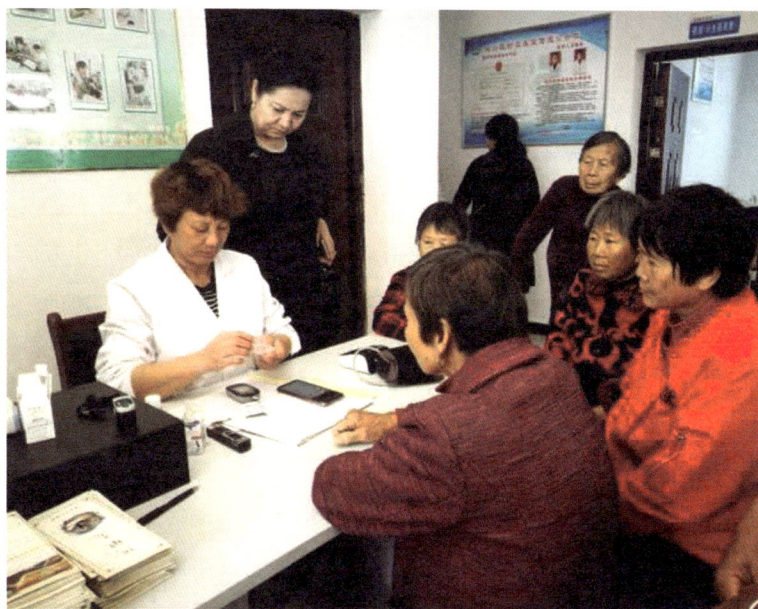

图 7-6　抚州智慧村医的工作场景

幸"请到"了北京阜外医院的杨跃进教授为自己看病。这是智慧村医平台的双视频问诊系统把千里之遥的教授"送"到了江西农村。

当时，抚州方面提供了一些智慧医疗下乡之后的统计数据：乡村医疗卫生机构诊疗量达到60%以上，县域内就诊率90%以上，2019年一季度，抚州市下辖的国家级贫困县乐安县医疗支出总量下降达17.6%，在以往年度医疗支出快速增长的情况下出现"拐点"。抚州智慧村医项目与许多地方政府的医疗健康信息化软件交钥匙工程相比，可以节约政府投入至少5倍以上。

18日，现场考察之后，"三区三州"深度贫困地区"智慧村医"健康扶贫工作研讨会在抚州市举行。中央统战部副部长，全国工商联党组书记、常务副主席徐乐江出席会议。全国工商联副主席谢经荣主持会议。

会议传达并学习了习近平总书记在重庆解决"两不愁三保障"突出问题座谈会上的重要讲话精神。与会代表共同研究探讨了民企为深度贫困地区脱贫摘帽提供健康保障的有效举措。

工商联是民营企业的"娘家人"，对于如何引领民企拿出过硬的举措和办法来助力健康扶贫，徐乐江强调，要充分发挥市场配置资源决定性作用，更好发挥政府作用，在确保农村基础医疗设施和人手保障的前提下，转变思维，创新手段，注重发挥技术型企业的优势，提升乡村医疗服务基层群众的效率水平。

他要求，民营企业参与健康扶贫工作要聚焦突出问题，切忌"撒胡椒面"，重点帮扶"三区三州"地区实现脱贫摘帽；各地工商联也应从实际出发，立足协助解决"两不愁三保障"突出问题，根据地区情况选择健康扶贫工作方法，拿出适合自己的时间表、路线图，凝聚民企力量，会同专业组织等，协助地方政府部门形成健康扶贫合力。

抚州智慧村医工程取得了一定的成果，但也存在许多可以提升的空间。抚州方面指出，智慧医疗体系尚未纳入公共卫生管理系统，村医仍要按流程填写日常诊疗及健康服务的各类纸质表格，村医的重复劳动问题依然存在。此外，医疗技术设备配备不足也影响了服务功能的实现。这是一个普遍存在的问题，不仅是抚州，各地探索的农村智慧医疗模式也都存在类似的问题。一位抚州政府方面的人士建议，将智慧医疗体系纳入公共卫生管理系统，创造更好的条件，增加群众的获得感、幸福感、安全感，提升卫生管理效率。

在中国社区卫生协会专家丁小燕看来，8亿多农村人口的卫生健康，基本上是由全国100多万村医承担，村医就是支撑健康扶贫不可或缺的"前沿队员"。"我们应当创造条件，提升他们的诊断能力以及发挥他们在'治未病'中的作用。"

北京大学第一医院医务处党支部书记房洪军建议，从国家层面做好顶层设计，上下联动，为农村基本医疗做好基础保障。合理布局智慧村医，提升基层医疗的服务能力。

来自云南怒江傈僳族自治州卫生健康委员会的一位负责人表示："虽然怒江州健康扶贫工作取得了一些成效，但怒江州农村基本医疗服务半径大，服务效率低、服务成本高，现有的基层卫生领域信息化建设严重滞后，严重制约了'怒江2020'健康扶贫基本医疗的实施。"他说，下一步，怒江州在中央统战部、全国工商联的支持下，将积极推进"智慧村医"项目落地实施，造福当地百姓。

会议期间，来自"三区三州"的同志还提到，"三区三州"特别艰苦，如何建设村医项目，除了基础的硬件条件，智慧村医模式可以研发一些民族语言版本，更利于在"三区三州"推广。

在助力"两不愁三保障"中，民企成为弥补政府公共服务供给不足的有益补充。

## 第三节　最早的"互联网＋扶贫"

2016年10月17日，是我国第三个扶贫日。这一年，国家首设全国脱贫攻坚奖。习近平总书记强调，设立全国脱贫攻坚奖，表彰对扶贫开发作出杰出贡献的组织和个人，树立脱贫攻坚先进典型，对动员全党全社会共同努力、打赢脱贫攻坚战具有重要意义。

首届全国脱贫攻坚奖共有38人分获奋进奖、贡献奖、奉献奖和创新奖。创新奖从扶贫脱贫主体中产生，表彰在实施精准扶贫精准脱贫方略中理论与实践创新的先进典型。广西空店资产管理有限公司总经理吴丹获得创新奖。

可以说，吴丹是利用"互联网＋扶贫"的第一人，最早开展消费扶贫的第一人。他带领广西空店资产管理有限公司花了近两年的时间，形成了"空店＋政府＋第一书记＋贫困户＋城市居民＝全社会共同参与"的空店科技精准扶贫模式，走出了一条"空店平台建设、政府支持、第一书记推动、贫困户积极参与和城市居民消费"的全社会共同参与的精准扶贫创新之路。

我们在 2016 年 7 月采访了吴丹。

### 1. 缘起

当时的空店公司是一家互联网创业公司，以"互联网＋"为行动计划，创新推出"空店＋金融超市""空店＋六堡茶""空店＋保险""空店＋农村电商"等创业型项目。2016 年 10 月，公司有 45 万注册用户、1000 多家线下空店、300 多家城市实体店。

促成空店深度下乡扶贫，要从广西壮族自治区工商联说起。

空店是自治区工商联的会员企业，2015 年全国扶贫日，全国工商联、国务院扶贫办、中国光彩会发起"万企帮万村"精准扶贫行动，工商联及时把文件精神传递给企业，让当时的吴丹眼前一亮。

政策春风也来得正好。2015 年 11 月，国务院办公厅印发《关于促进农村电子商务加快发展的指导意见》(国办发〔2015〕78 号)，国务院扶贫办将电商扶贫工程列为精准扶贫十大工程之一。

吴丹认为，电商扶贫是国家大力支持的发展方向，如果公司的发展规划尽快与国家政策方向紧密结合，将可获得发展先机；发展农村电商与精准扶贫相结合，也是企业履行社会责任的好载体，比起单纯地捐款捐物，帮助贫困地区通过互联网获得发展机遇更具脱贫的可持续性。

吴丹的想法得到了自治区政协副主席、自治区工商联主席磨长英的支持。当时，磨长英的扶贫点在广西河池市天峨县，磨长英给吴丹提了一个建议："可以在天峨试一试，发挥企业优势，帮助那里的贫困村解决农产品销售难题，培养贫困群众市场意识，提高贫困群众发展生产的积极性，增加农产品的附加值。"

河池市地处广西西北边陲、云贵高原南麓，是自治区扶贫攻坚主战场之一，贫困人口多，贫困程度深。磨长英介绍，天峨县不少贫困村生态环境好，农产品丰富。但是，长期以来，农产品销售渠道狭窄，贫困群众的市场意识也比较淡薄，好的生态农产品也卖不上好价钱。

当时的天峨县虽然还没有脱贫，但已经具备了互联网技术的基本条件。天峨县党委、政府大力支持农村电商，比如成立农村电商工作机构、出台农村电商扶持政策、加大相关培训力度等。

吴丹与自治区科技厅驻天峨县扶贫工作队队长张士军、天峨县令当村第一书记尹仁湛取得联系，共同研究探索"空店科技精准扶贫模式"，把电商线下店延伸到村一级，通过电商平台收购贫困群众的农产品，再销售给城市社区居民。城市里的一个社区空店对应一个贫困村空店帮扶店，贫困户提供原生态的农产品直接对应到城市里的社区空店，沟通城乡，精准扶贫。

他们挑选了天峨县的令当村做试点。首先，在村部设立空店帮扶店，帮扶对象仅限精准识别贫困户。帮扶店不用添置电脑等设备，由驻村第一书记和村委干部现场严格把好农产品质量关，负责帮助贫困户交易农产品。空店给出的价格是市场公平交易的价格，均高于当地市价。

这里面其实有不小的难度。贫困户自家产的农产品，品种多，量小，比如一把干菜、一大块腊肉、一小袋黄豆、一小桶火麻油、一篓子鸡蛋等，如何计算价格，费神费力。产品非标准化，而且量太小，对于电商公司来说，成本很高，刨掉成本，可以肯定地说，就是负数。要弥补这个负数，只能是企业履行社会责任了。对此，吴丹十分清楚。

吴丹综合现场考察，大致摸清了村里主要有哪些农产品可以卖得上价钱，创造性地提出了一个定价法：企业、村干部、第一书记等负责指导农户组合自产的农产品，包装成价值 100 元、200 元等整百元价格的"农产品包"。比如，干菜＋黄豆＋火麻油、干菜＋腊肉＋鸡蛋等。

吴丹给这些"农产品包"都贴上贫困户姓名的标签。他说："这是让消费者知道自己消费的是哪家贫困户的产品，也就是农产品溯源的土办法。借此还可以激发消费者的扶贫热情。"

在管理上，空店花了不少心思。空店帮扶店安装有摄像头，可以实时记录现场交易场景，空店客户可在客户端平台实时观看，这也是农产品溯源体系的一条途径，保证农产品的真实性；公司承诺，通过线下空店销售这些农产品，并且不会加价销售，为了刺激线下店接下这样的扶贫单子，给予一些社区实体店一定数额的补贴。

"从开空店帮扶店、运输过程中损耗、农产品回城后安排仓储、发货等环节的费用，全部由空店公司负责。"吴丹说。

我们通过视频的历史记录观看了令当村破天荒的"触网"第一次。

2016年4月23日，在天峨县党委、政府的支持和指导下，"空店科技精准扶贫模式"在天峨县令当村开始试点运行。场面很热闹，不时传来欢声笑语，赶圩（集市）一般。老乡纷纷把自家的腊肉、干菜、鸡蛋、火麻油、菜籽油、山茶油、黄豆等土特产拿到村部空店帮扶店交易。他们在收购人员的指导下自己打包土货、封口、现场拿现钱，人人脸上都带着舒心的笑意。

有的贫困群众说："以前腊肉是自己吃，拿到市场上也很少有人买。有了空店以后，我就可以多养些猪，多做些腊肉拿到空店去卖。"

据村干部介绍，截至5月25日，空店帮助贫困户卖出18800元的农产品，参与的贫困户达到52户。

"空店科技精准扶贫模式"在令当村试点很成功。为了及时总结和完善"空店科技精准扶贫模式"，鼓励更多的贫困村参与和实施这种模式，5月31日，天峨县党委、政府组织召开"空店科技精准扶贫模式"座谈会和培训会，对"空店科技精准扶贫模式"的经验进行总结和培训推广，并组织贫困村参与进来。

截至6月30日，空店公司在天峨县10个贫困村建立了10个空店帮扶店，共帮贫困户卖出农产品175714元，参与贫困户有233户，收入最高的一家达到3700元。

### 2. 群策群力建设"空中农贸市场"

天峨县山清水秀，那里的贫困村虽然经济收入不高，但民风淳朴，农家自产加工的农产品十分环保，保留了产品的原汁原味。这些产品在南宁大受欢迎，更因为这里面还包含着空店、消费者支持贫困老乡的爱心，所以产品销路很快就打开了局面，一些消费者甚至还提出是否可以到原产地看看，走访贫困户，体验农村生活。

天峨县扶贫试点成功，得到了自治区政协的充分肯定，提出在政协各位领导挂点贫困村推广。6 月 12 日，自治区政协、自治区工商联领导来到空店总部调研"空店科技精准扶贫模式"。6 月 20 日，自治区政协办公厅扶贫联系点第一书记、村委会主任扶贫应用技术培训班在南宁开班，一位自治区政协副主席在会上做了动员讲话，空店公司和天峨县在培训班上分别从不同角度分享"空店科技精准扶贫模式"的经验和案例。十多个贫困村的第一书记和村委会主任参加了会议。

至 2016 年 8 月 31 日，广西全区共有 24 个贫困村建立了空店线下帮扶店，累计交易金额达 40 多万元，参与贫困户达 485 户，扶贫成效明显。

"空店模式"与一般的电商扶贫模式相比，最大的亮点就是，既把贫困村民碎片化的资源、劳力、时间等充分集中利用起来，完成了优质的、非标准农产品变现，又以公平交易的形式扭转了部分村民存在的接受施舍的心理，真正帮助他们实现有尊严的脱贫。

磨长英认为，这个模式好比"空中农贸市场"，贫困户家庭大多有老有小或有残疾人或有病人，劳动力外出务工难，去城里赶集也不容易；山区地少，规模化种养难度大，没有形成规模化、标准化生产的农产品就无法像目前农村电商那样开网店。企业开设这样的"空中农贸市场"，能够解决贫困家庭自产的非标准化产品的销售问题。她还认为，模式成熟后还可以推广到非贫困户家庭销售农产品。

在"巨无霸"平台公司面前，空店公司只能算得上大树下的小草。然而，就是这样的"小草"，不以善小而不为。从人民群众最小的事情入手，利用互联网技术，帮助了贫困地区里那一批最无助的乡村留守者，特别是弱劳动力的人，让他们依靠自己的力量有尊严地获得劳动报酬。

# 第八章 "万企帮万村"中的"她力量"

2019 年诺贝尔经济学奖获得者阿比吉特·班纳吉、埃丝特·迪弗洛最重要的著作《贫穷的本质——我们为什么摆脱不了贫穷》中，收录了中国女性企业家徐爱华白手起家的案例。徐爱华出身农民家庭，是地地道道的草根创业者。时代给予徐爱华改变命运的机会，为她提供了创造生活、创造更多社会价值的舞台。在中国，这样的女性创业者不在少数。改革开放以来，千千万万个徐爱华成长起来了。"雄兔脚扑朔，雌兔眼迷离；双兔傍地走，安能辨我是雄雌？!"

"万企帮万村"的市场经济大舞台上，这些"花木兰"迎风飒飒，独领风骚。

农村苦，农业累，农村赚不了大钱。但我们依然可以看到许许多多的女性企业家把精力投入到"三农"。这里面包含着一份深深的、女性柔软的情怀，在农村贫困、悲苦的面前，她们更容易推己及人，更愿意付出；然而，到农村投资，毕竟是创业，风险无处不在，市场不相信眼泪，她们还要以更强的定力来迎接千难万险。

采访数年，我们有一个体会，参与到"万企帮万村"的女性企业家根本就是"雌雄同体"的，市场从没有给她们特别的规则，但她们都很拼，视野独到，稳扎稳打，不急于一时，更有利于破解农村贫困问题以及脱贫之后的可持续发展。

带领贵州山区绣娘走向国际时尚舞台的夏华、放弃城市舒适圈来到甘肃苦寒腹地尹建敏和刘羽桐、大别山深处的牧羊女刘锦秀，差一点就牺牲在扶贫路上的广西政协副主席、广西工商联主席磨长英……每每想起，都能让人热泪盈眶。

## 第一节 山区苗族老绣娘居然赚到 100 万

非物质文化遗产是一个国家和民族历史文化成就的重要标志，是优秀传统文化的重要组成部分。非遗的美，经过时间的沉淀，炼化出独特的地域特色和文化之美，实现中华文化的创造性转化和创新性发展。这是习近平总书记高度重视的一件大事。

在脱贫攻坚战中，"非遗＋扶贫"成为助力脱贫攻坚的一种重要方式，非遗的活态保护衍生出一项扶贫产业，企业家从"生产性保护"理念出发，挖掘非遗的美，对接市场，让传统文化之美被更多人了解和热爱。

截至 2020 年初，全国 393 个国家级贫困县和 150 个省级贫困县已开展非遗助力精准扶贫的工作，总共设立非遗工坊 2310 个，带动 46.38 万人参与就业，让 20 万建档立卡贫困户实现脱贫。

依文集团董事长夏华已经花了 18 年的时间在做"非遗＋扶贫"。她找到了一种可持续的商业模式，将中国的非遗做成了一份时尚的产业，不仅是在国内，更是在国际时尚的 T 台上，让世界看见中国大山深处非遗的美，用美丽的符号增进世界各国各民族优秀文化的交流与分享，跨越时间、空间的隔阂，实现"各美其美、美美与共"。而对于那些创造美、传承美的人，也从这里获得外界的尊重，从生产性保护中获得成就感。

"我最骄傲的事，是成千上万的大山里的绣娘依靠自己的手艺，过上了体面的日子。在自己家里，养着鸡，养着鸭，背着娃，绣着花，养活自己，养活家。"夏华常这样说。

### 1. "老人家提着家里最好吃的土鸡蛋在村口等我"

在许多公众场合或者是论坛，人们看到夏华，总能看到她一身中国元素的华服，乌黑的长发或盘着或披在脑后，举手投足间，尽显中国成熟女性的美与自信。

图 8-1 依文集团的时装秀

对非遗的兴趣，源于她所从事的服装行业。夏华 1994 年创立的依文服饰，目前已发展成为国内服装行业领军企业。对美的敏感，特别是对中国文化的热爱，将她与遥远的大山联系在一起。

2002 年，夏华怀着"用老祖宗传下来的精美技法开发独特的产品"这一想法，带着设计师到贵州深山艺术采风。

精美的、古朴的绣品让夏华震撼，"我接触到的每一个绣娘，都有自己的刺绣绝活。她们的绣活也不乏精品。"夏华说。

同时，夏华也感到痛心："我们看到的那些艺术，是当地绣娘以母传女的家传方式流传下来的。随着女人也离开大山去打工，这些技艺的传承就遇到了难题。还有一点也让我特别难过，这些手艺的商业价值也被埋没了，这么好的手艺竟然养不了家，改变不了家境贫困的境地。"

作为女性，身临其境体会乡村绣娘的人生，夏华流露出一种天生我材被埋没的痛惜之感，"这是一种美丽的贫困。她们拥有传承千年的独特手工技艺，却仍无法养活自己，养活家，一直在贫困中挣扎着，坚持着，我看着太揪心了。"夏华说。

夏华在思考，这些手工艺品没有体现出它的价值，其变成美学产品的价值还没有被挖掘出来。

企业能为这一切做什么？夏华认为，非遗的"活化"并非不可能，创意产业一定能把非遗融入现代生活，成为人们生活的审美所在。"珍视这些民族文化传统，为这些宝贵的文化遗产传承下去尽一份力，是依文集团应尽的社会责任。"夏华说。

在这样的信念之下，夏华设立"依文·中国手工坊"，开始了漫长的民族艺术美学的传承之旅。

夏华来到贵州后的第一次个人秀，是从"看见最美的艺术"的演讲开始的。有趣的是，她的听众一开始就听不懂。

在一个完全没有现代元素的农村操场上，一个搞时尚的人对着一群不知道时尚为何物的农村听众演讲。台下的听众，绝大部分是老人、抱孩子的农妇，周遭的配乐是鸡叫虫鸣。

村委会主任喊了几嗓子，场子唰地安静了下来，鸡鸭也都闭了嘴，现场不用维持秩序。

"谢谢大家让我看见最美的艺术。"夏华定了定神，不知道说什么好，就先把自己的第一感受说了出来。

……场面静止了好几秒，充当翻译的村委会主任有点疑惑地望了夏华一眼。

"艺术是什么?"端坐在台上的村委会主任用手肘捅了捅夏华。显然，村委会主任没有听懂夏华的开场白，他不好翻译。

夏华回过神来，对!"艺术"这种文绉绉的字眼，估计大家听不懂。

夏华换了一种表达方式："我愿意跟大家一起好好干。大家用绣花赚钱，做好了，我带大家去北京。"这句大白话，听众都能听懂，台下响起了鼓掌声。

夏华来了激情，她又加上一句："做好了，我带大家去伦敦!"

台下，又沉默了。夏华望了望村委会主任，眼神似乎在问他，"我说错什么了?"

"伦敦是什么?"村委会主任问夏华。

夏华的第一次乡村演讲在村民的掌声中结束。当时的她告诉村民，企业要在乡村创建"绣梦工坊"，由企业发订单、发工钱，之后企业负责销售，带着大家绣花赚钱。

图 8-2　绣娘拥抱夏华

从文创设计入手，夏华与她的设计团队为这些山区绣娘设计了笔记本封面绣品。一个刺绣的手账本，在市场上可以卖出 100 元左右的价格，夏华付给绣娘 40～80 元。熟练的绣娘一天可以绣 6～8 个笔记本封面，能挣几百块钱，一个月下来，就是一份可观的收入了。

可是，问题来了。初期，夏华收上来的绣品质量良莠不齐。为了让绣娘们达到标准化的要求，夏华决定开展培训。第一年，设计师团队在大山里待了 6 个月。

这个过程当中，夏华用企业思维开始构建数据库，有绣娘资料、有绣品纹样图案，还有培训模型。一批又一批成品终于可以上市了，绣娘们的劳动成果终于变成了可观的收入。

黔西南大山里，黔西南州布依族"独臂绣娘"梁忠美没有学过美术，她直接照着活的蝴蝶绣，根本不用打草稿，随时都能把蝴蝶灵动的姿态、五彩斑斓的色彩定格在绣片上。在村庄小集市上，她的绣片基本是以每幅几十元的价格出售的。

加入依文·中国手工坊之后，依文设计团队将梁忠美刺绣的蝴蝶提取成纹样 IP，设计成时尚化和现代化的服装、包包、靠枕、餐具等生活用品并带入市场，将她打造成了名副其实的"蝴蝶仙子"。现在，她带领的工坊年收入已达到百万元。夏华还为她在当地建立了"绣梦"工坊，让她带动上百位绣娘跟着她学习刺绣，为她们对接订单。

"我没上过学，又是个残疾人，我能干的，周围的妇女就都能干。"梁忠美说。

"扶贫先扶志，女性能够赚钱养家，她会更加自信。而且她不用抛家舍业跑到外地打工，在家绣花既能赚钱，又能照顾老人、孩子，家庭关系也变得更加和谐了。"夏华说。

2018 年 8 月，夏华设计了一个城市里的"深山集市"新零售模型，在全国各地的城市购物中心展示深山绣娘的非遗产品，希望能打开一个新的市场。

"深山集市"开张的那年，就有了 18000 个 SKU，线下一天最多的时候能有 40 多万人次，之后再由线下往线上引流。夏华说，依文打造了一个产业扶贫的模型，用市场手段来解决每个贫困者的手艺变成商业价值的问题。

2018 年 8 月的一天，我们在北京侨福芳草地购物中心体验了"深山集市"在北京的第一次。

图 8-3　北京的"深山集市"　企业供图

在商场的中庭，苗族、彝族等少数民族的数百种手工艺品让大家看得眼花缭乱，而在商场的天桥上，展演的是一次民族服饰秀。

看罢秀场，大家最有兴致的，要数与绣娘们的亲密接触了。

秀场的开场秀，是四印苗绣娘的作品——百褶裙。绽放的百褶裙素净古朴、花样、纹饰充满了神秘感，引人遐思。在集市上，已经当上奶奶的杨兴琴牵起身上的蓝染衣裙一角，向我们解读这种百褶裙上的图案密码。"我们衣服上绣的是女王的印章，裙子上是迁徙的路途。我们的女王战败了，什么都丢了，但我们不能把印章弄丢，所以我们四印苗的女人都会绣花、染裙，如果没有了这些，我们就再也不知道自己是谁了。"

杨兴琴家住贵州省晴隆县格田组，竹林深处的这个小村落只有 32 户人家，每户都属四印苗。

看到我们有兴趣，杨兴琴接着讲述："你看这些圆圆的是脚印，线条是我们女王走过的路，这是河流。你看我们的河很平静的，没有风。我们女王期望我们也能过上这样的生活。这个图案，代表女王在路上、女王住过的房子，裙子上的腰围就像是我们的地图……"

不远处，七十多岁的苗族绣娘潘玉珍身着一整套民族服饰，坐在那里，成了一道美丽的风景。岁月柔和了她的面庞，淡淡的眉毛、弯弯的杏眼、嘴角的一抹微笑，都在诉说岁月静好。只有那双多皱、骨节突出的手，无言地诉说着生活的辛劳和不易。当我们看到这双大手拿起绣花针，现场教授刺绣、配色，竟让人有一种莫名的感动。

场景是现代的、时尚的，也是民族的、原生态的，这样的气氛交织在一起，惊艳了都市的休闲时光，

图8-4　苗族绣娘潘玉珍

拉近了大山与都市的距离，也拉近了人们对非遗的距离。时隔多年，每当提及于此，这一幕依然能够温润地浮现在我们眼前。目前，深山集市陆续在多个城市的不同场景下向消费者呈现，已成为新零售模式的标杆。

2019年的一次论坛上，夏华提到了潘玉珍。她向大家交了一个实底：潘玉珍带着女儿、孙女靠绣花一共赚到了120万元。

夏华说："现在到大山里面，我最有自豪感的就是，老人家会提着家里最好吃的土鸡蛋到村口等我。为什么？因为她们发现我的这个方式真能赚到钱了啊！"

村民朴素的表达证明了一件事，夏华的扶贫之路，扶得精准，扶得有成效。

如今，依文·中国手工坊在贵州、云南、甘肃、内蒙古等地建起了16座村寨博物馆，打造1200多个家庭"绣梦"工坊，带动了2万余名绣娘创业增收。同时，依文·中国手工坊还带领少数民族贫困地区4000多家小微企业创业者走向国际市场，摸索出一种让贫困地区的手工艺人通过数据化接到订单，通过

产品化走向市场，通过市场化脱离贫困的产业扶贫模式。同时，也通过对于中国传统手工艺文化的传承与应用，共同走上了乡村振兴之路。

### 2. 非遗的"活化"离不开市场

"修复与维护非物质文化遗产，不要让非遗变成'非常遗憾'。"

"非遗不是表演，也不能游离于生活外，非遗就是生活，应该回到民间、社区与普通的老百姓息息相关。"

"每个人都是文化遗产的主人。"

这三句话是我国知名的民俗学家、国家非物质文化遗产保护工作专家乌丙安的名言。

资本应该是这里面最有实力的参与者。将非遗产业化、日常化、生活化、商业化、市场化，不失为一条非遗"活化"的路子。必须要注意的是，资本参与其中首先是要淡化资本逐利的本性，更多地强调企业的社会性，挑起对社会的责任与担当。依文集团的"非遗＋扶贫"提供了一个难得的市场样本。

非遗如何与现代生活接轨？传统如何传承下去呢？

使用，是最好的传承。当传统与人们当代的需求相契合，才能守住民族艺术的来时之路。夏华找到了一条"发现、整理、创新、应用"的可持续发展商业模式。

十多年的沉浸式实地走访，依文集团在走访中提炼了"手工艺"的要素与纹样，建立线上数据库平台，纹样数据库大概花了近十年的时间。

一张漂亮的苗绣绣片，密密麻麻的图案表达的是什么意思？收集、解读林林总总的纹样，工作细碎、过程漫长，是一项庞杂的工程。依文团队用脚来丈量乡村的土地，每年的行程大约要走 39000 千米。他们爬了一个又一个山头，寻访了一家又一家，一个一个地印证，一点一点地解读：原来，刺梨花是布依族的吉祥花；苗族的鲫鱼鸟，头像鸟尾巴像鱼……这些千年传承的民族图案蕴含着丰富的文化内涵，依文把它一个一个地破解出来，变成全球都能够读懂的图案。截至 2019 年，有超过百场的全球时装周的时尚大秀采用了依文数据库的纹样。

目前，企业收录 5000 余种民族传统纹样，用于服装、包、饰品、文创等。

纹样数据库用于依文集团的自我开发或者合作，也通过授权的方式提供给其他品牌使用。数据库与全球设计师共享，通过互联网，远在巴黎、意大利、伦敦等地的品牌和设计师可以与大山绣娘一对一合作，让绣娘坐在家里，就能承接来自全球的订单。依文·中国手工坊与近400个国际品牌进行了合作，这个数据库现在成了依文集团在国际国内服装市场竞争中的"护城河"。

### 3. 用世界的语言讲述中国的真传奇

民族的才是世界的。艺术、时尚是地球村沟通的桥梁，我们或许语言不通，或许文化不同，或许喜好不同，但走上艺术、时尚之桥，一切将有可能变得简单、易于化解隔阂。

2017年9月11日，夏华兑现了她对深山绣娘的承诺。64岁的黄金美和3个布依族姐妹跟着夏华，穿越9000多千米，从家乡来到伦敦。行囊里，装着她们亲手绣出的45套中国传统纹样服饰。

在庆祝中英建交45周年的"绣梦"主题时装秀上，这些服饰首次以时尚方式登上国际舞台。

在夏华的策划之下，一年之后的2018年，"绣梦"工坊的国际化脚步频频展现在西方世界的艺术灯光之下。有关非遗、脱贫、创业的主题，吸引了许多国际的目光。

这年的6月1日，在第二届全球性创业孵化公益平台"龙门创将"全球创新创业大赛中国赛区总决赛上，依文·中国手工坊在2万多个项目中脱颖而出，获得中国区前三强。12月12日，依文·中国手工坊参加了在英国圣詹姆斯宫举行的年度全球总决赛。

潘玉珍奶奶穿着精美的苗族传统绣衣步入会场，镇定自若地坐到台上刺绣，项目呈报人站在她身边，开始讲述依文·中国手工坊的故事，这个项目是如何收集和提取5000多种中国传统美学纹样，这个项目又是如何在都市里打造推广传统手工艺的商业平台。

这一年，依文接待了两万多名来自全球的企业董事长以及企业团队，带着他们走进了中国的大山，感受地道的中国本土的民族文化。

"来之前，我脑中有无数的想象，可真的来到了这里，看到真正的中国传统手工艺术和这些了不起的手艺人之后，我的想象都被颠覆了。我想，我将永远无法忘记这段旅程。"这是 Burberry 董事会主席庄贝思爵士（Sir John Peace）参加完依文·中国手工坊"绣梦之旅"后的评价。让越来越多的人走进少数民族原生村落，体验绣梦之旅，也让夏华找到了一条最独特的乡村振兴之路。

2019 年年初，习近平总书记的一番嘱托，更加坚定了夏华带着大山绣娘走向国际的信心。

2019 年 10 月，在世界华商大会的启动仪式上，夏华带领云南大理白族自治州的绣娘们，用一场"风花雪月"时装秀，再次惊艳了英国。同期，夏华真的将"深山集市"开到了伦敦。

中国的手工艺产品亮相伦敦，绣娘们精湛的手艺引得欧洲的消费者纷纷点赞，现场排起了百米长队，消费者争相抢购，甚至连绣娘手中的半成品都一抢而空。

让世界看得见、听得懂中国传奇，这些传奇，有关东方美，有关贫困女性摆脱贫困，有关女性创业。夏华与她的团队做到了。2020 年 11 月，夏华荣获"全国劳动模范"称号。

## 第二节　土妞姐姐，归来依然是快乐女生

2018 年，国务院发展研究中心公管所企业家调查系统课题组与中国女企业家协会等联合开展了首次全国范围大规模女企业家问卷调查，共回收有效问卷 2505 份，样本覆盖 29 个省、自治区和直辖市的各个行业。

这份调查得出了一个有意思的结论，女企业家的主观幸福感较强、满意度较高。调查发现，在自我感知幸福方面，女性企业家的整体幸福感较高，感到"幸福"和"很幸福"的占 83.6%，明显高于男性企业家。具体而言，感到"幸福"的女性企业家占 54.2%，而男性为 42.9%；感到"很幸福"的女性企业家占 29.4%，而男性仅占 7.9%；感到"不幸福"和"很不幸福"的女性企业家仅为 1.6%，远远低于男性（9.8%）。这表明女性的幸福感更强一些，这或许与女性更为注重工作过程中的快乐，而不只关注工作结果的心态有关。分组分析发现，

幸福感随着年龄的增加而增加，已婚、年收入较高的女性企业家幸福感较高。

我们接触到的"万企帮万村"的女性企业家，创业有成，都是在有了一定的积累之后，由于与"三农"的种种联系，她们才投资了农业或涉农产业。确实，与男性企业家比起来，我们看到她们中的大多数不爱过多强调办企业中的难题，看着自己的智慧成果以及劳动成果，她们的成就感、幸福感应了这样一句话：心有日月，万物有光。年龄不是她们奋斗在"三农"一线的障碍，奋斗归来，她们依然是快乐女生。甘肃兰州鑫源现代农业科技开发有限公司董事长尹建敏就是这样一个快乐女生，2020 年，尹建敏荣获了全国脱贫攻坚奖奉献奖。

### 1. 乘风破浪的"土妞"，初心难得

"昨天赶回丹东老家，坐了一天的飞机。和爸爸吃完晚饭后，晚六点躺在爸爸的床上就睡着了。幸福的一觉。早晨醒来，天已大亮。看到老爸在学习，学习的内容是《毛泽东传》，第 2190 页至 2191 页。"

这是尹建敏（微信名：土妞）的一则微信日记，配图是白发依稀的老父亲正在伏案看书。此时，她的老父亲九十多岁，而她自己也是有孙子的人了。

这份父女情深不仅是情感上的，还是尹建敏人生观、价值观的见证。二十多年来，尹建敏所选择的人生道路，都是在老父亲的家教影响下做出的选择。

图 8-5 "土妞"尹建敏 本人供图

2000 年国家西部大开发开始，尹建敏从广东飞到甘肃，建立起了一份环保能源的事业，后来又在甘肃建立起扶贫产业并坚持至今，首功应该归结于她的父亲。她的老父亲是一位党龄超过 50 年的全国劳模，是他教会了女儿选择有利于人民、有利于民生的事业，并在艰苦的创业中寻找人生的快乐。

"我的父亲影响了我的一生。"尹建敏说。

20 世纪 80 年代末，尹建敏从辽宁丹东的电力部门辞职下海，直奔广东。当时，全国人民最向往的地方，除了北京，就是广东，广东是改革开放春风最早吹到的地方。党的十一届三中全会过后，改革开放的风气越来越浓，尹建敏远在辽宁，躁动的青春之心早就被深深地吸引了过去。

天下父母都希望孩子安安稳稳，她的老父亲持反对意见。尹建敏告诉父亲，党的改革开放政策越来越明朗，跟党走，没错的。父亲拗不过，默许了女儿"出走"南方。

在广东，尹建敏赚到了办企业的第一桶金。2000 年，国家西部大开发，尹建敏产生了到西部看一看的念头。

"当时我还没有什么投资的思路，只是想去看一看。"尹建敏回忆说。

黄河静静流淌，穿兰州城而过。站在兰州的黄河岸边，尹建敏有点难以承受兰州的空气。"空气污染太严重了，老百姓怎么受得了？"

尹建敏考虑到了环保能源产业。她认为，环保能源产业造福人民，这一定是有前景的产业。接下来，尹建敏真的在甘肃投资了能源项目，项目推进很顺利，这样一干就干到 2014 年。

尹建敏事业的新起点就发生在这一年。

之前的一年，发生了一件大事。2013 年 2 月，习近平总书记考察了甘肃东乡族自治县。同年 11 月 3 日，习近平总书记在湖南省湘西州花垣县排碧乡十八洞村考察时，首次提出"精准扶贫"重要思想。

如何进一步发动社会力量啃下精准扶贫中的"硬骨头"，全国一盘棋。2014 年年初的一天，尹建敏与当地一位领导见面，那位领导问她："咱企业能不能搞一点精准扶贫的项目呢？"

当时的甘肃，可以说是全国最穷的省份之一，就连兰州的红古区还穷得叮当响，兰州附近的永登县还没脱贫。

"我也没多想，就说那我就试试吧！"尹建敏说。

不管三七二十一，尹建敏回复得爽快。为什么？

尹建敏说："我还是那个观念，做老百姓喜欢的事、政府满意的事，一定错不了。"

今天回过头来细想，原来，老父亲对她的影响，已经深入她的人生观、价值观里了。

"我的父亲是一个工人劳模。小的时候，邻居、工友有什么困难，虽然自己家也不富裕，但我爸爸一定有求必应。他加班加点干整宿，无怨无悔的，很朴实。他把为人民服务的思想传给了我。后来我搞企业，慢慢地也就形成了跟政策走，政策支持啥我就干啥的风格。干的过程中，我一定会推己及人，多做慈善，多关爱弱势群体。扶贫就是最大的慈善，我得干啊！"

"父亲为人民服务，我呢，也选择了与人民息息相关的产业。我对这份家教十分感激。"尹建敏感慨地说。

尹建敏拿出了两亿多元，想搞产业扶贫。要搞什么产业，其实她也没底。当时的她想到，甘肃的羊肉好吃，那就挖出羊肉的商业特色来，搞出品牌，提升产业含金量。

尹建敏从养殖着手，在兰州市红古区租了1500亩地来创业。她计划先拿出500亩地养羊，存栏量要达到5万只。

养殖业的品种是一个关键要素，尹建敏出国引进澳大利亚种羊，又在国内寻找合适的品种，经过杂交繁育，尹建敏获得了优质的羊品种，市场反响非常不错。

养了羊，就会有羊粪之类的废弃物，尹建敏又拿出几百亩地来做设施农业，种上樱桃、葡萄、蔬菜等。这样弄下来，加上后端的商业渠道，整个羊产业就形成了绿色产业链闭环。依托这条产业链条，周边一万多人成功就业，尹建敏实现了最初的扶贫承诺。

在种植养殖业方面小试牛刀，尹建敏旗开得胜，对于今后如何更好地发展扶贫产业，她有了自信。"脱贫攻坚战是在一个没有硝烟的战场上战斗。我想冲锋陷阵，在人生记录中留下记录。"尹建敏说，她可以琢磨如何去啃"硬骨头"了。

话说甘肃的脱贫"硬骨头"，非东乡族自治县莫属。东乡县地处黄土高原丘陵地带，位于甘肃省中部西南面，临夏回族自治州东北部，是全国唯一的、以东乡族为主体的少数民族自治县，也是甘肃 58 个集中连片特困片区县和 23 个深度贫困县之一，2013 年底贫困发生率 38.74％。

东乡县境内群山起伏、沟壑纵横，分布着 1750 条梁峁和 3083 条沟壑，被称为"地球的肋骨""大山聚会的地方"。因为极其恶劣严酷的自然条件，当地经济社会发展严重滞后，曾经有"全国脱贫看甘肃，甘肃脱贫看临夏，临夏脱贫看东乡"的说法。

2018 年，在脱贫攻坚战最为吃紧的时候，尹建敏决定去东乡。

"那里的产业搞不起来，我现在有经验了，那我去吧。"尹建敏做好心理准备就出发了。

第一次去东乡，她待了 8 天。东乡县的地形如伞状，沟沟壑壑、尘土飞扬，村庄很分散。尹建敏很惊讶，这样恶劣的自然条件，东乡人是怎么生活的。

从老乡的口中，她听到了东乡族信奉伊斯兰教的历史，他们的生活习惯是世代牧羊、吃羊肉，种洋芋、玉米。

尹建敏戴着产业的"有色眼镜"观察东乡，她看到了稀缺性：贫瘠的大山里藏着两个长寿村；山上居然有 8000 多种牧草、小灌木之类的植物，其中不乏中草药材；在清朝，东乡羊上供过朝廷；东乡族祖祖辈辈牧羊、吃羊，羊肉好吃，但供给量基本只满足自给，外界想买则供应不了；甘肃羊肉好，但甘肃还没有什么能叫得响的品牌；2013 年，习近平总书记到过东乡，谈到过扶贫。

地理、历史、文化、政治、经济，综合考评下来，尹建敏看到了曙光："我可以把那里的羊产业搞起来。"尹建敏兴奋地说，她取了"东乡贡羊"的名字，发展扶贫产业。

尹建敏和她的扶贫团队按照"一村一策""一地一案"，设计了"龙头企业＋乡镇＋行政村＋基地＋农户"的东乡模式。

尹建敏投资成立东乡县伊东羊业科技开发有限公司，改建那勒寺镇南门村肉羊繁育场,新建果园镇李坪村万只良种肉羊繁育基地,打造"东乡贡羊"民族品牌。

羊场建成后,她按照计划给当地群众发羊,建档立卡户每户 4 只羊,3 只母羊 1 只公羊,养成后以高于市场价格收购;开展青储饲料收购,为当地百姓带来一笔收入;每年为村集体经济带来 10% 的分红。

2018 年初,尹建敏为建档立卡贫困户投放种羊 2.1 万余只,带动 8 个乡镇、12 个行政村、6 个养殖专业合作社开展规模化养殖,吸纳解决 350 多名东乡族妇女在家门口就业。尹建敏还与祖祖村、李牙村等 5 个未脱贫国家挂牌督战村续签了帮扶协议,承诺继续履行帮扶义务,采取提前落实分红、优先安排就业、产业带动等帮扶措施。2018 年,尹建敏的企业获得了全国"万企帮万村"精准扶贫行动先进民营企业表彰,她与 100 家受表彰企业一道联名给习近平总书记写信,得到了习近平总书记的回信。

截至 2021 年上半年,公司为建档立卡户分红 517 万元,共带动 11000 多户贫困农民稳定脱贫。

尹建敏的项目推广得很快,与她的个人魅力有一定的关系。她做事雷厉风行,是个敢想敢干的"花木兰",这是她"飒"的一面;她还有柔软的一面:小小的个子,笑起来眉眼弯弯,性子温和,羊圈里、果园子里,她会蹦蹦跳跳,那快乐的样子,活脱脱的一个"中老年少女"。自从来到甘肃,她做公益慈善,常年助学、助困、敬老,不仅捐赠,她还会跟受助的老人家拉家常,就像对待自己老父亲一样。她的企业接收有残疾的员工,她有空时也跟着这些员工边干活,边聊天。

### 2. 我想要东乡女性跟我一样快乐

在谋划肉羊产业同时,尹建敏还在谋划另一件事情,那就是东乡族妇女的就业问题。

"我第一次到村子里,她们隔着门缝偷偷看我。有人告诉我,那里的妇女读书少,大多数在家做家务,不爱抛头露面。重男轻女思想严重。我特别难过,同为女性,她们的日子也太难了。我要带个头,让她们有钱赚,要扬眉吐气,要有地位。"她坚定地说。

图8-6　尹建敏与东乡族妇女在一起　企业供图

干什么呢？尹建敏知道，东乡族妇女不方便离开家就业，也不习惯与外界打交道，如何既尊重地方民俗，又能帮她们走出家门挣钱，尹建敏想到了家乡的黑木耳、蘑菇。"是不是能搞菌菇产业？"2018年，尹建敏筹集了3800多万元，成立东乡族自治县伊淼食用菌科技开发有限公司。

因为尹建敏的到来，东乡县那勒寺镇瓦房村东乡族妇女马安果的人生轨迹发生了颠覆性的变化。

马安果三十多岁，没有多少文化。2019年3月前，她跟许多姐妹一样，务农、拉扯两个娃娃，基本没出过什么远门。马安果就近到企业上班后，既有经济收入也兼顾了照看家里。

刚开始，马安果每月能拿到3000～5000元的工资。干着干着，勤奋的马安果干到了管理岗。

"有一年，菌场和基地还需要400人左右，公司计划春节后再招工。马安果比我还急，过完元旦，她就在微信圈里张罗招工。"尹建敏高兴地说。

现在，马安果夫妻俩都在尹建敏的公司上班，家庭和和睦睦，马安果在家里也说得上话了，她要供两个孩子上大学，说不能再吃没文化的亏。

至 2021 年 7 月 16 日，在全国"万企兴万村"活动启动现场，我们再次见到了尹建敏。她说，三年下来，据不完全统计，企业招收了 300 多名东乡族妇女就业。

"在扶贫这条路上，我把将近 40 年积累的财富都掏出来了，钱包里也没有多少存货了。那里的女人对我像对亲人似的，邀请我看她们新建的房子，也跟我开玩笑、照相，我觉得吧，即便我一无所有，我也值得。"尹建敏笑眯眯的，眼神活泼，"帮助这么多家庭摆脱贫困，这一生，我也是有故事的女生啦！"

## 第三节　大别山深处杀出一个红安扶贫"女将"

按照《中国农村扶贫开发纲要(2011 — 2020 年)》，大别山区是 11 个中国集中连片特殊困难地区之一。大别山脉西起湖北省应山县，东至商城、罗田、金寨、英山、霍邱、霍山诸县，蜿蜒于豫、鄂、皖三省边区间的一条北岭山脉。西从光山县入境，沿东南边界透迤，呈东西走向。

想当年，这片特困区域曾经为中国革命付出过无数的儿女。在当年的黄安(现红安县)曾经流传过这样的歌谣："小小黄安，人人好汉，铜锣一响，四十八万。男将打仗，女将送饭……"歌词描述的，就是当年大别山革命老区为中国革命抛头颅、洒热血的那段峥嵘岁月。

红色历史不容忘记，脱贫攻坚更不能忘记那里。

女将，是湖北方言中对妇女的俗称。当年，"女将"没有在革命战争中走开，今天，新一轮扶贫攻坚战打响，"女将"中依然不乏冲在第一线的"女汉子"。第十三届全国人民代表大会代表、湖北名羊农业科技发展有限公司董事长刘锦秀就是这样的一个"70 后"红安"女将"。

### 1. 到深山创业去

我们是在 2016 年全国两会前夕第一次接触刘锦秀。刘锦秀一头长长的秀发，被精心编织成一根大辫子，清秀如茶。她说："我很少在两会期间接受媒体采访，希望记者谅解。我代表老区人民来开会，我为老区代言，我希望有更

图8-7　刘锦秀

多因地制宜的政策能惠及老区。"

来自大别山区的刘锦秀被推举为全国人大代表，是因为这个红安"女将"很能干，她服务和带动大别山区养羊农户数千户，形成了以罗田县为核心的跨县域连片发展的肉羊商品生产基地。

刘锦秀出生在罗田县三里畈镇黄土坳村一个普通农民家庭，弟妹中她排行老大。为缓解家庭经济困境，刘锦秀在很小的时候就辍学外出打工。

当年的她干过许多工作：缫丝厂工人、家政服务员、地摊小贩、幼师……在有了一些积累之后，刘锦秀开了杂货店，后来又创办了一家物流公司。在外打拼十年之后，凭借勤劳和智慧，刘锦秀从打工妹变成了小老板，有车、有房、有企业，小日子过得舒坦，再也不用为生活发愁。

"我变化很大，但老家变化不大。回到老家，能打工的都外出打工挣钱，留守家乡的人似乎没有太多的出路，房子破，道路泥泞，老人衣服破旧，跟我小时候离开家的时候差不多。"刘锦秀十分感慨地说。

山清水秀的家乡，你为何还是那么贫穷落后？难道只有外出大家才能过上幸福生活吗？刘锦秀问自己，也问亲人。此时的刘锦秀正当二十来岁的好年纪，见过世面的她想了很多、很久。

所幸的是，父亲理解这个不甘命运安排的女儿。2004年，在父亲的支持下，刘锦秀决定，回家乡与父亲一道创业。

家乡的山山水水，刘锦秀太熟悉了。那里有丰富的天然林地资源和良好的森林水源，发展生态畜牧业应该是一个好地方。凭借多年历练出来的商业敏感，经过市场调研，刘锦秀决定回乡养殖黑山羊。

大别山地区其实有悠久的养羊历史。据明代李时珍《本草纲目—金陵排印本》记载：羊有三四种，入药以青色羊为胜，次则乌羊。青羊是指大别山地区所产的麻城黑山羊。今天，人们崇尚天然、保健食品，黑山羊无疑是值得挖掘其保健价值的生态产品。

刘锦秀和父亲进了山，父女两人在半山腰搭草棚，人住一间，几十只羊住一间，开启了她的创业之旅。

后来，刘锦秀租下老家屋后的山林，建起一片标准化羊舍，修通进山公路，还发展出了一批养羊农户。

白天，她随着羊群四处走，挥舞着鞭子，看上去大有世外桃源、怡然自乐的雅韵。实际上，其中艰难唯有当事人自知了。入夜，山里没有电，她点的是煤油灯，灯影摇曳之下，刘锦秀一边不时挥手防蚊子，一边翻看技术资料，琢磨如何用土办法解决羊的问题。这样的场景时常上演。

日子一天天地过，刘锦秀的黑山羊在她和父亲的精心伺候下，越养越多，越养越好，刘锦秀家成了当地第一个养羊大户。

没有规模化，抗风险能力弱。如何尽可能地减少风险，这是刘锦秀养羊伊始就已在琢磨的大事。

2007年，刘锦秀成立了黄冈市首家以养羊为主的锦秀林牧专业合作社，带领一批农户准备抱团闯市场。

对于高山贫困户，刘锦秀免费提供种羊，年底回购、扣除成本；对于一般农户，他们从刘锦秀这里购买种羊，她负责技术、统一生产标准，并负责年底回购；对于有山林资源并且建了羊舍，想进行规模化养殖的农户，她免费提供种羊，负责技术和回收；对于一些想养羊而资金不足的农户，她在信用社为他们担保贷款。

2008年，一场罕见的冰雪灾害，让刘锦秀的专业合作社受到了重创。羊舍倒塌，山羊冻死饿死，农户们惊慌失措，刘锦秀心如刀绞。

为了挽回损失，她到省里请专家，多方筹措资金重建羊舍、购羊种。在刘锦秀示范带动下，合作社农户纷纷开展抗灾自救，大家的心又聚到了一起。

2011年，刘锦秀注册成立湖北名羊农业科技发展有限公司，在稳步抓规模增长、规范养殖的同时，逐步向产业化迈进。她开始建设集屠宰、分割、包装为一体的牛羊深加工基地，并在罗田、黄州、武汉等地开设了三家生鲜羊肉品牌旗舰专卖店，亮出了大别山生态食品的品牌。

### 2. "我为老区人民代言"

刘锦秀是在 2013 年当上了全国人大代表，至 2016 年，她当全国人大代表三年。每一年，刘锦秀都会对大别山区的脱贫攻坚、扶贫产业提出建议。

2014 年，刘锦秀提出大别山草食畜牧业发展的建议，农业部、财政部就此开展了专项调研，并推动大别山区试点工作，政策的倾斜让山区养羊户大幅增加。2015 年 3 月，刘锦秀提交了"关于扶持大别山革命老区发展牛羊产业，带动贫困农户精准脱贫的议案"，该议案被列为全国人大重点督办的建议案。

刘锦秀认为，"产业发展有基础，资源有优势，市场有需求。扶持牛羊产业高速发展是推动大别山区农民脱贫致富的一条新路、一条奔向小康的阳光大道。"

刘锦秀的想法与做法得到了各级党委、政府的大力支持，各级政府整合金融、保险等资源，帮助刘锦秀优化养殖模式，形成"政府＋银行＋保险＋公司＋农户"五位一体的产业扶贫模式，即政府出台实施产业精准扶贫政策，银行加大信贷投入，保险机构提供能繁母羊保险产品，公司（合作社）提供系列专业化服务，让贫困农户作为精准脱贫的实施主体，带动更多的农户养羊脱贫。

在此模式下，刘锦秀根据自己的能力确立了"33111 工程"目标，用 3 年时间，向适合养羊的贫困户户均一次性提供 3 万元担保贴息贷款和 1 万元扶贫资金，支持 1 万户贫困户通过发展黑山羊产业，实现年人均收入过 1 万元。

2015 年 8 月，刘锦秀启动了第一批精准扶贫项目，与 1065 个建档立卡贫困户签订帮扶协议。刘锦秀承诺，对贫困农户提供良种供应、羊舍建设、科技培训、疫病防控、饲养技术、母羊保险、种草养畜、肉羊回收、社员入社、档案管理等服务，在合作社内实行"四统一"，即统一设计羊舍、统一品种改良、统一防疫和技术培训、统一生产质量安全标准，实现服务的全程化、系列化、精准化。延续对高山贫困户、一般农户、规模化养殖农户的做法。

黄冈市罗田县平湖乡秋千厂村 2 组村民张艳华曾经多年在外打工，但他没攒下钱也没能照顾家里老小。2010 年，他回乡加入锦秀林牧专业合作社养殖黑山羊。经过几年的努力，他家在 2016 年出栏肉羊 220 只，收入 28 万余元，一举脱贫。

至 2016 年，刘锦秀服务和带动大别山区养羊农户 7700 多户，合作社社员分布在黄冈市的 7 个县，以及安徽金寨、霍山等山区县，形成了以罗田县为核心的跨县域连片发展的肉羊商品生产基地，社员年出栏肉羊达到 15 万只，销售收入达到 1.2 亿元，其中 3500 多户社员年均收入达到 5 万至 25 万元。刘锦秀的"薄金寨"黑山羊品牌打出了名气，走向销售，并实现了线上线下同步销售，市场前景潜力巨大。

2017 年，刘锦秀荣获全国脱贫攻坚奖"奉献奖"。

刘锦秀这样说："散是满天星，聚是一团火。同乡亲们一道奋斗，一道前行，共同致富，是我们永远坚守的情怀。我们要在各级领导和社会各界的支持下，用智慧和汗水创建精准扶贫的湖北样本、大别山样本！"

2020 年，大别山革命老区人民与全国人民一道如期实现脱贫，老区人民幸福感、获得感、安全感全面提升。2021 年初，国务院出台《关于新时代支持革命老区振兴发展的意见》，为革命老区在新发展阶段巩固拓展脱贫攻坚成果、让革命老区人民逐步过上更加富裕幸福的生活做出全面部署。

在 2021 年全国两会上，刘锦秀对大别山革命老区振兴提出了新的建议。

"大别山革命老区发展相对滞后，工业基础薄弱，基础设施建设欠账较多，生态保护责任重大，巩固脱贫攻坚成果任务艰巨，经济社会发展压力依然很大。"她说。

她建议，在乡村振兴中支持各类市场主体积极参与，尤其是要培育扶持一批小微企业。

当年，刘锦秀是从小微企业开始创业的，她十分了解小微企业生存、发展的艰难，以及小微企业对政府支持的期盼。她说，一个成功的小微企业，对"引凤还巢""叶落归根"的本地创业者能够起到很好的榜样作用。

她建议，加大乡村能人培养力度以及扶贫、带贫产业的投入力度，特别是在巩固拓展脱贫攻坚成果、与乡村振兴有效衔接的时期，相应的扶持政策要保持稳定。

# 第九章 "万企帮万村"里的红色力量

习近平总书记强调，抓好党建促脱贫攻坚，是贫困地区脱贫致富的重要经验；越是进行脱贫攻坚，越是要加强和改善党的领导。在"万企帮万村"阶段，一些民营企业家中的中共党员探索了"党建＋扶贫"模式，不仅突出政治引领，着力破解制约贫困无形枷锁，同时，叠加市场化机制，激发群众脱贫攻坚内动力。这些党员企业家把基层组织动员起来，把党员发动起来，把贫困户组织起来，与当地党委、政府紧密配合，把党的初心、党的主张、党的政策传递下去，带领积贫积弱的"弱鸟"先飞，获得人民群众的认同和赞扬。

中共中央组织部发布的 2017 年中国共产党党内统计公报显示：全国 18.5 万个公有制企业已建立党组织，占公有制企业总数的 91.2％。187.7 万个非公有制企业已建立党组织，占非公有制企业总数的 73.1％。在脱贫攻坚战中，那些拥有红色基因的民营企业和民营企业家自觉地把国家的召唤当成神圣的使命，利用自身所长，成为带领群众脱贫致富的领头雁。在这场脱贫攻坚的战斗中，他们当中的民营企业家更是经历了身与心的洗礼，他们更加清醒地认识到，个人、单个企业只有融入国家的事业、党的事业当中才有力量，民营企业的发展只有融入国家发展全局才有价值。

## 第一节 卡阳村来了个民营企业家"第一书记"

2017 年 7 月初，我们随全国工商联"万企帮万村"调研组拜访卡阳村，那里，有位从民营企业被选派到扶贫村的第一书记，名字叫鲍武章，西宁乡趣农业科技有限公司董事长。鲍武章还是青海省唯一的一个民营企业家第一书记。

图 9-1 全国工商联副主席谢经荣(左二)考察卡阳村

卡阳村，一个汉、藏等民族组成的小村庄，藏语"卡阳"意为干净、神圣的地方，位于青海省西宁市湟中县拦隆口镇西南部，卡阳村海拔在 2656 米到 4489 米，有 3600 多亩林草地，山势独特，森林茂密。

"2015 年之前，卡阳村平均三年甚至更长的时间才会娶到一个新娘子。2016 年到 2017 年，卡阳村迎娶了二十多个新娘子。"村支部书记祁生海这样说。

卡阳村娶不到媳妇，是因为穷；姑娘抢着嫁到卡阳，那是因为富了。这是鲍武章来了卡阳村之后的变化。其实，变化又何止这些呢？就是这位第一书记，带领卡阳村全面脱了贫，卡阳村成了当地远近闻名的小康村。

鲍武章说："这不是我的功劳，而是党建引领的功劳。"他告诉我们，这是

图 9-2　卡阳村的天然牧场

党通过民营企业家的手，把党的初心——带领人民群众共同富裕的初心传递下去，落实下去。

"卡阳村形成了'企业家＋驻村干部＋村党支部＋农户'的党建扶贫模式。我们充分发挥党建就是生产力的优势，盘活了卡阳景区沉睡的资源。卡阳村的绿水青山就是金山银山啊！"鲍武章说。

### 1. 过去娶不着媳妇，现在姑娘抢着嫁过来

7月，是高海拔的卡阳村一年中最好的时节。高山牧场、梯田绿茵茵，清风爽爽，小溪潺潺、格桑花五彩缤纷，在蓝天白云的映衬下，一切都那么令人心旷神怡。蜿蜒的水泥山路又宽又平，公路上车来车往，盘山步道上人流如织。随处可见郊游的人们或是拍照，或是骑马，或是席地而坐，享受那清新的空气与美景。

之前的卡阳村是另一番景象。能外出打工的卡阳人都往外走，几乎没什么大山外的人来卡阳。卡阳村是距离西宁市区最近的原始林区和高山牧场，但那里山大沟深，交通极为不便，经济发展落后，名不见经传，倒是戴着省定贫困村的"帽子"。

"村里娶不着媳妇。年轻人外出打工。村里没有集体经济，基本是空壳村。

人都穷惯了。"祁生海说。

今天，听说过卡阳村的人都希望来卡阳村看一看，卡阳村在外打工的村民也在往回走。卡阳村的乡村旅游公路载着一拨又一拨的游客，让卡阳村热闹了起来。

路，是这里的一道风景。这里，创造了青海的几个"第一"——青海省第一个将乡村田间道路全部硬化，方便农民生产条件的村庄；开通青海省第一条直达景区与村庄的乡村扶贫旅游公路；青海省第一个以"文化＋体育"产业融合发展的乡村旅游新业态带动贫困村脱贫的景区。

2015年，湟中县人民政府引进西宁乡趣农业科技有限公司对卡阳村进行景区整体开发和建设，景区规划建设期为三年，计划总投资1.5亿元。鲍武章就是那个修路的"领头人"。

想修路，没有资金不行。当时身为青海省人大代表的鲍武章积极协调、争取各类项目和资金，先后为卡阳村争取到了"美丽乡村"建设资金、"脱贫致富幸福路"资金等总计近3600万元的资金，修通了卡阳村的乡村扶贫旅游公路。

路的改变，让卡阳村人的心先暖了起来。卡阳村藏在深沟大山里的美景得以展示在人们的面前，而多少年困于没有致富出路的卡阳人从此也找到"金饭碗"。

2015年，靠外出打工挣钱补贴家用的村民张万虎夫妇回了卡阳村，办起了"秀兰农家乐"。2016年，生意越来越红火，张万虎从银行获得一笔贷款，在自己家旁边扩建了"秀兰农家乐"。他还获得了有关方面支持的价值两万元的桌椅。从此，"秀兰农家乐"让张万虎乐开了花。想起这些，张万虎就特别高兴，家里的翻身仗，就是那个时候开始的。

"2016年8月、9月两个月，我们纯赚了14000多块钱！"张万虎说。

2017年，卡阳村整村脱贫，张万虎头上"贫困户"的帽子早就扔出了山外。张万虎说："村里势头好得很！我们再也不用外出打工啦！"

2015年，卡阳村265户926人，其中贫困户44户131人。2016年12月19日，"2016年青海省对湟中县脱贫攻坚考核验收"第三小组开展对卡阳村脱贫攻坚验收考核，对卡阳村脱贫攻坚工作给予了高度肯定。这个省定的贫困村已经实现了脱贫目标——卡阳村的年人均收入从 2015 年的 3000 元左右，增长至万元以上。

### 2. 组织部送来"第一书记"

鲍武章与卡阳村的缘分要从鲍武章的摄影爱好说起。

2015 年春，鲍武章偶然间发现了卡阳村迷人的景色，这让他萌生了发展乡村旅游业的想法。当时，西宁市委组织部是卡阳村党支部的城乡手拉手帮建单位，鲍武章的想法很快就得到了西宁市委组织部的肯定与大力支持。

西宁市委组织部创新工作思路，与湟中县拦隆口镇党委对接协商，由拦隆口镇党委聘任鲍武章为卡阳村的"第一书记"。2015 年 7 月 1 日党的生日那天，鲍武章正式受聘到卡阳。

"三年内，我要带着大家脱贫，我要带着大家过上好日子！"领到组织部的重托，鲍武章激动地表示。

探索党建促脱贫的实践很快就在卡阳村开展了起来。深入村民调研，是鲍武章的第一步。为了掌握第一手资料，鲍武章挨家挨户地查看卡阳村中贫困户的住房条件、了解贫困原因；他与西宁市委组织部扶贫工作队成员分头行动，为村民讲解脱贫攻坚政策；村党支部与村民委员会一道多次召开村民大会，商量发展生产的相关事宜等。

鲍武章的第二步，是要把党支部的"火车头"作用发挥出来。鲍武章采用的是加强村党支部建设与学习经济管理结合起来的办法，先把党员的力量集中起来、运转起来。

一方面，村党支部定期组织党员白天、夜晚学习、开会，开展"两学一做"专题学习教育；"卡阳之家""卡阳党员先锋"手机微信群解决了流动党员学习的问题；《卡阳村党支部践行"两学一做"学习教育自我十条约束》《卡阳村"两学一做"学习教育同心扶贫先锋指数评比》等一系列规章制度，成了卡阳村的新村规、新民约。

另一方面，鲍武章组织党员学习和交流西宁乡趣农业科技有限公司开发乡村旅游的经验。鲍武章的想法是，脱贫攻坚首要是思想观念的改变。要让每一位党员多增加一些政策知识、市场经济的知识，在今后的发展产业大局中都能起到真正的带头作用。

### 3. 党建聚起产业脱贫"一团火"

一切都要在实践中检验。鲍武章靠整合资源把路修了起来。有了路，乡村旅游就有了出路。

景区建设全面铺开。鲍武章曾用五年的时间，将"西宁乡趣农耕生态园"打造成为全国五星级休闲观光农业与乡村旅游示范点和国家4A级旅游景区。对于发展乡村旅游，鲍武章驾轻就熟。

卡阳风景区项目的重点是打造出一个集观光旅游、休闲娱乐、户外锻炼为一体的生态旅游景区。2017年，我们到卡阳村时，景区已投入资金7000余万元，修建了18千米木栈道、招待中心、山地自行车越野道、石子按摩徒步道、花海游泳区、房车露营基地，种植花卉苗木200余亩，吸纳本村劳动力100余人，仅支付人员工资就达到600多万元。景区完全建成后，可吸收当地群众长期在景区内从事各类工作，如护林员、收银员、财会人员等，预计带动就业

图9-3 卡阳村的"神仙会"（拿笔者为鲍武章） 卡阳村供图

260 余人。

景区鼓励、扶持本村农户开办"农家乐"20 余户，并争取有关部门支持，为每户配分了价值两万元的餐厨设备。

鲍武章启动公司基金先行垫付 40 万元，为贫困户购买了 5 辆农用拖拉机，还协调人民银行和各相关专业银行为贫困户申请了免息贷款，至 2017 年，已发放贫困户贷款 200 万元，受助贫困户 40 户。

西宁市委组织部也对卡阳村扶贫工作给予了大力支持，在全力保障工作队成员脱产驻村的同时，也为卡阳村多方协调了水泥、太阳能路灯、办公设备等，落实了道路硬化、水利工程、监控探头、义工服务、环保设备、健身设施等一批建设项目，村里的基础设施得到全面改善。

不到三年的时间，卡阳村就发生了翻天覆地的变化，鲍武章的三年承诺提前兑现，大家乐呵呵地都摘掉了"贫困户"的帽子。

在总结卡阳村脱贫经验时，鲍武章这样说："企业要发展，农村要脱贫，必须紧紧抓住党建这个制胜的法宝。"

2017 年 1 月 11 日，鲍武章这个"第一书记"升了"官"。为了进一步发挥党的领导核心作用，打造出以卡阳村为中心的乡村生态旅游辐射区，卡阳村联合周边六个村党支部和景区党支部，成立了"卡阳乡村旅游中心党委"。鲍武章出任党委书记一职，管理的党员人数从卡阳村的 40 人增加至 208 人。

鲍武章表示，卡阳乡村旅游中心党委将通过发挥"卡阳经验"辐射带动效应，科学合理利用地域自然优势，实现党建工作与经济发展、生态保护的有机融合。"今后，党委要带领大家干的不是脱贫，而是持续致富奔小康！"鲍武章说。

乡村旅游产业越来越兴旺，遍植杏花的卡阳村，每到杏花盛开的春天，那里就是牧童遥指的"杏花村"了，成了"留得住青山，记得住乡愁"的地方，赢得"中国最美休闲乡村"的美誉。

现在的卡阳，近五年时间已经迎娶了 60 多位新娘子，还累计评选出 101 户五星级文明户、80 多名模范好婆婆和模范好媳妇。

在卡阳村，孩子义务教育有保障、大学教育有支持，老人享受幸福食堂餐饮、综合活动礼堂娱乐，全村幼有所育、学有所教、劳有所得、病有所医、老有所养、住有所居、弱有所扶，不断取得新进展。卡阳村，实现了从贫困村到小康村的华丽转身。

## 第二节 枣枣有礼报党恩

红枣，是一种特别有红色文化底蕴的水果。

1928年初，在井冈山根据地，有"一个红枣也不能动"的故事。说的是工农革命军攻克遂川城，毛泽东等军中领导人从不能违反纪律的角度提出了这一商业政策，这条商业政策后来与"三大纪律八项注意"一齐写在了红军的历史上。

1996年7月，河北省定州市赵村乡的八路军遗孀师冬梅在有关部门的安排下带着丈夫的遗物参观了北京天安门。她丈夫的遗物里，就有抗日参军时忘带走的一小袋红枣。师冬梅被大家亲切地称为"红枣妈妈"。

图9-4 好想你枣业的新疆基地 企业供图

时间跨越近百年，如今，小小的红枣早已褪去战争的阴霾，在和平的年代里，它更加地红艳艳了，因为它已转化成人民追求美好生活的动力。

在河南，好想你健康食品股份有限公司以枣为"媒"，传承共产党人的理想信念，把小小的红枣发展成为带动一方脱贫致富的"富民枣""连心枣""乡村振兴枣"。2021 年 6 月，我们来到河南省新郑市好想你枣业总部，探访这个"网红＋红星闪闪"的民营企业。

### 1. 援疆"连心"枣儿红

河南新郑是枣中珍品灰枣的发源地，当地曾经出土了一枚距今 8000 年的碳化枣核，而人文始祖轩辕黄帝也是在新郑创造了"枣"字。至春秋时期，《韩非子·外储说左上》记载："子产退而为政五年，国无盗贼，道不拾遗，桃枣荫于街者莫有援也。"这里描述了街道两旁桃枣成行的情形，郑国的都城就在今天的新郑一带。

在 20 世纪物资匮乏的年代，小小的红枣，还是新郑老百姓充饥活命的"救命果"。河南好想你健康食品股份有限公司董事长石聚彬的家乡在新郑市孟庄镇，他记得当年家乡就有"孟庄孟庄，到处沙岗，粮食不够，煮枣喝汤"的民谣。

石聚彬后来的事业就发轫于家乡盛产的这种普通果实。今天，我们回过头来探究好想你公司的红色基因，要从石聚彬的创业史说起。

20 世纪 80 年代，作为孟庄村唯一的高中生，20 岁的石聚彬当上了村主任，开始带领乡亲们将当地的特产红枣销售出去，成了当地的能人。到了 90 年代，石聚彬承包了一家濒临倒闭的乡镇干果厂。再后来，石聚彬个人创业，成立了一家民营企业。1998 年，石聚彬开始启用"好想你"品牌。

在那个年代，正如许多乡镇企业家一样，石聚彬在创业早期就成为一名中共党员。早年的这份红色责任深深地影响了石聚彬，最深刻的例子莫过于好想你公司入疆发展。

新疆土地广袤，还具有种枣得天独厚的自然条件，石聚彬看中了这一点，开始到新疆若羌县试验种枣。渐渐地，摸索到种植规律的石聚彬决定到新疆大规模种枣。

在当地党委、政府的支持下，好想你公司选择以产业扶贫项目入疆，把扶贫的担子挑在了肩上。1996 年以来，公司投资近 6 亿元建厂，在新疆培育、建设、联建红枣原料基地，通过合同订单、保底收购等带动了阿克苏、和田、喀什、若羌等地红枣种植面积 1000 万亩，涵盖了 21 个国家级贫困县，惠及百万枣农。以若羌县为例，农民种红枣，人均收入高达 3 万元。

在石聚彬的手中，新郑红枣变成了援疆的"连心果"。公司能够如此大胆地、大步地迈出产业扶贫、消费扶贫的援疆步伐，一位好想你公司负责人告诉我们："这是因为精神上的'红'引领公司援疆，并扎根新疆，此'红'与红枣的'红'相得益彰。"

### 2. 总书记给"万企帮万村"回信啦

2018 年，好想你公司被评为全国"万企帮万村"精准扶贫行动先进民营企业。当时的好想你枣业股份有限公司总经理石聚领参加了 10 月 22—23 日在甘肃召开的全国"万企帮万村"产业扶贫现场推进会表彰会。

这一年，习近平总书记给获表彰的民营企业家回了一封信，在会上，石聚领与大家分享了写信的经过以及自己的感受。

2018 年 10 月 16 日，全国工商联、国务院扶贫办、中国光彩会、中国农业发展银行在京联合举办全国"万企帮万村"精准扶贫行动先进民营企业表彰大会暨扶贫日论坛，授予 100 家民营企业"全国'万企帮万村'先进民营企业"荣誉称号。石聚领等百位受表彰企业的代表一起，在北京参加了隆重的颁奖仪式。在全国工商联的组织下，大家决定，联名给总书记写了一封信。

"在信中，我们汇报了参与'万企帮万村'行动的做法，以及在脱贫攻坚中的思想感受，表达了要进一步为脱贫攻坚战贡献力量的决心。之所以写这封信，我们的想法很简单。2018 年是改革开放 40 周年，在这样一个时间节点上，在全国各类表彰活动都在不断规范、减少的情况下，中央批准给我们参与扶贫的民营企业这么高的荣誉，我们倍感荣耀、倍感振奋。中国的脱贫攻坚战是人类历史上史无前例的，中华民族将因此彻底告别绝对贫困，从这一点上看也将是后无来者的，我们能参与到如此伟大的事业中是人生幸事。这场攻坚战是总书记亲自提出、亲自指挥、亲自推动的，总书记此前已经三次对'万企帮万村'做出重要指示，我们作为参与这场战役的小分队，拿到了军功章，要向总指挥报喜。"

在这封信中，大家写道：作为改革开放的受益者、先富起来的人，我们始终没忘"先富帮后富、最终要共富"的社会主义理想；我们懂得，没有全国人民同步小康、没有国家的富强繁荣安定，个人成就只是沙滩上的城堡；一个人只有融入集体的事业之中才有力量，企业发展只有融入国家发展全局才有价值。因此，我们希望用自己在创业发展中积累下的财富和经验，帮助贫困群众早日过上好日子，为脱贫攻坚尽点力。

石聚领说，当时大家只是想向总书记报告一下心情，没想到总书记在百忙之中这么快就给大家回了信。

"这让我十分感动。这也充分表明了总书记对民营企业的关心、爱护、鼓励和支持。总书记不仅对我们通过'万企帮万村'精准扶贫行动参与脱贫攻坚高度肯定，同时，他还充分肯定了广大民营企业在稳定增长、促进创新、增加就业、改善民生等方面的重要作用，肯定了民营企业是推动经济社会发展的重要力量；强调民营经济的历史贡献不可磨灭，民营经济的地位作用不容置疑，重申党中央支持民营企业发展的方针丝毫不会动摇。这番话，每一句话都说到了我们民营企业家的心坎里。"

当时，社会舆论中有各种有关民营经济政策的杂音，再加上国际形势风云变幻、国内经济周期换挡，一部分民营企业表现出了一些焦虑情绪。

石聚领说，总书记的回信，是对当前社会上"民营企业完成了历史使命和国进民退"言论的终结，是给当下"转型难、融资难、经营难"的民营企业扫清了雪、清理了霜。让广大民营企业吃了定心丸、打了强心针、喝了镇静剂。

"有句俗话说，信心比黄金还宝贵。在这样的时间节点上，总书记的回信让金子发出了光，给我们民营企业发展鼓足了劲、加满了油。我们将和广大民营企业一起，进一步把握时代大势，坚定发展信心，心无旁骛创新创造，踏踏实实办好企业，为打赢脱贫攻坚战、为全面建成小康社会、为实现中华民族伟大复兴的中国梦，多出一把力、多尽一份心。"石聚领说。

### 3. 党建与企业高质量发展相契合

一路走来，好想你公司由小变大，由弱变强，发展成为中国红枣上市第一

图 9-5　好想你枣业的加工车间　企业供图

股,并推动了红枣品类期货上市。2020 年,公司营业收入 30 亿元,实现归属于上市公司股东的净利润 21.4 亿元,纳税贡献 8.97 亿元。

与众不同的是,好想你公司的党建也在与时俱进,在企业的高质量发展中有着越来越重的分量。

作为老党员,石聚彬深知,今天的民营经济,是改革开放以来在党的方针政策指引下发展起来的。坚持党的领导是民营经济蓬勃发展的根本原因,也是未来民营经济高质量发展的根本保障。

2003 年 11 月,好想你公司成立了党支部,2012 年 8 月升格为党委,下辖 9 个党支部,石聚彬任党委书记,共有党员 137 人。2018 年,公司成立纪委,成为极少拥有纪委的河南民营企业。2019 年成立非公有制企业(好想你)党建学院。2021 年,公司还将建成 3000 平方米的党建博物馆,向中国共产党建党 100 周年献礼。

在企业投资人的大力支持下,好想你公司着力把党的组织优势、群众优势转化为企业发展优势、服务优势、创新优势。公司党委在工作实践中不断总结经验,逐步形成了适合企业自身发展的非公企业党建方法论。

例如，公司党建总结了"七个一"的核心指导方针：经济战场一面旗；岗位工作一块砖；誓词誓言一生牵；制度落实一个严；和谐稳定一根针；联系群众一座桥；奉献社会一颗心。

方法论千条万条，最重要的是要看效果。好想你健康食品股份有限公司党委副书记王光群告诉我们，公司的智能化透明工厂里，最强的那一部分员工都是党员，"大数据显示他们的合格率是最高的。在其他工作中，他们也是效率最高的那一部分人。"

2020年新冠肺炎疫情防控期间，好想你公司选出108名党员冲上防疫一线。"用大家的说法，这就是义字当头的108条好汉。这个义，是国家召唤的大义。"王光群说，公司党委还派人走访这些党员家庭，让他们的家人放心，也让他们的家人有荣誉感。

党员还是公司的志愿者。好想你枣业园区的草坪是党员挂牌义务劳动的地方，草坪区按网格化管理归口各党支部，每年节省下来的绿化养护、清洁卫生费用有100多万元，这些费用则成为公司的党建经费，用于党群工作。

如果我们给这家民企的中共党员画像，那么，他们的形象就是工作的奋斗者、社会正能量的代言人；在这家公司，作为一个党员，是很荣耀的事。

此外，党建学院也是好想你枣业党建工作的一项法宝。新郑市非公有制企业（好想你）党建学院由新郑市委组织部、新郑市民政局批准成立，那里不仅可以开展公司自身的党员培训，还对外开放，配有专业老师讲授企业党建工作课程。

坚定的政治信念引领，使得好想你公司对政治经济大局的理解更为透彻，也正是有了深刻的认识，好想你公司的发展方向自觉地与国家大政方针保持一致。

石聚彬出身农家，发展的事业也没离开过农业，对国家实施乡村振兴战略，石聚彬有自己独到的理解。

乡村振兴，最缺的是人才。石聚彬一直抱有"把党员培养成人才，把人才培养成党员"的人才观，在他看来，构建实用性乡村振兴人才培养创新平台恰逢其时。

2021年是好想你公司上市10周年，在乡村振兴的大背景下，好想你公司抢抓职业教育机遇，完成了公司的"中专—大专—本科"系统职业教育体系建设。

5月，好想你公司与河南农业大学现场签约，共建现代食品加工与营养安全产业学院，建设集产、学、研、转、创、用于一体的人才培养创新平台。与此同时，郑州好想你经济管理中等专业学校(中专)、河南机电职业学院好想你乡村振兴学院(大专)正式揭牌。

石聚领说，郑州好想你经济管理中等专业学校、河南机电职业学院好想你乡村振兴学院将在好想你工业园区办学，学生可以在真实的企业环境中学习和生活，接受真实的项目，体验真实的工作压力，最终将获得真实的工作机会。

新郑市教育局党组副书记张宏亮表示，好想你公司系统搭建职业教育体系，不仅是主动承担社会责任、培育乡村振兴实用人才的重要表现，也是企业良性发展、长远发展的战略选择，更符合新郑推进职业教育改革、深化产教融合的现实需要。

"枣枣有礼报党恩，早早有福富民兴"，这是好想你公司园区右侧红枣博物馆里的一副对联。这副对联高度概括了好想你公司当下的红色故事，其实也暗含了企业未来的雄心壮志：在乡村振兴的大道上，好想你公司要当永不褪色的奋斗者、建设者。

# 第十章 战"疫""战贫" 我们必胜

2019 年 12 月爆发的新型冠状病毒肺炎是近百年来人类遭遇的影响范围最广的全球性大流行病，对全世界是一次严重危机和严峻考验。人类的生命安全和健康面临重大威胁。这场疫情严重地影响了 2020 年的中国，因为，2020 年是中国全面建成小康社会目标实现之年，是我们全面打赢脱贫攻坚战收官之年。面对来势汹汹、后来又有不同程度反复的疫情，中国选择了人民至上。战"疫"与"战贫"交织，疫情防控与复工复产交织，14 亿中国人民同仇敌忾，坚韧奉献、团结协作，共同构筑起同心战"疫""战贫"的坚固防线。而广大民营企业与民营企业家也都自觉投入到这场人民战争中。

新冠肺炎疫情是新中国成立以来发生的传播速度最快、感染范围最广、防控难度最大的一次重大突发公共卫生事件，对中国是一次危机，也是一次大考。中国共产党和中国政府高度重视、迅速行动，习近平总书记亲自指挥、亲自部署，统揽全局、果断决策，为中国人民抗击疫情坚定了信心、凝聚了力量、指明了方向。在中国共产党领导下，全国上下贯彻"坚定信心、同舟共济、科学防治、精准施策"总要求，打响抗击疫情的人民战争、总体战、阻击战。

据 2020 年 6 月 7 日发布的《抗击新冠肺炎疫情的中国行动》白皮书显示，截至 2020 年 5 月 31 日 24 时，31 个省、自治区、直辖市和新疆生产建设兵团累计报告确诊病例 83017 例，累计治愈出院病例 78307 例，累计死亡病例 4634 例，治愈率 94.3%，病亡率 5.6%。

湖北是全国疫情的风暴眼，那里，打响的是武汉保卫战、湖北保卫战，社会与经济都付出了巨大的代价。中国用三个月左右的时间取得了武汉保卫战、湖北保卫战的决定性成果。

湖北疫情发生以来，全国各级工商联以及工商联所属商会在全国工商联的统一部署之下，第一时间传递出强烈信号：国家有难，民企有责。全国民营企业、商会组织行动起来，有钱的出钱，有人的出力，有物的出物，参与到抗疫的战争中。

来自民营企业的人力、物力、财力迅疾向疫情风暴眼汇集：至2020年的8月，据全国工商联的不完全统计，全国共有110600家民营企业捐款172.23亿元，捐物价值119.32亿元，其中直接捐款到湖北58.15亿元，捐物价值47.60亿元。其他多数民营企业通过捐赠到本地政府和慈善机构后转赠湖北。3月25日至8月，全国各地民营企业投资湖北项目1577个，投资金额4765.13亿元。

复工复产有序恢复之后，民企精准扶贫加大了马力。2020年抗疫期间，全国工商联搭建复工复产人才对接平台，成功协调企业用工7万余人，为300多家企业解决了用工难题；召开全国工商联系统东西部扶贫协作工作座谈会，动员东中部11省(市)组织2273家企业和其他社会力量，帮扶1113个挂牌督

图 10-1　2020 年知名民企湖北行开幕式

战村。部分东部省市民营企业和全国工商联直属商会参加甘南行、南疆行，捐款捐物和协议投资达 412 亿元。民营企业踊跃参与消费扶贫行动，采购和帮助销售扶贫产品达 272 亿元。

战"疫"与"战贫"，这里面有太多的民企故事。疫情发生后，我们陆续从全国工商联获得大量民营企业和民营企业家、商会的抗疫消息，我们也参与了全国工商联组织的活动，亲历民企支持疫情防控、复工复产、脱贫攻坚的重要时刻。

## 第一节　徐爱华在干吗？

浙江华联集团董事长徐爱华是谁？

获得 2019 年诺贝尔经济学奖的阿比吉特·班纳吉、埃丝特·迪弗洛在他们最重要的著作《贫穷的本质——我们为什么摆脱不了贫穷》中，收录了中国女性徐爱华的案例。在班纳吉和迪弗洛的著作里，记录徐爱华创业故事的那一部分，标题是"没有资本的企业家"。在作者笔下，徐爱华的案例"并不是一个典型例子"。两位经济学家主要想表达的是：穷人因资金较少，几乎无法获取正式保险、银行服务及其他廉价金融渠道，很难获得足够的资本，成为一名企业家。

徐爱华确实是个例外。20 世纪 80 年代初期，中国的改革开放给了她一个机会，虽然她没有多少钱，但她靠政策环境以及自己的技术白手起家，蝶变为一个成功的女企业家。

这样的案例发生在中国，其实并不特别。改革开放以来，一大批跟徐爱华十分相似的人靠政策、自己的聪明才智，成为改革开放总设计师邓小平口中能捉到老鼠的那批"好猫"，他们是改革开放后，国家鼓励的、最早富裕起来的那一批人。

徐爱华很幸运，时间已进入 21 世纪 20 年代，她还活跃在经济领域。在这一次新冠肺炎疫情中，这位女中豪杰冲在前面。

### 1. 徐爱华的创业故事

徐爱华，浙江华联集团董事长，兼任绍兴市工商联主席、绍兴市总商会会长，曾是第十二届全国人大代表。

20 世纪 60 年代，徐爱华出生在绍兴的一个农民家庭。小的时候，除了逢年过节，徐爱华和 6 个兄弟姐妹只能靠玉米糊糊果腹。

1982 年，徐爱华第二次参加高考，定向考取了浙江农业大学；同时，她还通过考试拿到一个去上海进修服装设计的名额。

20 世纪 80 年代初期，绍兴县大力发展以纺织、印染为主体的乡镇轻纺工业。为提高技术水平，当地政府从上海请来师傅对工人进行培训。培训后考得第一名的工人将会去上海进修一年。

徐爱华利用第一次高考落榜后在乡镇企业打工的机会，参加了培训。半个月后，她从工人中脱颖而出。

"你哥当兵回来在镇上工作。你读了大学，出路也差不多，不如学门技术。"一辈子种地的父亲，用中国人的传统智慧，为女儿做了选择——去上海学服装设计。

上海学成归来，她却失业了。因为那个时候乡镇企业讲究论资排辈，她太年轻了，即便有技术在手，但没有一家乡镇企业愿意接受她。

不得已，1983 年，徐爱华决定自己创业，教人做时装。徐爱华承诺，包教包会，学习时间一个月，学费 15 元，学不会的可以继续学两个月或三个月，不加收学费。

当时 15 元的学费差不多是工人一个月的工资。按当时的惯例，学徒先要免费帮师傅干活，然后拿一半薪水继续帮师傅干一段时间。但徐爱华不这么办。

徐爱华前前后后招收了 100 名学徒。她手把手地教徒弟如何设计、裁剪、缝制。后来，她留下了其中 6 人，开办了自己的服装厂。

当年的绍兴县（现已改名柯桥区），是国际纺织之都。徐爱华的企业在创业初期就面临与国营企业、乡镇企业竞争的局面。

小作坊量小，成本高。为了节约成本，徐爱华将供销社当废品卖的纸箱子买回来。一个旧纸箱和新纸箱的差价，"能省出一件衣服的扣子钱"；徐爱华到城里进货回来，从不叫十来块钱一趟的车，三轮车坐到公交车站，两张票，人一张，货一张，总共花三块钱。

中国巨大的市场给了徐爱华一线生机。既然绍兴竞争激烈，那就去中西部找找机会吧！20 世纪 80 年代，徐爱华跑遍湖南、湖北、贵州、青海等 6 省区 18 个县市，生意做了起来，企业总算活了下来。发展至今，就是今天的浙江华联集团——一家集医疗健康科技、智能制造、服装品牌运营、房产置业、商贸流通、金融投资等行业于一体的现代化企业集团。

班纳吉和迪弗洛到贫困人群最集中的 18 个国家和地区开展调研，试图从穷人的日常生活、教育、健康、创业、援助、政府、NGO 等多个方面，探寻贫穷的真正根源。

政府无能、法制缺席、腐败横行，落后的基建、教育、医疗、公共设施……这些都有可能让穷人难以摆脱贫困陷阱。

徐爱华等一批从社会底层起家的中国民营企业家却获得了成功。他们的成功，要归功于中国巨大的市场、不断释放生产力活力的国家改革开放政策。

2019 年 8 月，浙江省民营企业家新时代讲习团“我和我的祖国”主题宣讲会上，徐爱华讲了一个案例。

“有这样一项事业，年产值 10 亿元，但它面临众多的外部环境与问题，诸如经贸摩擦加大，产销系统不协调；行业增速放缓，产能严重过剩；经营成本上升，创新能力不足；金融市场动荡，融资存在潜在风险；废水废气处理难，环保压力加大；员工读不懂领导层，有许多的抱怨和负能量……请问在座各位该怎么办？”

徐爱华说，应该有三种选择：第一种是卖掉，总归有人会喜欢这样的事业；第二种是把它剥离出去，自己当一个股东；第三种是通过转型升级，让这样的事业再焕发出生机。相信在座大多数企业家会选择主动面对挑战，想方设法，通过转型升级焕发这个事业的光彩。

“接下来，请在座各位把这样的一项事业放大十万倍……”

她口中这项“年产值 100 万亿”的事业，指的是中国。她以中国共产党人不懈奋斗的精神鼓励大家。

“企业家的事业和国家、民族的前途结合，才有更大的价值。”徐爱华说。

有这样经历成长起来的企业家，国难当头之时，她的选择必然是与国家站在一起。

### 2. 母子搭档勇闯抗疫一线

2020 年 1 月，疫情急速升温，防护物资十分紧缺。作为服装企业，徐爱华想到应该捐献一些防护服。她想花钱买防护服捐出去，可是，一阵打听下来，她发现，有钱也买不到货。于是，她想自己要是能生产防护服就好了。可是，她的企业并没有生产这类服装的资质。

思前想后，她又冒出了一个想法，是不是可以火线申请资质？徐爱华找来了儿子——集团旗下浙江绿萌健康科技股份有限公司的董事长张皓洋，把生产防护服的想法告诉他。没想到，张皓洋也正为疫情揪心，不仅托朋友从国外采购口罩，还为自己公司研发的体温贴还没有量产而感到遗憾。儿子非常支持母亲的提议。

徐爱华立即与省市有关部门沟通了想法，她的提议得到了省市有关部门的支持，开辟了绿色通道，特事特办。徐爱华在第一时间带领企业进入战备状态。

1 月 25 日一早，徐爱华挨个拨打朋友的电话，寻找样本和采购原料，落实生产企业备案和产品备案、设计打样，安排生产人员。

机器设备、辅料、人工、生产资质……都是挡在徐爱华面前的大山。没有设备，徐爱华就到处托朋友打听采购。"防护设备的液压机，公司员工联系了两天都买不到，我就托朋友找。那天联系上已经是半夜了，我说要马上买，对方要付定金，我就自己直接把钱付了，本来这些事情都要走公司程序，但这个时候就先简化了吧。"徐爱华说。

没有工人，徐爱华就和公司管理团队给老员工一个个打电话，很快从当地招募了 20 多名熟练工。

技术部负责人王晓英第一时间赶到厂里。"董事长的决定让我们很感动，我们也想出一点力。我初七去其他工厂学习，当晚回来彻夜打样，第二天就把隔离衣的样品赶了出来。"王晓英说。

团队迅速组建起来，仅仅 4 天时间，2 月 3 日，首条生产线投入运行。徐爱华索性把复工的员工全都请进厂里，免费提供吃住，还给他们涨工资、买保险。

徐爱华从舟山、苏州找来专家外援，为企业定制一次性隔离衣、非无菌类一次性防护服的质量体系标准。

2月7日（正月十四），首批隔离衣下线。当天，徐爱华就把这批一次性隔离衣捐赠给抗疫前线。

这天，她在自己的疫情日记中写道：半个月来一直紧绷的心逐渐放了下来。这些日子，很忙碌、很辛苦，也很快乐，仿佛又回到了20世纪90年代创业办厂的那时候。而这一次，是儿子和我一起对每个环节用心张罗，对每个流程亲力亲为。我相信，通过这次特殊时期的创业经历，会让儿子对"社会责任"这四个字有更深的理解，并受益一生。

2月8日，浙江省新冠肺炎疫情防控工作领导小组向徐爱华的公司下达应急物资调拨令。工信部也在2月20日下达调拨单，直接发往武汉。

为生产线忙碌奔波的那段时间，徐爱华的父亲住院手术。得知徐爱华的举动，老父亲对她说："你去忙好了，我挺好的，你放心。"

2020年11月，徐爱华获得"全国抗击新冠肺炎疫情民营经济先进个人"荣誉称号。

如果班纳吉和迪弗洛有机会来中国，有机会见到现在的徐爱华，或许，他们可以跟她交流企业社会责任的课题，探秘中国企业家的内心世界，还有，在中国社会主义市场经济的大环境下，没有资本金的穷人创业成功的奥秘。

## 第二节  消费扶贫：一起为扶贫买买买

救急！34万斤香芋快要在地里发芽了，不挖就废了！

2020年2月，在国家级贫困县湖北蕲春县，春耕在即，因为疫情的缘故，农户去年种植的香芋还在地里，如果再不挖出，香芋发芽，农户去年一年的投入就要泡了汤。这芋田的收成，是许多当地贫困户一年的指望，没了收入，脱贫的事，可能又要后延。

这样的事，发生在2020年身处疫情重灾区的湖北省。这在全国也并非个案，2020 年脱贫攻坚收官之年，不解决好疫情防控和脱贫攻坚的矛盾，社会、经济将遭受不可估量的损失，这是全体中国人民不愿意看到的。如何解决好这个问题，消费扶贫的举措在这个非常时期，更显重要。

早在 2018 年 12 月 30 日，国务院办公厅印发了《关于深入开展消费扶贫助力打赢脱贫攻坚战的指导意见》，将消费扶贫纳入国家脱贫攻坚政策体系。在 2020 年 4 月 24 日国务院联防联控机制新闻发布会上，国务院扶贫办政策法规司司长陈洪波再提消费扶贫，他表示，通过网络直播销售扶贫产品，在疫情期间发挥了很重要的作用。

### 1. 34 万斤滞销扶贫香芋卖完了！

蕲春县 34 万斤滞销扶贫香芋是在不到半个月的时间全部销售一空。这里面的故事，是政、企、社会联手战"疫""战贫"的成果。

故事还要从北京说起。3 月 13 日清晨，北京市政协委员、国务院扶贫办社会扶贫司司长曲天军看到媒体发布的一则消息："因疫情，湖北蕲春青石镇芭茅街村贫困户张先林一家 8 万斤香芋滞销，寻求社会帮助。"蕲春是疫情重灾区湖北的贫困县，贫困户的收成怎么落袋为安，时刻牵动着国务院扶贫办领导的心。而且，这很可能不仅仅是一家贫困户的情形，而是疫区贫困户销售难的问题。曲天军皱着眉头，有点着急。

曲天军按照扶贫办党组规范做法迅速启动响应机制。上班之前，他已经联络上一直战斗在湖北重疫区一线的本来集团管理层，并安排了企业与湖北省扶贫办进行工作衔接，先确认了信息的真实性。第二天，地方有关部门开展实地调研。

实地调查证实了曲天军的猜测。调查发现，香芋滞销主要受疫情封路影响，外地商户无法下乡收购，导致该县青石镇大约有 34 万斤香芋滞销，其中涉及贫困户香芋约 20 万斤。周畈村距离贫困户张先林所在的芭茅街村有 6 千米，也有贫困户香芋滞销的情况。

50 多岁的贫困户张先林种有 30 多亩的香芋，这是他家的主要收入来源。从 2008 年开始，除了他自己种植香芋，张先林还带动了 18 名贫困户一起劳作。这两年，收入刚刚稳定下来，大家就扩大了种植面积。如果香芋不能及时销掉，不仅一年的收成无望，春耕生产也会受影响。

从 3 月 15 日开始，国务院扶贫办、湖北省扶贫办及蕲春县扶贫办三级联动，湖北省疫情防控民生保供企业——本来集团的湖北子公司积极配合，企业率先采购了一部分滞销香芋，立即送往武汉 200 多个社区。

这场战"疫"消费扶贫之战得到了企业的积极响应。全国政协委员李建红所在的招商局集团采购 10 万斤，全国政协常委、中国核学会理事长王寿君所在的中核集团承诺将其中贫困户滞销的香芋兜底收购。

此举既帮助了 100 余名农民、28 户贫困户实现稳定增收及时恢复春耕生产，同时，这些香芋陆续捐赠至疫区医院及社区困难群众，可惠及两万余人。

在 4 月初的国务院联防联控发布会上，蕲春香芋作为典型案例被通报表扬。

### 2. 一起为扶贫买买买

蕲春香芋不是个案。受疫情影响，全国各地特别是 2020 年等着摘帽的贫困地区，农产品滞销的问题十分突出。

为深入贯彻习近平总书记在决战决胜脱贫攻坚座谈会上关于"开展消费扶贫行动"的重要讲话精神，落实《国务院办公厅关于深入开展消费扶贫助力打赢脱贫攻坚战的指导意见》部署要求，2020 年 3 月 13 日，国家发展改革委印发了《消费扶贫助力决战决胜脱贫攻坚 2020 年行动方案》，联合中央宣传部、农业农村部、商务部、文化旅游部、国务院扶贫办、中央军委政治工作部以及全国总工会、共青团中央、全国妇联、全国工商联等 27 个部门和单位开展 30 项具体行动，持续释放消费扶贫政策红利，助力决战决胜脱贫攻坚。

"一起为扶贫买买买"背后，事关脱贫攻坚大事。工商联、商会、民营企业是其中一股强劲的力量。

毛色鲜亮的老母鸡、嘎嘎乱叫的鸭子、新摘的玉米和刚挖的红薯……2020 年 4 月 21 日上午 9 点多，在广东省化州市丽岗镇硃砂圩村，一个临时集市吸引了附近不少化州市城区市民。问价声、直播带货的声音、手机拍照声连同鸡鸭鹅的叫声响了起来，久违了的乡村烟火气又回来了。更值得一提的是，村里的二十多户贫困户都乐开了花，他们被疫情耽误的农货全部出手了。

原来，硃砂圩村是化州市工商联的挂点村，为了帮助村里的贫困户，化州市工商联在村子里组织了这次消费扶贫农产品展销会，号召商协会组织消费扶贫。不一会儿，现场参展的农产品便售卖一空。据不完全统计，现场售卖的农产品和网上订单总金额超过了3万元。

3万元，虽然数额不大，但它何尝不是那些贫困户脸上绽放的笑容，又何尝不是在疫情背景下给他们增加了些许脱贫的信心呢？

工商联、商会和民企不仅做小事，他们也干大事。

4月29日，湖南省消费扶贫公共服务平台迎来了全省民营企业扶贫产品上线，全省150家民营企业与省消费扶贫公共服务平台成功签约。

活动由湖南省扶贫办、省工商联联合举办，采取视频会议的形式举行。会议对如何重点解决好流通和销售难题作了部署。据悉，湖南正在重点打造开发省消费扶贫公共服务平台、湖南（长沙）消费扶贫示范中心、湖南消费扶贫联盟等"一平台、一中心、一联盟"的湖南消费扶贫模式。特别是湖南消费扶贫联盟，将通过聚合生产、流通、消费、宣传、服务等领域的资源，最大限度地实现扶贫产品货源供应、冷链仓储、物流运输、销售渠道等资源共享。

会上，全国政协委员、湖南省工商联主席张健建议，省扶贫办和省工商联要加强联系沟通，把消费扶贫作为促进"万企帮万村""万企帮万户"行动开展的重要专项活动进行推进。同时，他提出，从严把扶贫产品质量关、做好公共支持服务、进一步营造消费扶贫的浓厚氛围等方面工作发力，推动消费扶贫健康发展。

2020年的金秋9月，疫情渐渐消退，中国的复工复产进展迅速，脱贫攻坚在隆隆战鼓中冲刺，消费扶贫，呼唤社会各界伸出援手。

9月1日，首届全国消费扶贫月活动在京拉开帷幕。本次活动以"万企参与，亿人同行"为主题。在全国消费扶贫月启动仪式上，国务院扶贫办、国家发展改革委、中央宣传部、中央网信办、教育部、财政部、农业农村部、商务部、国务院国资委、中华全国供销合作总社、全国工商联作为全国消费扶贫月活动的共同主办单位，联合有关单位发起了消费扶贫行动倡议书，引导和动员全社会购买和帮助销售扶贫产品。

一个月之后的扶贫日，10月17日下午，全国消费扶贫月活动成果展示发布会在北京举办。中西部 22 个省份已销售扶贫产品 1715.18 亿元，其中活动启动以来销售 415.98 亿元；东部 9 省市消费扶贫金额 535.26 亿元，其中活动启动以来消费扶贫金额 215.27 亿元。

图 10-2　广西工商联组织物资驰援湖北　广西工商联供图

## 第三节　"荆品出乡"的故事

湖北的疫情最严重，这使得湖北脱贫攻坚收官之年的收尾任务变得异常沉重。大量的农产品被迫滞销，对正等着脱贫摘帽的县造成很大压力。像蕲春香芋，只是其中一个单品，湖北还有许许多多的农特产品正等着出山。

北京本来工坊科技有限公司（以下简称"本来集团"）的"荆品出乡"项目是"万企帮万村"在冲刺之年的典型案例，本来集团的"保供＋扶贫＋纾困"举措，既是应急措施，同时也为后来衔接乡村振兴奠定了坚实的基础。

### 1. 战疫情，保供给

本来集团是一家同时具备农产品供应链全程化管理服务、自有品牌塑造、媒体整合营销、自有冷链物流、线上生鲜电商、社区生鲜连锁新零售等综合能

图 10-3　蕲春芋头出山　企业供图

力的生鲜全产业链集团公司。扶贫，是本来集团的重点战略性工作之一，企业专门成立扶贫与乡村振兴促进中心，统筹协调各事业部扶贫工作的开展。

自 2012 年成立以来，本来集团已经累计销售了来自 22 个省市自治区、101 个贫困县的 1174 个规格的农产品，销售额近 5 亿元，并建立了丰富的扶贫产品库，涵盖"三区三州"等深度贫困地区的水果、肉禽、杂粮等 12 个品类。仅 2019 年，本来集团扶贫产品的购销金额已达 2.1 亿元，同比增长了 3 倍以上。共计带动了 7300 名建档立卡贫困户的增收，人均增收约 1500 元，惠及 10 万余农户。

近几年来，本来集团重点打造的 O2O（本来鲜）＋B2C（本来生活网）商业模式，构建起企业自身的核心竞争力，线下线上联动消费扶贫，让"买买买"的巨大潜能转化为贫困地区脱贫致富的新动力。

经过持续探索，本来集团形成了"政府＋合作社＋农民＋帮扶机构＋电商"五方联动的本来扶贫 3.0 的模式，有效解决了贫困地区农产品销售及持续市场竞争力打造的问题。2020 年的新冠肺炎疫情，给了本来集团一次检验成果和练兵的机会。

作为民生保供重点企业，本来集团克服疫情影响，在各单位及相关部门的指导下，凝心聚力，将战"疫"与扶贫相结合，携手央企、民企等各方力量，通过购销扶贫产品反推贫困地区产业升级，为贫困户销售扶贫产品，稳定增收创造条件。同时，企业打通从产地、物流、受赠方等全链条服务，为打赢新冠肺炎疫情防疫阻击战和脱贫攻坚战的双胜利贡献力量。

自 2020 年 1 月 24 日开始，集团先后启动了四川耙耙柑、云南沃柑、广东圣女果、云南蔬菜、新疆苹果、陕西苹果、广西百色蔬菜水果等多个大型农产品原产地直采项目。在短短的一个多月时间里，累计发货 600 多吨。

让我们来看一张不完全统计的清单——

1 月 24 日，本来生活网联合顺丰速运，为武汉地区多家医院送去 24 吨生活必需品物资。

2 月 5—6 日，本来生活网连夜为江苏支援武汉的医疗队送补给。

2 月 6 日，本来生活网联合山东鲁鲜生，免费将爱心蔬菜送入武汉市民住宅小区。

2 月 16—20 日，本来鲜扩大社区团购，持续扩大至武汉数百个小区。

2 月 21 日，本来生活网紧急调拨首农集团的古船牌面粉，及时配送到武汉市民手中。同时发起"为武汉亲友买菜"活动，联手双汇集团、寿光蔬菜多省产能，与顺丰集团协作为武汉市民送菜。

2 月 28 日，中国旅游集团联手本来生活网，将来自贵州黎平的 30 余吨蔬菜通过本来物流体系捐赠给武汉汉阳医院、天佑医院、黄石有色医院。

本来生活网全方位统筹对接，招商局物流"灾急送"专线运送，经乡镇干部、单位多方配合与接力，从贵州黎平县采购西兰花捐赠给武汉医院。这对于黎平县德顺乡来说既是帮助农民解决滞销难题，也是支援武汉抗疫。

3 月 3 日上午，本来生活网联合央企中核集团，为武汉同济医院中法新城院区、光谷院区（新冠肺炎重症及危重症救治定点医院）及其一线职工家庭送去了由本来集团重点打造的石柱县优质扶贫产品：10 吨三星香米、1.2 万盒"陶大薯"牌速食土家风味酸辣粉，以及由本来生活网包装的近 2000 包由蔬菜、食用油、奶片组成的"'核'力加油包"等爱心物资。

3 月 11 日，中宣部协调本来生活网、平安银行两家企业，通过本来生活网将在科右中旗采购的 25 吨兴安盟大米装车启运，驰援武汉。之后，平安银行通过本来生活网，将从广西百色采购的 76 吨蔬菜定向捐赠给武汉医院。

蕲春香芋的故事就是其中的典型案例。在接下来疫情反复不定的时期，本来集团的工作重点放在了"荆品出乡"。

### 2. 多方联手形成消费扶贫合力

本来集团携手央企、民企等客户资源对湖北开展消费帮扶。

2 月以来，本来集团先后联合中核集团、中广核集团、平安集团等企业采购优质滞销扶贫产品，金额超 200 万元。旗下供应链公司（本来果坊）采购秭归脐橙多达 100 多吨。

自 5 月起，本来集团先后联合十余家单位开展消费扶贫工作，直接带动湖北滞销农产品销售金额超 1000 万元。合作单位包括中国华能集团有限公司、中国广核集团有限公司、中国移动通信集团有限公司、中国核工业第二二建设有限公司、平安银行股份有限公司、上海浦东发展银行股份有限公司、招商银行股份有限公司、中国信达资产管理股份有限公司、万科物业发展有限公司、中国太平洋财产保险股份有限公司深圳分公司等单位。

本来集团开展直播为湖北拼单。

3 月 31 日，本来生活网与央视新闻联合发起了"谢谢你为湖北拼单"公益行动。在全面对接湖北各贫困县以及各定点单位，收集整理各县优质产品后，本来生活网上线"我们一起助农湖北"专题页，截至 4 月 30 日，总计销售近 150 吨。本来生活网还联合央视新闻网和快手，共同举办直播带货活动，当天销出近 30 吨产品，销售额近 80 万元。

本来集团联合社会公益力量为湖北点亮爱心。

4 月 22 日，本来生活网与"益行关爱"公益平台和深圳市关爱行动基金会，共同发起"'吃'心一片，我为湖北"公益项目，发动吃货力量"以捐代购"，以公益的形式支持湖北经济复苏、为援鄂英雄送去关爱包，为"荆品出乡"行动再添亮点。爱心达人们在"益行关爱"平台完成公益任务后捐出爱心点数，可免费兑换湖北小龙虾一份，9 天活动累计兑换 1 万份。本来集团联合北京湖北企业商会大力开展"天下楚商，助力荆品出乡"活动，将助农的范围扩大至湖北全省 17 个地市州；后续还通过商会号召数千家商会企业共同参与。

扶贫助农不是一次直播、一场展销会就可以解决的问题。从战"疫"保供，到扶贫农产品流通，再到"荆品出乡"，助力湖北滞销农产品"纾困"，不仅要解决湖北农产品一时的销售问题，还要从长远的机制上帮助荆楚大地的精品农特产能够建立市场竞争力。

本来集团有关负责人表示，这需要深度介入农产品的供应链，在上游种植及终端销售全程参与，从各个环节保障产品的品质优良，扎扎实实地服务好终端消费者们。最终目的是希望做好"荆品"出乡的同时，还要帮助打造湖北"精品"，帮助农民脱贫致富。

为此，上述负责人指出，要建立消费扶贫的长效机制，联动多市场主体的参与。"真正的市场需求是多样性且不断变化的，贫困地区农产品要真正实现与市场的充分匹配，需要更多参与到充分的市场竞争之中，不断优化升级，适应广泛的市场需求，才能逐步完成从政策驱动到市场驱动的转变。"他表示。

## 第四节　知名民企湖北行：搭把手、拉一把

湖北是抗击新冠肺炎疫情的主战场，为阻断病毒蔓延，经济社会发展从"按住暂停"到"重启恢复"历时最长、牺牲最大。有序复工伊始，2020 年 3 月 10 日，中共中央总书记、国家主席、中央军委主席习近平专门赴湖北省武汉市考察新冠肺炎疫情防控工作。实地考察结束后，习近平主持召开会议，听取中央指导组、湖北省委和省政府关于疫情防控工作汇报，并发表重要讲话。

习近平总书记在这次会上强调，在湖北最艰难的时期搭把手、拉一把，帮助湖北早日全面步入正常轨道，同全国一道完成决胜全面建成小康社会、决战脱贫攻坚各项任务。

在这一年 5 月和 8 月，全国工商联携手全国知名民营企业，在云端、在线下，为湖北完成决胜全面建成小康社会、决战脱贫攻坚搭上一把手。第二年，为了巩固湖北疫后重振的成果，2021 年 7 月，一大批全国知名民营企业怀着共同的心愿，再次聚集湖北武汉。

这项活动就是 2021"全国知名民企湖北行"。且行且花开，且行且坚定。

### 1. 疫情阻隔不了"云上"的同心牵手

作为抗击新冠肺炎疫情的主战场，为阻断病毒蔓延，湖北忍痛"封省"长达两个多月，经济发展遭受重创：主要经济指标明显回落，据统计，2020 年第一季度 GDP 为 6379.35 亿元，同比下降 39.2%；产业发展陷入困境；农产品积压滞销；外出务工严重受阻；"三驾马车"拉动作用骤减。开局如此艰难，中长期负面影响不可低估。湖北面临严峻挑战。

2020 年 5 月 30 日至 6 月 3 日，全国工商联、湖北省人民政府、中国光彩会联合主办的"全国工商联携手知名民企助力疫后重振脱贫攻坚湖北行"活动在线上启动，拉开为湖北搭把手、拉湖北一把的序幕。开幕式采取"双主会场＋云视频直播＋分会场"方式，在北京和武汉举行。各地近万家民营企业齐聚线上，从捐赠扶贫、产业扶贫、就业扶贫、消费扶贫、招商引资等方面入手，踊跃参与爱心认筹、项目超市、惟楚有才、味爱湖北、诗画荆楚等线上板块活动。启动当日，参与直播人数超过了 320 万。

民营企业带着使命、带着资本来了。

"我们在湖北要新招 2000 人就业。""三年内扩大在湖北的投资，要达到百亿规模。"全国政协委员、新希望集团有限公司董事长刘永好在会上立下了"军令状"。他表示，尽管企业在湖北已有几十亿元的投资产业，未来，企业还会在养猪业、肉食品加工业等方向布局投资。

雷军、徐冠巨、郭广昌、吴亚军、周鸿祎、林峰等民营企业家未能到"知名民企湖北行"活动现场，但他们都纷纷通过小视频发来了对投资湖北以及对"知名民企湖北行"的坚定支持和美好祝愿。

深圳超超科技控股有限公司董事长黄聿新是在活动前一天专程从深圳赶到北京活动现场。他说："年轻一代企业家有责任和义务为湖北经济复苏和脱贫攻坚贡献力量。"

美好湖北，具有丰富的文旅资源。"知名民企湖北行"专门开辟了"诗画荆楚"专场，为美好湖北打 CALL。全联旅游业商会秘书长武国膳表示，商会要把助力湖北文旅复苏作为长期性工作，整合资源，将湖北、武汉的优秀文旅产品聚合推广到全国和国际市场。

民企带着岗位来了。

惟楚有才，于斯为盛。许多民企在活动中表示，加大力度，到湖北揽才，岗位对湖北籍人员优先。

美团集团副总裁陈荣凯通过云对话向线上的求职者们发出邀请函。"湖北是人才大省、人力大省，在美团启动的春归计划中有500多名湖北籍的员工加入了美团，包括社招300人，校招大学生200人。我们欢迎来自湖北的高校毕业生到美团来，我们也会继续在社招中优先招募在湖北地区的人员。"

万达集团的合作商家大约有5万多家，万达人力资源总监林涛说："万达将释放大量的招聘需求。我们期待湖北人加入。"

实际上，为助力疫情期间复工复产稳就业，3月至5月，全国工商联人才交流服务中心组织开展了"校联招聘季"活动，校联招聘平台的浏览量突破100万人次，有8.5万多家企业提供了13万多个职位，9.6万多名大学生登记注册，投寄简历26.2万多份。

"为配合'知名民企湖北行'活动，我们专门搭建了全联人才在线平台，开设了'惟楚有才'招聘专题，聚集了大量的名企和岗位，欢迎湖北大学生等就业人员，积极踊跃投寄简历，我们将认真做好对接服务工作。"一位全国工商联干部说。

在活动正式启动前，全国工商联将平台链接发送至相关企业，组织企业注册登记发布岗位。据全国工商联人才交流服务中心项目负责人介绍，为帮助湖北大学生就业创业，还特别邀请新东方教育集团录制了创业培训和职业生涯技能培训等课程，此外还有免费课程。

"知名民企湖北行—惟楚有才"平台主要分为四步循序推进。首先，由湖北省人社厅通过省教育厅向省内128所高校发送平台链接。其次，利用工商联优势，将平台推广到全国知名企业。再次，发挥全国工商联组织优势，将平台推广至工商联系统，联系对接各类社会资源。最后，通过联系的各类招聘平台网络体系，力争让每个有意向的湖北求职人员实现成功就业。

民企扶贫来了。

脱贫攻坚是线上活动的重要主题之一。

湖北扶贫办副主任蔡党明在现场连线介绍说，截至 2020 年 5 月 20 日，湖北还有未脱贫人口 56433 人。

湖北脱贫攻坚在无形中被增加了难度，大家看在眼里，记在心里，想方设法再调准帮扶靶心，多帮一点。"知名民企湖北行"发起了"爱心认筹"。据了解，"爱心认筹"由湖北省扶贫办、湖北省工商联按照"户为单元、就近相邻、十人一组"的原则，将未脱贫人口分成 5644 组，按照每组 2 万元的标准将所需扶贫资金拆分为"爱心包"，线上发布，鼓励企业、个人认筹。

在北京主会场，认筹活动一开始，全国政协委员、全国工商联副主席、北京叶氏企业集团有限公司董事长叶青就摁下了认筹键。

叶青表示，"知名企业湖北行"活动是贯彻落实习近平总书记重要指示精神，助力湖北做好"六稳"工作，落实"六保"任务的重要举措，也是中国特色社会主义制度优势的集中体现。

在此次活动筹备过程中，多位参加全国两会的港澳台企业家第一时间与筹备组取得联系，表示要爱心认筹。全国政协委员、永同昌集团董事局主席、中国民间商会副会长张宗真就是其中一位。

"澳门回归祖国 21 年，来之不易的良好发展局面离不开祖国的全力支持，充分体现了深厚的同胞情义。这场疫情之下，更显山水相依、骨肉连心。为湖北搭把手、拉一把，也是我们澳门企业家的共同心声。"张宗真说。

除了企业家之外，全国工商联还动员了 8 个省市工商联、全国民营企业帮助湖北疫后重振、脱贫攻坚。此外，江苏省工商联认筹 200 万元，浙江省工商联认筹 100 万元，浙江省工商联机关干部还共同认筹 1 个"爱心包"。

截至 5 月 30 日活动开幕式当天 19 时，"爱心认筹"金额已达 8896 万元，帮助到湖北现有 56433 名建档立卡贫困人口中的 44480 人，占 78.82%。

"我要为所有参与此次活动的企业家和社会爱心人士点赞！"分管社会扶贫工作的全国工商联副主席谢经荣表示，到直播结束时，已有 2 万多名贫困群众获得了爱心企业的帮扶。"这充分体现了新时代民营企业家的家国情怀和责任担当。"

### 2. 实地行："云下"的同心之手握得更紧

疫情防控与复工复产进入有序管理状态，2020 年 8 月 11—12 日，全国工商联和湖北省人民政府、中国光彩会在湖北武汉共同开展以"心手相连、助力湖北"为主题的"知名民企湖北行"实地行活动，线上线下终于碰撞到一起。

从 6 月到 8 月，已有 430 家单位(个人)参与爱心认筹，认筹金额 11288.4 万元，实现湖北省现有贫困人口帮扶全覆盖。除了爱心认筹，企业家们还通过村企对接，助力湖北脱贫攻坚。589 家民营企业(商会组织)结对帮扶湖北 454 个扶贫攻坚村，实现了村企帮扶的全覆盖。

"味爱湖北"版块在湖北 17 个市州和北京设立主会场，联合各直播平台、企业家代表、新媒体平台、知名艺人等共同助力，重点推介一批湖北特色农产品，覆盖 400 多家企业 1000 余种商品。

在平台直播与企业大宗采购的共同助推下，完成销售额近 3.49 亿元。在抖音、快手、百度、淘宝、京东等平台千余款商品累计实现销售总额 1.83 亿元，销量达 389 万件。此外，物美麦德龙、千喜鹤集团、稻花香集团、居然之家等从湖北采购和预购农产品 1.62 亿元。

"惟楚有才"累计有 2193 家企业提供 106203 个就业岗位。值得一提的是，2 月至 7 月，美团招聘骑手 35899 人，其中湖北籍骑手 23720 人，占比 66%；宜信旗下的宜人金科斥资数千万元，成功全资收购武汉合翔保险公司，维护了合翔保险公司业务持续运营和数百人就业岗位；阿拉善生态协会组织了 127 家企业发布招聘岗位 6933 个。

"我们不仅要扶一把，还要扶到家。"刘永好说。在 5 月"知名民企网上湖北行"之时，他立下了帮助湖北的小目标，在未来 3 年，新希望将在湖北新增投资百亿元，新招 2000 人。随即，新希望派出工作组在湖北待了两个月的时间考察湖北市场。

8 月 11 日的"实地行"大会上，刘永好告诉大家："我们看到湖北的需求、市场和政策，看到湖北的优势，我们这个目标要翻番，新希望集团在未来三年将在湖北投资 200 亿元，要新增超过 4000 人的就业，包括新增的大学生就业，并通过产业上下游拉动就业超过 2 万人以上。"

两个月的时间，"物美＋麦德龙"采购了5500万元的湖北扶贫农产品。物美集团创始人张文中表示，为加大产销对接，物美计划建设以武汉为中心的数字化大型物流中心，覆盖华中，辐射全国，为湖北产品走向全国打通渠道，同时满足应急保障需要。

在8月11日举行的投资项目签约仪式上，现场签约项目30个，投资金额1166.5亿元。

### 3. 扶上马，送一程

2021年7月7—8日，全国工商联、湖北省人民政府联合主办的"全国知名民企湖北行"活动在武汉举行。刘永好、陈东升、张文中、周鸿祎……来自全国各地的知名民营企业家二度相聚湖北，为湖北民营经济贡献力量。

那么，经过一年的埋头拉车，湖北的成绩单如何？2020年，湖北省民营经济增加值实现22944.65亿元，占GDP比重升至52.8%；规模以上民营工业企业达到15047家，占规模以上工业企业总数比重升至95.4%；19家民营企业入围中国民营企业500强，位居全国第七、中部第一。

湖北省委书记应勇在"2021全国知名民企湖北行"活动上表示，湖北经济保持全面快速恢复性增长态势，其中民营经济作出了重要贡献，充分说明民营经济在湖北发展态势好、空间大、成长快，湖北已成为民营经济发展的热土。

两年的"知名民企湖北行"活动为湖北引来了一大批民企投资项目，回过头来，到2021年，签约项目推进进度达63%。

全国人大代表、正邦集团董事长林印孙这样说，正邦在鄂已完成投资200亿元。林印孙表示，未来，正邦将把握机遇，抢抓商机，深耕荆楚大地，打造正邦"湖北样板"。

这次大会促成民营企业投资湖北项目56个，意向金额766.6亿元；4637家民营企业和商会，精准结对帮扶湖北3549个重点村；民企商会、电商平台认购农产品3.71亿元；全国知名民营企业为湖北提供就业岗位30.7万个，各类就业人员签订就业（意向）协议4.9万人，其中高校毕业生1.23万人。

# 后　记

三十功名尘与土，八千里路云和月。从 1994 年光彩事业发起至今，工商联引领民企扶贫，可以用这句词来概括。他们的成绩如何？每一次有关扶贫的国家大奖，例如中华慈善奖，全国脱贫攻坚奖，各民主党派、工商联和无党派人士为全面建设小康社会作贡献表彰等奖项，工商联系统以及许多民营企业代表都榜上有名，彰显了国家对民企扶贫的充分肯定。我有幸在脱贫攻坚的最后五年，跟随全国工商联调研组，跑了许多过去是穷山恶水的地方，成了"八千里路云和月"征程的见证者，用我拙笔，尽可能地记录下穷山恶水变沃土良田、绿水青山变金山银山的历史画卷。在这幅画卷中，民营企业作为脱贫攻坚的重要社会扶贫力量，成为各地方党委、政府脱贫攻坚路线图上一个又一个闪亮的坐标，为实现"先富带后富，实现共同富裕"贡献了民企力量。

这五年，每一位全国工商联领导班子成员都要带领不同调研组分赴全国各地开展调研。脱贫攻坚是其中的一项重点工作。他们的行程，几乎可以用马不停蹄来形容，在会议室、会场开会，大概就算是队伍歇一歇脚了。他们出行的频次十分紧凑，我参加的只是其中的部分行程。印象中，熬夜的红眼睛，是我所记忆中他们共同的外貌特点了。

在地方，上面千条线，下面一根针。地方工商联人又少、调动资源的能力也弱，而任务十分繁重，又是另一种繁忙了。广西政协副主席、自治区工商联主席磨长英，在去贫困县的路上遭遇过车祸，车子就翻在路边，要不是被树木挡住，估计就有可能翻到深谷里。当时一车七八个人，大家从完全翻过去的车厢里爬出来，所幸没有伤亡。2020 年底，我去广西贫困县采访，车子在弯弯绕绕的大山公路上跑，我从车窗里向幽深的谷底看了看，至今想起来，都觉得后怕。我从心底对工商联的同志生出一种崇敬之情。

在许多贫困乡村，民营企业用现代的理念发展农业，践行习近平总书记说的"绿水青山就是金山银山"，不仅保护了生态，也把全新的市场理念带到那里，开发产业，富民兴农。

怎么讲好民企扶贫的故事呢？首先是如何理解民企和民营企业家的扶贫行为。扶贫，是民营企业和民营企业家在党和国家政策指引下做出的自觉自愿的选择。在理念上，民营企业家高度认同中国共产党提出的扶贫攻坚战略。中国的改革开放，以马克思主义为指导，开创了强国之路、富民之路。民营企业家的成长过程就是很好的注脚。民营企业家们深深地认识到，没有改革开放，就没有民营经济的蓬勃发展，也只有与国家同呼吸、共命运，才能为企业的可持续发展奠定坚实的基础。在情感上，企业家们与"三农"有共鸣。我们的第一代民营企业家，溯源起来，大多起于乡镇、农村、农家，他们与"三农"有剪不断的乡情、亲情，他们对"三农"的艰难困苦最有体会。因此，他们选择反哺"三农"自然而言，水到渠成。最后，才是市场手段的选择，这个无须赘述，民营企业结合实际的创新能力非常强，在"万企帮万村"活动中，村企共建、扶贫车间、产业扶贫、下乡的公益善款的管理等，他们创造出了丰富多彩的模式。

我还记得，一位企业家曾经表达过这样的思想，他对我们说，扶贫，只是通过民企的手，传递、传播党和国家的政策；通过民企的手，把人民至上、共同富裕的思想落实到贫困人民群众当中。"不是我们能，而是社会主义能。"他说。

因此，我看到许多民企扶贫项目，配合帮扶地政府产业规划，结合当地禀赋，发挥企业所长而开发，形成的是政府、贫困群众和民企多赢的局面。

其次，从扶贫区域上讲，"万企帮万村"啃了许多"硬骨头"。脱贫攻坚中的"硬骨头"，就是"三区三州"。到最艰苦的一线去扶贫，民营企业做到了。例如，大小凉山、怒江州。事实上，14个集中连片特困地区，都有民营企业的投资，囿于自然条件和民企自身的实力，许多民企项目块头小，但就是这些星星点点的小项目，集腋成裘，是发展地方产业中的新力量，给贫困乡村带来新变化。

最后，从受益贫困群众的主观感受上讲，民营企业的到来为他们打开了全新的视野，帮他们走出了不一样的人生。精准扶贫，就是要对贫困人群实施

"靶向疗法"，但效果好不好，要群众说了算。所以，受益群众的感受非常重要。

最明显的是民企给乡村集体经济带来的变化。许多民企与村"两委"一道，把群众发动起来、组织起来，既要富个体，也要富集体。事实上，民企下乡落户，把集体经济带活了，就是一件功德无量的大好事。按我的理解，从经济上拉乡村治理一把，未来的乡村可持续发展、乡村振兴之路就少一些拦路石，增多一分胆气。

最让我感动的，要算彝族群众居住地区的变化。新希望集团的凉山州昭觉县养猪场，建在海拔 3000 米左右的高山，当地群众大部分一辈子都没去过县城。猪场建成后，一个当地小伙子对我说，他要送女儿到县城读幼儿园，要学会普通话。我们都很震惊。阻隔了贫困的代际传递，未来，那里一定会变得更好。

我还要特别感谢广西艺术学院人文学院党委副书记尚新周同志。他为本书创作了封面画，画的是贵州省织金县的街景。2015 年，尚新周被选派到广西德保县多脉村担任驻村第一书记，我们因"万企帮万村"而相识，他也算是"万企帮万村"的见证人了。

本书的成稿，得到了许多工商联同志、民营企业员工的帮助，在此，我要特别感谢全国工商联副主席谢经荣同志、全国工商联扶贫与社会服务部的全体同志以及全国工商联扶贫与社会服务部的老部长王钢治同志。我从他们的身上体悟到民营企业"娘家人"的服务热忱、他们处理民企下乡棘手问题时的智慧以及吃苦耐劳的精神。2018 年 10 月 17 日，全国工商联扶贫与社会服务部社会服务处荣获全国脱贫攻坚奖组织创新奖。在我个人看来，这不仅是一个科室小团队的获奖，而且是对部门集体的表彰，更是对全国工商联这个大集体的肯定，对整个工商联系统的肯定。后来，这个部门还有同志获得了 2020 年全国脱贫攻坚奖。

不忘初心，方得始终。2021 年，"万企帮万村"精准扶贫行动圆满完成使命，开启了"万企兴万村"的新征程。在乡村振兴的大道上，民企扬帆起航，我就祝他们一路乘风破浪，再立新功。

吴志红于北京海淀双清苑

2021 年 11 月 6 日

# 附录1：习近平总书记给"万企帮万村"行动中受表彰的民营企业家的回信

"万企帮万村"行动中受表彰的民营企业家们：

你们好，来信收悉。看到有越来越多的民营企业积极承担社会责任，踊跃投身脱贫攻坚，帮助众多贫困群众过上了好日子，我非常欣慰。

改革开放40年来，民营企业蓬勃发展，民营经济从小到大、由弱变强，在稳定增长、促进创新、增加就业、改善民生等方面发挥了重要作用，成为推动经济社会发展的重要力量。民营经济的历史贡献不可磨灭，民营经济的地位作用不容置疑，任何否定、弱化民营经济的言论和做法都是错误的。

支持民营企业发展，是党中央的一贯方针，这一点丝毫不会动摇。希望广大民营企业家把握时代大势，坚定发展信心，心无旁骛创新创造，踏踏实实办好企业，合力开创民营经济更加美好的明天，为实现中华民族伟大复兴的中国梦作出新的更大贡献。

习近平

2018年10月20日

（以上为新华社权威发布稿）

# 附录 2：习近平总书记对"万企帮万村"精准扶贫行动的重要指示精神

(1)2016 年 3 月 4 日，中共中央总书记、国家主席、中央军委主席习近平看望出席全国政协十二届四次会议民建、工商联界委员并参加联组讨论。习近平总书记在讲话中指出，工商联开展的"万企帮万村"精准扶贫行动很好，要抓好落实、抓出成效。

(2)2017 年 6 月 23 日，中共中央总书记、国家主席、中央军委主席习近平在山西太原市主持召开深度贫困地区脱贫攻坚座谈会并发表重要讲话。习近平总书记明确要求，"民营企业'万企帮万村行动'要向深度贫困地区倾斜。"

(3)2017 年 8 月 1 日，中共中央总书记、国家主席、中央军委主席习近平在《关于"万企帮万村"精准扶贫行动落实情况的报告》上作出重要批示。

(4)2018 年 2 月 12 日，中共中央总书记、国家主席、中央军委主席习近平在打好精准脱贫攻坚战座谈会上发表重要讲话。习近平总书记指出，社会各界广泛参与扶贫，中央企业开展贫困革命老区"百县万村"帮扶行动，民营企业开展"万企帮万村"精准扶贫行动。到 2017 年底全国已有 4.62 万家民营企业帮扶 5.12 万个村，投资 527 亿元实施产业扶贫项目，捐资 109 亿元开展公益帮扶，带动和惠及 620 多万建档立卡贫困人口。在四川凉山，中国光彩会组织 500 多名知名民营企业家参加精准扶贫行动，促成合作项目 149 个，合同金额 2037 亿元，向凉山州捐赠公益资金 4000 多万元。这些活动既有力推动了贫困村和贫困群众脱贫致富，又弘扬了中华民族扶贫济困的优良传统。

(5)2018 年 10 月 20 日，中共中央总书记、国家主席、中央军委主席习近平给"万企帮万村"行动中受表彰的民营企业家回信，对他们在脱贫攻坚战中的贡献予以肯定，鼓励他们心无旁骛创新创造、踏踏实实办好企业。

（6）2019 年 1 月 28 日，中共中央总书记、国家主席、中央军委主席习近平同各民主党派中央、全国工商联负责人和无党派人士代表欢聚一堂，共迎佳节。习近平总书记指出，各级工商联踊跃投身"万企帮万村"精准扶贫行动和"光彩行"活动。

（7）2019 年 3 月 7 日，中共中央总书记、国家主席、中央军委主席习近平参加十三届全国人大二次会议甘肃代表团审议。习近平总书记对推进"万企帮万村"精准扶贫行动作出重要指示。

（8）2020 年 1 月 14 日，中共中央总书记、国家主席、中央军委主席习近平同各民主党派中央、全国工商联负责人和无党派人士代表欢聚一堂，共迎佳节。习近平总书记指出，各级工商联持续开展"光彩行"活动，踊跃投身"万企帮万村"精准扶贫行动。

（9）2020 年 12 月 8 日，中共中央总书记、国家主席、中央军委主席习近平主持召开党外人士座谈会并发表重要讲话。习近平总书记在座谈会上肯定"万企帮万村"精准扶贫行动。

（10）2021 年 2 月 25 日，中共中央总书记、国家主席、中央军委主席习近平在全国脱贫攻坚总结表彰大会上发表重要讲话指出，"民营企业、社会组织和公民个人热情参与，'万企帮万村'行动蓬勃开展。"

# 附录 3："万企帮万村"
# 精准扶贫行动大事记

2015 年 9 月 22 日，为贯彻落实习近平总书记关于扶贫工作的重要论述精神，印发《全国工商联 国务院扶贫办 中国光彩会关于印发〈"万企帮万村"精准扶贫行动方案〉的通知》。

2015 年 10 月 17 日，在第二个"国家扶贫日"，全国工商联、国务院扶贫办和中国光彩会在北京举行"万企帮万村"精准扶贫行动启动仪式。全国政协副主席、全国工商联主席王钦敏；中央统战部副部长，全国工商联党组书记、常务副主席，中国光彩会副会长全哲洙；国务院扶贫开发领导小组副组长、国务院扶贫办主任刘永富；全国工商联副主席谢经荣、杨启儒、史贵禄、何俊明；国务院扶贫办副主任洪天云出席启动仪式。

2015 年 11 月 29 日，《中共中央 国务院关于打赢脱贫攻坚战的决定》出台，明确要求"工商联系统组织民营企业开展'万企帮万村'精准扶贫行动"。

2015 年 12 月 17 日，全国"万企帮万村"精准扶贫行动领导小组第一次会议在北京召开。中央统战部副部长，全国工商联党组书记、常务副主席，中国光彩会会长全哲洙；国务院扶贫开发领导小组副组长，国务院扶贫办党组书记、主任刘永富出席会议并讲话。领导小组组长谢经荣主持，领导小组组长洪天云出席会议。

2016 年 1 月 18 日，为贯彻落实中央扶贫开发工作会议和《中共中央 国务院关于打赢脱贫攻坚战的决定》精神，印发《全国工商联 国务院扶贫办 中国光彩会关于推进"万企帮万村"精准扶贫行动的实施意见》。

2016 年 1 月 18 日，中共中央政治局委员、中央统战部部长孙春兰对"万企帮万村”精准扶贫行动作出重要批示。

2016 年 1 月 22 日，中共中央政治局委员、国务院副总理汪洋对“万企帮万村”精准扶贫行动作出重要批示。

2016 年 1 月 25 日，全国工商联、国务院扶贫办、中国光彩会召开推进“万企帮万村”精准扶贫行动全国电视电话会议。会议首先传达了中共中央政治局委员、中央统战部部长孙春兰，中共中央政治局委员、国务院副总理汪洋的重要批示。全国政协副主席、全国工商联主席王钦敏出席会议。中央统战部副部长，全国工商联党组书记、常务副主席，中国光彩会会长全哲洙；国务院扶贫开发领导小组副组长、国务院扶贫办主任刘永富在会议上讲话。全国工商联副主席、中国光彩会副会长谢经荣主持。全国工商联副主席安七一、杨启儒，国务院扶贫办副主任洪天云出席。据统计，各地共设立分会场 1512 个，参会人员达 47992 人，其中民营经济代表人士和商会代表 32607 人。

2016 年 2 月 1 日，中共中央政治局常委、全国政协主席俞正声在全国工商联呈报的报告上作出重要批示。

2016 年 3 月 4 日，中共中央总书记、国家主席、中央军委主席习近平看望出席全国政协十二届四次会议民建、工商联界委员并参加联组讨论。习近平总书记在讲话中指出，工商联开展的“万企帮万村”精准扶贫行动很好，要抓好落实、抓出成效。

2016 年 4 月 11 日，全国“万企帮万村”精准扶贫行动领导小组第二次会议在北京召开。组长谢经荣、洪天云出席会议并讲话。

2016 年 4 月 18 日至 5 月 21 日，全国工商联、国务院扶贫办、中国光彩会组成 3 个联合调研组，分赴安徽、江西、河南、湖北、湖南、广西、重庆、四川、贵州、陕西、甘肃、宁夏 12 个省（区、市），就“万企帮万村”精准扶贫行动的推进情况开展专题调研，并形成《推进“万企帮万村”精准扶贫行动专题调研报告》。

2016 年 7 月 7 日，由中国光彩事业促进会、甘肃省人民政府共同主办的“中国光彩事业庆阳行暨民企陇上行”活动在甘肃庆阳举行。中央统战部副部长，全国工商联党组书记、常务副主席，中国光彩会会长全哲洙出席并讲话；

全国工商联副主席谢经荣参加活动。活动共签约合同项目 2726 个，合同金额
5187.5 亿元；公益捐赠 2049 万元，用于支持南梁镇及周边 6 镇（乡）12 个贫困
村的精准扶贫；淘帝服饰公司捐赠价值 495 万元的童装，丹姿集团捐建 500 口
水窖。

2016 年 7 月 22 日，全国"万企帮万村"精准扶贫行动领导小组第三次会议
在北京召开。组长谢经荣、洪天云出席会议并讲话。

2016 年 7 月 26 日，"万企帮万村"精准扶贫行动台账管理工作培训班在北
京举行，围绕"万企帮万村"精准扶贫行动台账管理数据库上线使用展开培训。
全国工商联副主席、中国光彩会副会长谢经荣出席开班仪式并讲话。

2016 年 7 月 28 日，中共中央政治局委员、国务院副总理汪洋对《推进"万
企帮万村"精准扶贫行动专题调研报告》作出重要批示。

2016 年 7 月 30 日，中共中央政治局委员、中央统战部部长孙春兰对《推
进"万企帮万村"精准扶贫行动专题调研报告》作出重要批示。

2016 年 8 月 12 日，全国"万企帮万村"精准扶贫行动领导小组第四次会议
在北京召开。组长全哲洙出席会议并讲话。副组长谢经荣、洪天云出席会议。

2016 年 9 月 5 日，全国工商联、国务院扶贫办、中国光彩会与中国农业
发展银行在京签订《政策性金融支持"万企帮万村"精准扶贫行动战略合作协
议》。全国政协副主席、全国工商联主席王钦敏出席签约仪式。中央统战部副
部长，全国工商联党组书记、常务副主席，中国光彩会会长全哲洙；国务院扶
贫开发领导小组副组长、国务院扶贫办主任刘永富；中国农业发展银行董事长
解学智出席签约仪式并讲话。全国工商联副主席、中国光彩会副会长谢经荣主
持签约仪式。全国工商联副主席、中国光彩会副会长谢经荣，国务院扶贫办副
主任洪天云，中国农业发展银行副行长鲍建安代表签约各方签字。中国民间商
会副会长、亿利资源集团董事局主席王文彪代表参与"万企帮万村"精准扶贫行
动的民营企业家在签约仪式上发言。中国农业发展银行副行长殷久勇出席签约
仪式。

2016 年 9 月 6 日，为全面掌握全国"万企帮万村"精准扶贫行动开展情况，
全国工商联办公厅、国务院扶贫办行政人事司、中国光彩会办公室联合印发

《关于“万企帮万村”精准扶贫行动台账管理系统上线使用的通知》。

2016 年 9 月 13 日，由中国光彩事业促进会、云南省人民政府共同举办的“中国光彩事业德宏行”活动在云南省德宏州瑞丽市举行。中央统战部副部长，全国工商联党组书记、常务副主席，中国光彩会会长全哲洙；云南省省委书记、省长陈豪出席并讲话。云南省省委常委、统战部部长黄毅主持会议，全国工商联副主席、中国光彩会副会长谢经荣，中国光彩会副会长马永升、王均金、王建沂、邓伟、孙珩超、李占通、尚吉永、修涞贵，云南省领导李邑飞、王树芬、刘慧晏、喻顶成出席。活动共签订合同项目 131 个，合同金额 1570 亿元。累计接收公益捐赠 4100 万元的善款和价值 500 万元的物资。

2016 年 10 月 12 日至 13 日，国务院扶贫开发领导小组在湖北省黄冈市召开“万企帮万村”精准扶贫行动现场会。中共中央政治局委员、国务院副总理、国务院扶贫开发领导小组组长汪洋出席会议并讲话。中央统战部副部长，全国工商联党组书记、常务副主席，中国光彩会会长全哲洙主持会议。会议期间，汪洋先后到罗田县燕窝垸村、胡家河村了解民营企业帮扶贫困村情况，与企业家、合作社牵头人、贫困群众共同探讨脱贫致富路子。湖北省委副书记、代省长王晓东出席会议并致辞。国务院副秘书长江泽林，国务院扶贫办主任刘永富，全国工商联副主席谢经荣，中国农业发展银行行长祝树民，湖北省委常委、省委秘书长傅德辉，湖北省委常委、省委统战部部长梁惠玲出席会议。

2016 年 10 月 16 日，首届全国脱贫攻坚奖表彰大会在北京举行。中共中央政治局委员、国务院扶贫开发领导小组组长汪洋出席会议并讲话。9 位民营企业家荣获全国脱贫攻坚奖。

2016 年 10 月 16 日，全国“万企帮万村”精准扶贫行动论坛在北京举办。本次论坛由 2016 扶贫日论坛组委会主办，全国工商联、国务院扶贫办、中国光彩会联合承办。全国工商联副主席、中国光彩会副会长谢经荣出席论坛并讲话。

2016 年 10 月 26 日，为落实习近平总书记“‘万企帮万村’精准扶贫行动很好，要抓好落实、抓出成效”的重要指示，进一步鼓励支持民营企业参与脱贫攻坚，全国工商联、国务院扶贫办、中国光彩会、中国农业发展银行联合印发

《关于印发〈政策性金融支持'万企帮万村'精准扶贫行动战略合作协议〉的通知》。

2016 年 11 月 16 日，全国"万企帮万村"精准扶贫行动领导小组第五次会议在北京召开。组长全哲洙、刘永富出席会议并讲话。副组长谢经荣主持，副组长洪天云、殷久勇出席。

2016 年 11 月 23 日，"万企帮万村"精准扶贫行动台账管理工作电视电话会议在京召开。全国工商联副主席、中国光彩会副会长谢经荣，国务院扶贫办副主任洪天云出席会议并讲话。

2016 年 11 月 27 日，《焦点访谈》栏目播出"企业扶贫：'输血'更要'造血'"，对恒大集团有限公司、青岛昌盛日电太阳能科技股份有限公司、湖北名羊农业科技发展有限公司、雷山县榜金布绣姑专业合作社参与"万企帮万村"精准扶贫行动情况进行专题报道。

2016 年 12 月 7 日，中共中央办公厅、国务院办公厅印发《关于进一步加强东西部扶贫协作工作的指导意见》，明确要求"积极组织民营企业参与'万企帮万村'精准扶贫行动，与被帮扶地区贫困村开展结对帮扶。"

2016 年 12 月 21 日，"万企帮万村"东西部扶贫协作座谈会在石家庄召开。中央统战部副部长，全国工商联党组书记、常务副主席，中国光彩会会长全哲洙出席并讲话。国务院扶贫办副主任洪天云就学习习近平总书记在东西部扶贫协作座谈会上的重要讲话和中办发〔2016〕69 号文件精神作了解读。全国工商联副主席、中国光彩会副会长谢经荣主持。全国工商联副主席黄荣、林毅夫、杨启儒，党组成员王永庆、赵德江出席会议。

2017 年 2 月 26 日至 3 月 10 日，全国工商联邀请国务院扶贫办、中国农业发展银行组成联合调研组，深入了解支持民营企业参与脱贫攻坚的政策落实情况。调研组分赴河南、山东、甘肃、陕西四省开展实地调研，同时委托湖北、湖南、广西、重庆、四川五省区市工商联同步调研，并针对贵州省织金县 101 家参与"万企帮万村"精准扶贫行动的民营企业进行问卷调查，最终形成《关于支持民营企业参与脱贫攻坚政策落实情况的调研报告》。

2017 年 3 月 3 日，全国政协主席俞正声代表政协第十二届全国委员会常务委员会作工作报告。报告在 2016 年工作回顾中指出，"鼓励和支持政协委员对口帮扶贫困县、参与'万企帮万村'行动、结对帮扶贫困户、捐资助学、产业扶贫、就业扶贫、健康扶贫、生态扶贫综合运用，推动形成脱贫攻坚合力。"

2017 年 3 月 11 日，《焦点访谈》栏目播出"问计两会——产业扶贫：在实践中探索"，报道了"万企帮万村"精准扶贫行动案例。

2017 年 4 月 22 日，中共中央政治局委员、中央统战部部长孙春兰对《关于支持民营企业参与脱贫攻坚政策落实情况的调研报告》作出重要批示。

2017 年 4 月 24 日，中共中央政治局委员、国务院副总理汪洋对《关于支持民营企业参与脱贫攻坚政策落实情况的调研报告》作出重要批示。

2017 年 5 月 2 日，中共中央政治局委员、中央统战部部长孙春兰在全国工商联机关干部大会上发表讲话，高度评价"万企帮万村"精准扶贫行动。

2017 年 5 月 3 日至 5 日，全国"万企帮万村"精准扶贫行动片区座谈会在贵州省织金县召开。全国政协副主席、全国工商联主席王钦敏出席会议并讲话。会议传达了中共中央政治局委员、中央统战部部长孙春兰同志 5 月 2 日在全国工商联机关干部大会上有关"万企帮万村"精准扶贫行动的重要讲话精神。全国工商联副主席、中国光彩会副会长谢经荣主持会议。贵州省委常委、统战部部长刘晓凯致辞，国务院扶贫办副主任洪天云、中国农业发展银行副行长殷久勇讲话。全国工商联副主席王志雄、许健康，中国民间商会副会长刘志强，中国光彩会副会长林印孙，天津市政协副主席、市工商联主席黎昌晋，浙江省工商联主席、正泰集团董事长南存辉出席。会议期间举行了民营企业助推织金县脱贫攻坚项目签约仪式，19 家民营企业与织金县签署了项目投资协议，合同及意向协议投资总额 64.28 亿元，全联医药业商会等 7 家单位举牌向织金县捐赠了精准帮扶资金及公益帮扶物资。

2017 年 6 月 23 日，中共中央总书记、国家主席、中央军委主席习近平在山西太原市主持召开深度贫困地区脱贫攻坚座谈会并发表重要讲话。习近平总书记明确要求，"民营企业'万企帮万村行动'要向深度贫困地区倾斜。"

2017 年 6 月 28 日，全国"万企帮万村"精准扶贫行动领导小组第六次会议在甘肃省和政县召开。组长徐乐江，副组长谢经荣、洪天云，中国农业发展银行副行长林立出席会议。

2017 年 6 月 29 日，全国"万企帮万村"精准扶贫行动片区座谈会在甘肃省和政县召开。会议传达了习近平总书记在深度贫困地区脱贫攻坚座谈会上的重要讲话精神。中央统战部副部长、全国工商联党组书记徐乐江，国务院扶贫开发领导小组副组长、国务院扶贫办主任刘永富出席会议并讲话。甘肃省委副书记、省长唐仁健致辞。全国工商联副主席、中国光彩会副会长谢经荣主持会议。中国农业发展银行副行长林立讲话。国务院扶贫办副主任洪天云，甘肃省副省长、省政协副主席、省工商联主席郝远出席会议。全国工商联医药业商会向和政县现场捐赠价值 104 万元的常用药品。

2017 年 8 月 1 日，中共中央总书记、国家主席、中央军委主席习近平在《关于"万企帮万村"精准扶贫行动落实情况的报告》上作出重要批示。

2017 年 8 月 2 日，"万企帮万村"向西部深度贫困地区倾斜座谈会在四川省凉山彝族自治州召开。中央统战部副部长，全国工商联党组书记、常务副主席徐乐江出席并讲话。全国工商联副主席、中国光彩会副会长谢经荣主持。

2017 年 8 月 4 日，由中国光彩事业促进会、四川省人民政府共同举办的"中国光彩事业凉山行"活动在四川省凉山州举行。中央统战部副部长，全国工商联党组书记、常务副主席，中国光彩会会长徐乐江；四川省委副书记、省长尹力出席并讲话。四川省委常委、统战部部长李静主持会议，全国工商联副主席、中国光彩会副会长谢经荣，全国人大常委、中国光彩事业基金会理事长李路，全国人大代表、川商总会会长刘永好，全国政协常委、中国光彩事业基金会副理事长南存辉，全国人大代表、全国工商联副主席何俊明，中国光彩会副会长兼秘书长张天昱，中国光彩会副会长王建沂、王填、王均金、孙珩超、李占通、李黑记、吴少勋、余渐富、宋福如、张杰庭、张宗真、陈世强、林印孙、尚吉永、修涞贵、袁亚非，四川省政协副主席、工商联主席陈放出席。活动共签订合同项目 149 个，合同金额 2037.77 亿元，框架合同 105 个，协议金额 3115.41 亿元。累计接收公益捐赠 4037.3 万元，其中中国光彩会捐赠 2051.3 万元公益资金，用于为凉山州昭觉、美姑两个县的 20 个乡镇 49 个村，3000 户 11821 名贫困群众配备生活设施"六件套"，剩余资金与四川省委统战部支持资金一起用于在昭觉县打造一个彝族特色旅游示范村。

2017 年 9 月 2 日，全国"万企帮万村"精准扶贫行动片区座谈会在江西省赣州市召开。会议学习传达了习近平总书记在深度贫困地区脱贫攻坚座谈会上的重要讲话精神。全国工商联副主席、中国光彩会副会长谢经荣，国务院扶贫办副主任陈志刚，中国农业发展银行副行长殷久勇出席会议并讲话。江西省委常委、统战部部长陈兴超致辞。

2017 年 10 月 9 日，脱贫攻坚先进事迹报告会在北京举行。中共中央政治局委员、国务院扶贫开发领导小组组长汪洋出席报告会并讲话。11 位民营企业家荣获"全国脱贫攻坚奖"。

2017 年 9 月 26 日，中共中央办公厅、国务院办公厅印发《关于支持深度贫困地区脱贫攻坚的实施意见》，要求"民营企业'万企帮万村'精准扶贫行动，要向'三区三州'倾斜，向乡村基层延伸"。

2017 年 10 月 10 日，"万企帮万村"精准扶贫行动论坛在京举行。论坛由2017 年扶贫日论坛组委会主办，全国"万企帮万村"精准扶贫行动领导小组承办。全国政协副主席、全国工商联主席王钦敏，中央统战部副部长，全国工商联党组书记、常务副主席，中国光彩会会长徐乐江出席。全国工商联副主席、中国光彩会副会长谢经荣主持。国务院扶贫办副主任洪天云，中国农业发展银行副行长殷久勇出席论坛。论坛上，徐乐江传达了习近平、李克强等领导同志关于全国脱贫攻坚奖评选表彰活动的重要批示，同时传达了孙春兰同志关于统战系统落实两位领导批示精神的具体要求；宣读了全国"万企帮万村"精准扶贫行动领导小组关于表扬"万企帮万村"精准扶贫行动先进民营企业的通报，并向116 家民营企业颁发了奖牌和证书。全国工商联副主席、荣民控股集团有限公司董事长史贵禄，中国光彩会副会长王均金、李占通、林印孙等出席论坛。

2017 年 11 月 3 日，全国"万企帮万村"扶贫车间座谈会在山东菏泽召开。全国工商联副主席、中国光彩会副会长谢经荣，国务院扶贫办副主任洪天云，中国农业发展银行副行长殷久勇出席会议并讲话。山东省副省长、省工商联主席王随莲致辞。

2017 年 12 月 1 日，"万企帮万村"精准扶贫行动台账管理工作电视电话会议在京召开。全国工商联副主席、中国光彩会副会长谢经荣，国务院扶贫办副主任洪天云出席会议并讲话。会议传达了中央统战部副部长，全国工商联党组书记、常务副主席，中国光彩会会长徐乐江和国务院扶贫办主任刘永富就进一步做好台账工作作出的重要批示。

2018年1月10日，由全国工商联、国务院扶贫办、贵州省政府联合主办的全国"万企帮万村"消费扶贫启动仪式在贵州安顺举行。全国工商联副主席谢经荣出席会议并讲话。贵州省政协副主席、省工商联主席李汉宇主持会议，贵州副省长刘远坤出席会议并讲话，中国民间商会副会长、贵州兴伟集团董事长王伟宣读了《消费扶贫倡议书》，东部省份工商联与贵州省各地市签署《东西部工商联协作支持贵州消费扶贫协议书》。全国工商联副主席、四川省工商联主席陈放，全国工商联副主席、天津市工商联主席黎昌晋，上海市政协副主席、工商联主席王志雄参加会议。

2018年1月30日，全国"万企帮万村"精准扶贫行动领导小组第七次会议在京召开。组长徐乐江、刘永富出席会议并讲话。会议由副组长谢经荣主持。副组长洪天云、殷久勇、张天昱出席会议。

2018年2月12日，中共中央总书记、国家主席、中央军委主席习近平在打好精准脱贫攻坚战座谈会上发表重要讲话。习近平总书记指出，社会各界广泛参与扶贫，中央企业开展贫困革命老区"百县万村"帮扶行动，民营企业开展"万企帮万村"精准扶贫行动。到2017年底全国已有4.62万家民营企业帮扶5.12万个村，投资527亿元实施产业扶贫项目，捐资109亿元开展公益帮扶，带动和惠及620多万建档立卡贫困人口。在四川凉山，中国光彩会组织500多名知名民营企业家参加精准扶贫行动，促成合作项目149个，合同金额2037亿元，向凉山州捐赠公益资金4000多万元。这些活动既有力推动了贫困村和贫困群众脱贫致富，又弘扬了中华民族扶贫济困的优良传统。

2018年6月11日下午，全国工商联召开"工商联系统援藏援疆电视电话动员会"。全国政协副主席、全国工商联主席高云龙；中央统战部副部长，全国工商联党组书记、常务副主席徐乐江出席会议并讲话。全国工商联副主席谢经荣主持会议，全国工商联秘书长赵德江出席会议。

2018 年 7 月 2 日，为认真贯彻落实习近平总书记关于开展扶贫领域腐败和作风问题专项治理的重要指示要求，全国工商联印发《关于印发〈全国工商联开展扶贫领域作风问题专项治理工作实施方案〉的通知》。

2018 年 7 月 5 日，经中央批准，全国评比达标表彰工作协调小组同意以全国工商联、国务院扶贫办名义，于 2018—2020 年每年开展一次"万企帮万村"精准扶贫行动先进民营企业表彰活动，表彰名额 100 个。

2018 年 7 月 25 日，为深入贯彻落实党的十九大和习近平总书记关于扶贫工作系列重要讲话精神，根据《中共中央 国务院关于打赢脱贫攻坚战三年行动的指导意见》和《中共中央办公厅 国务院办公厅印发〈关于支持深度贫困地区脱贫攻坚的实施意见〉的通知》，全国工商联、国务院扶贫办、中国光彩会、中国农业发展银行联合印发《关于印发〈推进"万企帮万村"精准扶贫行动向深度贫困地区倾斜的落实方案（2018—2020 年）〉的通知》。

2018 年 8 月 8 日，为提高"万企帮万村"产业扶贫项目经济效益、促进贫困群众稳定增收，印发《全国工商联办公厅关于在全国深入推进"万企帮万村"消费扶贫活动的通知》。

2018 年 8 月 24 日，全国"万企帮万村"精准扶贫行动领导小组第八次会议在京召开。组长徐乐江出席会议并讲话。副组长谢经荣主持会议，副组长洪天云出席会议。

2018 年 9 月 7 日，工商联系统对口援藏工作座谈会暨精准扶贫西藏行在拉萨举行。中央统战部副部长，全国工商联党组书记、常务副主席徐乐江；西藏自治区党委书记吴英杰出席会议并讲话。西藏自治区党委副书记、自治区人大常委会主任洛桑江村，区党委副书记、自治区主席齐扎拉出席会议。全国工商联副主席谢经荣主持会议。座谈会上，西藏自治区政协副主席、区工商联主席阿沛·晋源介绍区工商联近年来受援工作情况。北京市、上海市、广东省工商联代表作交流发言。徐乐江和齐扎拉签订《全国工商联与西藏自治区人民政府战略合作框架协议》，17 个对口援藏省市工商联与 7 市地工商联签订对口支援合作协议，举行了招商引资和精准扶贫项目签约，共签订合同项目 40 个，投资 182.54 亿元。中国民间商会副会长、广州长隆集团有限公司董事长苏志刚代表长隆集团向西藏自治区捐赠精准扶贫、生态保护、生态旅游资金1亿元，郑州医美健康产业集团有限公司向山南市捐赠价值596万元的慢性疾病物理治疗器械。西藏自治区党委常委、统战部部长旦科出席会议。

2018年10月12日，"中国光彩事业怒江行"活动在云南省怒江州举行。中央统战部副部长，全国工商联党组书记、常务副主席，中国光彩会会长徐乐江；云南省委副书记李秀领出席并讲话。云南省副省长董华主持会议，全国工商联副主席、中国光彩会副会长谢经荣，中国光彩事业基金会理事长李路，中国光彩会副会长兼秘书长张天昱、中国光彩会副会长孙珩超、李占通、林印孙，中国民间商会副会长徐冠巨，万科企业股份有限公司董事会主席郁亮，云南省政协副主席、省工商联主席喻顶成出席。活动共签订项目50个，投资总额295.4亿元。累计公益捐赠16106万元，其中现金捐赠12116万元，用于为怒江州25636户96631名贫困群众配备生活设施、建立产业帮扶基金及开展"百企帮百村"精准扶贫行动。

2018年10月16日，全国"万企帮万村"精准扶贫行动先进民营企业表彰大会暨扶贫日论坛在京举办。全国政协副主席、全国工商联主席高云龙出席会议并讲话。中央统战部副部长，全国工商联党组书记、常务副主席；中国光彩会会长徐乐江宣读了关于表彰全国"万企帮万村"精准扶贫行动先进民营企业的决定。国务院扶贫办副主任夏更生出席会议并讲话。全国工商联副主席、中国光彩会副会长谢经荣主持会议。北京圣火科贸有限公司等100家民营企业被授予"全国'万企帮万村'先进民营企业"荣誉称号。

2018年10月17日，2018年全国脱贫攻坚奖表彰大会暨首场脱贫攻坚先进事迹报告会在京召开。29位民营企业家荣获"全国脱贫攻坚奖"。

2018年10月20日，中共中央总书记、国家主席、中央军委主席习近平给"万企帮万村"行动中受表彰的民营企业家回信，对他们在脱贫攻坚战中的贡献予以肯定，鼓励他们心无旁骛创新创造、踏踏实实办好企业。

2018年10月23日，全国"万企帮万村"产业扶贫现场推进会在甘肃召开。会议传达学习了习近平总书记给"万企帮万村"行动中受表彰的民营企业家的回信。中央统战部副部长，全国工商联党组书记、常务副主席，中国光彩会会长徐乐江；国务院扶贫办副主任洪天云；中国农业发展银行党委委员、执行董事、副行长林立出席并讲话。甘肃省委副书记孙伟致辞。全国工商联副主席、中国光彩会副会长谢经荣主持会议。甘肃省委常委、省委统战部部长马廷礼，甘肃省政协副主席、工商联主席郝远出席。

2018 年 10 月 28 日，由中国光彩事业促进会、新疆维吾尔自治区人民政府共同举办的"中国光彩事业南疆行"在乌鲁木齐举行。中央统战部副部长，全国工商联党组书记，中国光彩会会长徐乐江出席并讲话；新疆维吾尔自治区党委副书记、自治区主席雪克来提·扎克尔致辞。会议由新疆维吾尔自治区党委常委、自治区常务副主席张春林主持，全国工商联副主席、中国光彩会副会长谢经荣，自治区副主席赵青，自治区政协副主席、自治区工商联主席巨艾提·伊明出席。本次活动共签订合同项目 84 个，投资金额 157.23 亿元。项目主要涉及纺织服装、轻工建材、农业产业化、电子产品组装加工 4 个劳动密集型产业，将带动南疆四地州 15.54 万农牧民富余劳动力转移就业。

2019 年 1 月 12 日，由中央统战部光彩事业指导中心、全国工商联扶贫与社会服务部、全联农业产业商会共同主办的"万企帮万村"农业产业扶贫论坛暨消费扶贫对接会在京召开。全国工商联副主席、中国光彩会副会长谢经荣出席并致辞。此次活动签订扶贫产业投资金额 18 亿元，商贸扶贫金额 28.2 亿元，消费扶贫订单 150 万元。

2019 年 1 月 28 日，中共中央总书记、国家主席、中央军委主席习近平同各民主党派中央、全国工商联负责人和无党派人士代表欢聚一堂，共迎佳节。习近平总书记指出，各级工商联踊跃投身"万企帮万村"精准扶贫行动和"光彩行"活动。

2019 年 2 月 2 日，全国"万企帮万村"精准扶贫行动领导小组第九次会议在京召开。组长徐乐江、刘永富出席会议并讲话。会议由副组长谢经荣主持。副组长洪天云、殷久勇、张天昱出席会议。

2019 年 3 月 7 日，中共中央总书记、国家主席、中央军委主席习近平参加十三届全国人大二次会议甘肃代表团审议。习近平总书记对推进"万企帮万村"精准扶贫行动作出重要指示。

2019 年 4 月 18 日，"三区三州"深度贫困地区"智慧村医"健康扶贫工作研讨会在江西抚州召开。会议传达学习了习近平总书记在解决"两不愁三保障"突出问题座谈会上的重要讲话精神。中央统战部副部长，全国工商联党组书记、常务副主席徐乐江出席会议。全国工商联副主席谢经荣主持会议。

2019 年 5 月 17 日，全国"万企帮万村"行动产业扶贫项目金融支持供需对接座谈会在贵州省贵阳市召开。全国工商联副主席谢经荣，中国农业发展银行副行长殷久勇出席讲话。贵州省副省长陶长海致辞。贵州省政协副主席、省工商联主席李汉宇出席。座谈会上，贵州省工商联与农发行贵州省分行、建设银行贵州分行、农行贵州省分行签订《支持民营经济发展合作协议》。农发行贵州省分行与 10 家企业签订拟授信协议。建行贵州省分行与 10 家企业签订拟授信协议。会前，经贵州省各级工商联推荐、筛选，农行贵州省分行、建行贵州省分行对 370 多个产业扶贫项目进行了高效务实对接，形成 88 个放贷授信意向项目，金额达 41.5 亿元，并在现场与部分代表企业进行签约。

2019 年 7 月 2 日，全国"万企帮万村"教育扶贫座谈会在甘肃省临夏回族自治州召开。中央统战部副部长，全国工商联党组书记、常务副主席徐乐江出席并讲话。会议由全国工商联副主席谢经荣主持，甘肃省政协副主席、省工商联主席郝远，中国西部研究与发展促进会理事长程路致辞。

2019 年 7 月 3 日，由中国光彩事业促进会、甘肃省人民政府在甘肃省临夏回族自治州共同举办"中国光彩事业临夏行"。中央统战部副部长，全国工商联党组书记、常务副主席，中国光彩会会长徐乐江；甘肃省委副书记、省长唐仁健出席并讲话。甘肃省委副书记孙伟主持会议。全国工商联副主席、中国光彩会副会长谢经荣，中国光彩事业基金会理事长李路出席。活动共对接洽谈项目 196 个，投资金额 490.85 亿元，其中，签订合同项目 103 个，合同金额 234.82 亿元；协议金额 256.03 亿元。达成光彩事业行消费扶贫协议金额 1.75 亿元，厦门东西协作消费扶贫协议金额 1 亿元，4 家企业与临夏州农牧投资集团达成长期帮扶合作协议。民生银行兰州分行在 5 年内为临夏州提供不少于 50 亿元的综合授信支持和现代化金融服务。中国光彩会组织民营企业捐赠款物 8000 多万元，其中现金捐赠 3546 万元。

2019 年 10 月 14 日，全国"万企帮万村"精准扶贫行动论坛在北京举办。本次论坛是 2019 年全国扶贫日系列论坛的重要组成部分，由全国"万企帮万村"精准扶贫行动领导小组主办，中国光彩事业促进会和中国光彩事业基金会承办。全国工商联副主席、中国光彩会副会长谢经荣出席并讲话。

2019 年 10 月 17 日，2019 年全国脱贫攻坚奖表彰大会暨先进事迹报告会在北京举行。会议传达学习了习近平总书记重要指示、李克强总理重要批示。中共中央政治局委员、国务院副总理、国务院扶贫开发领导小组组长胡春华出席会议并讲话。33 位民营企业家和 3 家民营企业荣获全国脱贫攻坚奖。

2019 年 10 月 17 日，习近平总书记给"万企帮万村"精准扶贫行动受表彰民营企业家重要回信一周年座谈会在京举办。会前，中共中央政治局委员、国务院副总理胡春华接见与会代表。会议首先传达学习了习近平总书记对脱贫攻坚工作作出的重要指示、李克强总理作出的重要批示。全国政协副主席、全国工商联主席高云龙出席并讲话。中央统战部副部长，全国工商联党组书记、常务副主席，中国光彩会会长徐乐江宣读关于表彰全国"万企帮万村"精准扶贫行动先进民营企业的决定。全国工商联副主席、中国光彩会副会长谢经荣主持会议。国务院扶贫办副主任洪天云、中国农业发展银行党委委员徐一丁出席并讲话。北京华博创科科技股份有限公司等 99 家民营企业获得"全国'万企帮万村'精准扶贫行动先进民营企业"荣誉称号。

2020 年 1 月 14 日，中共中央总书记、国家主席、中央军委主席习近平同各民主党派中央、全国工商联负责人和无党派人士代表欢聚一堂，共迎佳节。习近平总书记指出，各级工商联持续开展"光彩行"活动，踊跃投身"万企帮万村"精准扶贫行动。

2020 年 1 月 16 日，全国"万企帮万村"精准扶贫行动领导小组第十次会议在京召开。组长徐乐江、刘永富出席会议并讲话。会议由副组长谢经荣主持。副组长洪天云、徐一丁出席会议。

2020 年 3 月 18 日，为深入学习贯彻习近平总书记在决战决胜脱贫攻坚座谈会上的重要讲话精神，全国工商联印发《关于学习贯彻习近平总书记在决战决胜脱贫攻坚座谈会上的重要讲话精神 全力推进"万企帮万村"精准扶贫行动的通知》。

2020 年 3 月 19 日，为深入贯彻习近平总书记在决战决胜脱贫攻坚座谈会、统筹推进新冠肺炎疫情防控和经济社会发展工作部署会上的重要讲话精神，全国工商联办公厅、国务院扶贫办综合司、中国光彩会办公室、中国农业发展银行办公室联合印发《关于进一步深入开展"万企帮万村"消费扶贫行动的通知》。

2020 年 8 月 31 日，"全国工商联直属商会进甘南暨民企甘南行"活动主体大会在甘肃省甘南藏族自治州合作市举行。全国政协副主席、全国工商联主席高云龙出席会议并讲话。甘肃省委书记、省人大常委会主任林铎讲话。全国工商联党组副书记、副主席樊友山主持。甘肃省领导欧阳坚、马廷礼、石谋军、王玺玉、俞成辉、何伟、郝远及甘肃省政协秘书长王建太，全国工商联党组成员、秘书长赵德江等出席。活动共签约招商引资合同项目 85 个，签约总金额 72.6 亿元。

2020 年 9 月 26 日，全国工商联系统东西部扶贫协作工作座谈会在四川凉山州西昌市召开。全国工商联副主席谢经荣出席座谈会并讲话，全国工商联副主席、四川省政协副主席、省工商联主席陈放出席会议。会议期间，蓝光投资控股集团、波司登集团、浙江富通感恩慈善基金会、明日之星教育基金会、百度公司、华海药业等企业和社会组织公益捐款捐物达 1400 余万元。

2020 年 10 月 11 日，全国工商联、国务院扶贫办和新疆维吾尔自治区人民政府联合在和田地区举办"民营企业南疆行"活动。中央统战部副部长，全国工商联党组书记、常务副主席徐乐江；国务院扶贫开发领导小组副组长、扶贫办党组书记、主任刘永富；新疆维吾尔自治区党委副书记、教育工委书记、自治区脱贫攻坚指挥部指挥长李鹏新出席会议并讲话。新疆维吾尔自治区党委常委、政府常务副主席张春林主持会议。全国工商联和国务院扶贫办及新疆维吾尔自治区领导谢经荣、巨艾提·伊明、张博等参加会议。会上举行投资项目签约仪式，共签订项目协议 106 个、签约总金额 339.41 亿元。

2020 年 10 月 14 日，全国"万企帮万村"精准扶贫行动论坛在北京举办。本次论坛是 2020 年全国扶贫日系列论坛的重要组成部分，由全国"万企帮万村"

精准扶贫行动领导小组主办，中国光彩事业促进会承办。全国工商联副主席、中国光彩会副会长谢经荣，国务院扶贫办党组成员、副主任欧青平出席论坛并讲话。

2020年10月17日，2020年全国脱贫攻坚奖表彰大会暨先进事迹报告会在京举行。会议传达学习了习近平总书记重要指示、李克强总理重要批示，对全国脱贫攻坚奖获奖者进行了表彰。会前，中共中央政治局常委、全国政协主席汪洋会见了全国脱贫攻坚奖获奖者。中共中央政治局委员、国务院扶贫开发领导小组组长胡春华参加会见并出席表彰大会。35位民营企业家和3家民营企业荣获"全国脱贫攻坚奖"。

2020年11月1日，中共中央书记处书记、中央统战部部长尤权对"万企帮万村"精准扶贫行动作出重要批示。

2020年11月9日，中共中央政治局委员、国务院副总理胡春华对"万企帮万村"精准扶贫行动作出重要批示。

2020年11月12日，全国"万企帮万村"精准扶贫行动现场交流会暨先进民营企业表彰会在贵州省织金县召开。会议传达了中共中央政治局常委、全国政协主席汪洋对"万企帮万村"行动的指示，传达了中共中央政治局委员、国务院副总理胡春华和中共中央书记处书记、中央统战部部长尤权对"万企帮万村"行动的批示。全国政协副主席、全国工商联主席高云龙出席会议并讲话。贵州省委副书记、省长谌贻琴致辞。中央统战部副部长，全国工商联党组书记、常务副主席，中国光彩会会长徐乐江出席会议。国务院扶贫办主任刘永富、中国农业发展银行副行长徐一丁出席会议并讲话。贵州省政协主席刘晓凯，国务院扶贫办副主任洪天云等领导出席会议。全国工商联副主席、中国光彩会副会长谢经荣主持会议。会上，对北京科泰兴达高新技术有限公司等100家全国"万企帮万村"行动先进民营企业进行表彰，对北京市光彩事业促进会办公室等100家"万企帮万村"行动组织工作先进集体进行通报表扬。

2020年11月20日，国务院新闻办公室在北京举行"万企帮万村"民营企业家代表中外记者见面会。福耀集团创始人、董事长曹德旺；中国民间商会副会长、荣民控股集团有限公司董事长史贵禄；中国光彩会副会长，正邦集团党委书记、董事局主席、总裁林印孙；宁夏宝丰集团有限公司董事长党彦宝 4 位民营企业家代表围绕参与"万企帮万村"精准扶贫行动中的扶贫故事与中外记者见面交流。

2020 年 12 月 8 日，中共中央总书记、国家主席、中央军委主席习近平主持召开党外人士座谈会并发表重要讲话。习近平总书记在座谈会上肯定"万企帮万村"精准扶贫行动。

2021 年 2 月 25 日，中共中央总书记、国家主席、中央军委主席习近平在全国脱贫攻坚总结表彰大会上发表重要讲话指出，"民营企业、社会组织和公民个人热情参与，'万企帮万村'行动蓬勃开展。"共有 156 位民营企业家和 2 位工商联干部荣获"全国脱贫攻坚先进个人"，107 家民营企业和 6 个工商联组织荣获"全国脱贫攻坚先进集体"。